ENVAR
Neşriyat

Das Risale-i Nur Gesamtwerk veranlasst Aufstiege und Entfaltungen auf den endlosen Stufen des Glaubens. Es ist eine weltbewegende Koran-Exegese der Moderne, die viele Millionen treue und begeisterte Leser auf der ganzen Welt hat und bisher in etwa dreißig Sprachen übersetzt wurde. Unsere fertigen Übersetzungen daraus ins Deutsche können Sie auch online lesen unter der Adresse:

www.gottesbeweise.org

Das größte Zeichen (Gottes)

Titel des Originals: „Âyet'ül-Kübrâ“ (Almanca tercümesi)

Übersetzer: Metin Yeşilyurt

Umschlagentwurf: Memet Ali Taşkoparan
tma-graphpics.de

Herausgeber: ENVÂR NEŞRİYAT
Piyer Loti Cad. Hacıbey Apt. 10/3
Çemberlitaş/İstanbul
Tel: +90 212 516 20 42

Druck: Enes Basım Yayın ve Mat. Ltd. Şti.
Tel: +90 212 501 47 63
2006 - İSTANBUL

Aus dem Risale-i Nur Gesamtwerk

Das größte Zeichen (Gottes)

Die Risale-i Nur veranlasst Aufstiege und Entfaltungen auf den endlosen Stufen des Glaubens.

von

Bediüzzaman Said Nursî

Bediüzzaman Said Nursî

„Bediüzzaman“ bedeutet etwa „der Einzigartige der Zeit“ und ist ein Beiname, den große islamische Persönlichkeiten dem erhabenen Meister bereits im Alter von etwa 16 Jahren schon aufgrund seines in der Geschichte höchst beispiellosen Wissens und seiner Fähigkeiten –zu Recht erstaunt– gegeben haben. Mit außergewöhnlicher Gottesgabe hat er bereits ab seinem 14. Lebensjahr die Würde eines erhabenen Meisters getragen und hat –ausgestattet mit allen Vorzügen– ständig um sich Wissens-Segen und Weisheits-Licht verbreitet. Er hat trotz außergewöhnlicher Schwierigkeiten, Hindernisse und Unmenschlichkeiten, welche ihm imperialistische, sowie religionsfeindliche geheime Komitees bereitet haben, ihre ideellen wie tätlichen und systematischen Angriffe auf die Religion –um die neuen Generationen der Religion zu entfremden– durch seine Gesamtwerke zurückgewiesen und vereitelt, die nämlich entsprechend dem Verständnis und Erfordernis dieser Zeit alle Glaubenswahrheiten des Islam vollständig und ausführlich, mit außergewöhnlichen und noch nie gesehenen Beweisen und Methoden bestätigen und den Glauben der Menschen erretten und vielfach stärken. Somit erwies er dem Islam, dem ganzen Land und der Menschheit bis zum Weltuntergang äußerst erhabene Dienste. (Sein Risale-i Nur Gesamtwerk umfasst 130 kleine wie große Abhandlungen.)

بسم الله الرحمن الرحيم [1]

Dass fünfhundert Exemplare dieser Abhandlung zusammen mit ihrem Anhang vor zehn Jahren durch die Große Strafkammer von Denizli und die Große Strafkammer von Ankara nach genau zweijähriger eingehender Prüfung freigesprochen und das Urteil gefällt wurde, sie uns zurückzugeben, zeigt: **dieses Werk ist entgegen den jetzigen ungeheuren Zerstörungen eine kur'ânische Wahrheit und eine gewaltige Barriere.** Deshalb überreichen wir sie dem Gericht dieser segensreichen Stadt, dem Bezirksamt und dem Polizeipräsidium. Wenn es für angebracht gehalten wird, **soll sie** in den neuen (lateinischen) Buchstaben **verbreitet werden, damit sie Anlass dafür wird, die Staatsbürger vor den geistigen Gefahren zu erretten**, welche aus dem Ausland kommen[2].

Diesmal habe ich diese Abhandlung aufmerksam studiert; im Grade erschauter Gewissheit habe ich erkannt, dass sie fürwahr dessen vollkommen würdig ist, dass İmam-ı Ali (R.A.) und Gottesfreunde mit ihren verborgenen Hinweisen ihre Wertschätzung un-

---

[1] Im Namen Allahs, des Allbarmherzigen, des Erbarmers.

[2](Anm. d. Ü.): Das heißt vor ungläubigen Ideologien, insbesondere damals vor dem Kommunismus.

terschrieben. Und selbst wenn unsere jetzige Anstrengung hundertfach zunähme, wäre dies dennoch ein geringer Preis. Ich sagte, dass man dem nicht mit Kummer, Sorge und Beschwerde, sondern mit Unbeschwertheit, Geduld und Dank begegnen sollte.

Said Nursî

(Anm.): Diese Seite wurde von ihrem Original in älterer (arabischer) Schrift, welches mit einem Hektograf vervielfältigt wurde, ohne Änderung übernommen. Die Einträge in der ersten Zeile „fünfhundert Exemplare“ und „vor zehn Jahren“ gehören dem zu.

EINE WICHTIGE ERINNERUNG UND ERKLÄRUNG DES VORHABENS

Jeder wird nicht einen jeden Sachverhalt dieser wichtigen Abhandlung verstehen, doch bleibt er auch nicht ohne Anteil. Jemand, der einen großen Garten betritt, wird nicht an alle Früchte jenes Gartens heranreichen, doch genügt die Menge, die in seine Hand gelangt. Jener Garten ist nicht nur für ihn, vielmehr haben auch diejenigen ihren Anteil, die überallhin reichen.

Es gibt fünf Gründe, die das Verständnis dieser Abhandlung erschweren:

Der erste: Ich habe meine eigenen Beobachtungen entsprechend meinem eigenen Verständnis und für mich selbst geschrieben. Ich habe nicht wie andere Bücher nach dem Verständnis und der Auffassung anderer geschrieben.

Der zweite: Weil durch die Erscheinung des Größten Namens die wahre Einheitsbezeigung auf eine höchste Weise geschrieben wurde und deshalb ihre Sachverhalte sowohl äußerst weitreichend, als auch äußerst tiefgründig und manchmal sehr lang sind, kann sie nicht jeder sofort verstehen.

Der dritte: Weil ein jeder Sachverhalt eine große und lange Wahrheit ist, wird manchmal –um die Wahrheit nicht zu zerteilen– eine Seite, oder ein Blatt zu einem einzigen Satz. Es gibt viele Grundlagen, gleichsam als einen einzigen Beweis.

Der vierte: Weil die meisten Sachverhalte sehr viele Beweise und Zeugnisse haben, wird der Sachverhalt in der Hinsicht lang, manchmal zehn, manchmal zwanzig Beweise zu einem einzigen Argument zu machen; Verständnisse, die klein sind, erfassen sie nicht.

Der fünfte: Auch wenn ich durch den Segen des Ramadans die Lichter dieser Abhandlung erfuhr, war ich in einigen Hinsichten in zerrüttetem Zustand; und in einer Zeit, als einige Krankheiten mich arg mitnahmen, wurde sie eilig geschrieben und sich mit dem ersten Manuskript begnügt. Und weil ich, als ich schrieb, fühlte, dass es nicht mit meiner Willensbestimmung und Wahl geschah und deshalb es nicht für angemessen hielt, sie mit meinem eigenen Gedanken zu ordnen oder zu verbessern, nahm sie einen, das Verständnis etwas erschwerenden Zustand an. Auch wurden viele arabische Abschnitte darin eingefügt; weil sogar das „erste Kapitel“ gänzlich arabisch ist, wurde es herausgenommen und gesondert geschrieben.

Trotz dieser fünf Gründe, die Anlass sind für Fehlerhaftigkeit und Erschwernis, hat diese Abhandlung eine solche Wichtigkeit, dass İmam-ı Ali (R.A.) in seinen verborgenen Huldwundern dieser Abhandlung die Namen „das Größte Zeichen“ und „Stab Mosis“ gegeben hat. Unter den Abhandlungen der Risale-i Nur hat er hierauf gesondert Bezug genommen und die Aufmerksamkeit darauf gelenkt (Anm.). Diese „Abhandlung des Größten Zeichens“, die eine wahre Exegese „des Größten Zeichens (Verses)“ ist, ist gemäß der Bezeichnung seiner Erhabenheit des İmams das Buch „siebter Lichtstrahl“ namens „Stab Mosis“.

(Anm.): Ja, die Ankündigung, welche İmam-ı Ali (R.A.) über das Größte Zeichen machte, wurde durch das Ereignis von Denizli ganz genau bestätigt. Denn der geheime Druck dieser Abhandlung führte zu unserer Verhaftung, der Sieg ihrer heiligen und sehr starken Wahrheit wurde zu einem wichtigen Anlass für unseren Freispruch und unsere Rettung und zeigte das verborgene Huldwunder İmam-ı Ali's (R.A.) selbst den Blinden und bewies die Erhörung seines Bittgebets für uns وَبِالْاٰيَةِ الْكُبْرٰى اٰمِنّى مِنَ الْبَخْتِ (Und errette mich mit Hilfe des Größten Zeichens vor dem großen Unglück).

Dieser „siebte Lichtstrahl" besteht aus einer Einführung und zwei Kapiteln. Seine Einführung legt vier wichtige Sachverhalte dar, sein erstes Kapitel den arabischen Teil der Exegese des Größten Zeichens, und sein zweites Kapitel dessen Beweise, Übersetzung und Kurzbedeutung.

Obgleich diese folgende Einführung mehr als nötig erklärt wird, geschah es ohne eigenen Willen, dass sie in gewissem Grade lang geworden ist. Demnach besteht eine Notwendigkeit, sodass sie solcherweise geschrieben lassen wurde. Vielleicht werden sogar manche Menschen dieses Lange für kurz halten.

Said Nursî

Einführung

بِسْمِ اللّٰهِ الرَّحْمٰنِ الرَّحِيمِ

وَمَا خَلَقْتُ الْجِنَّ وَالْاِنْسَ اِلَّا لِيَعْبُدُونِ[1]

Gemäß dem Geheimnis dieses gewaltigen Verses ist die Weisheit und Absicht der Sendung des Menschen auf diese Welt die, den Erschaffer der Schöpfung zu kennen, an ihn zu glauben und ihn anzubeten. Und die Aufgabe der Veranlagung dieses Menschen und seine obliegende Pflicht ist **die Gotteserkenntnis** und der Glaube an Gott, **und (zwar) mit Verständnis und sicherem Wissen** seine Existenz und Einheit **zu bestätigen**.

Ja, für den hilflosen Menschen, der ein immerwährendes Leben und ewig leben will und unzählige Wünsche und endlose Betrübnisse hat, sind zweifellos außer dem Gottesglauben und der Gotteserkenntnis, welche die unbedingte Voraussetzung und der Schlüssel für jenes ewige Leben sind, sowie außer deren Anlässen, andere Dinge und Vollendetheiten untergeordnet; viele haben sogar keinen Wert.

Weil in der Risale-i Nur diese Wahrheit mit handfesten Argumenten bewiesen wird, **überlassen** wir diese Wahrheit **der Risale-i Nur und erklären innerhalb vier Sachverhalten nur zwei Gefahren, die jene Glaubensgewissheit in diesem Jahrhundert erschüttern und Unschlüssigkeit geben**.

---

[1] Im Namen Allahs, des Allbarmherzigen, des Erbarmers.

Und Ich habe die Cinnen und die Menschen nur darum erschaffen, damit sie Mir dienen (sollen).

Der Weg der Errettung vor der ersten Gefahr: Es sind zwei Sachverhalte.

Erster Sachverhalt: So wie es im „dreizehnten Glanzlicht“ des „einunddreißigsten Briefes“ ausführlich bewiesen wird, **hat bei allgemeinbezogenen Angelegenheiten die Verneinung entgegen dem Beweis keinen Wert, und ihre Kraft ist sehr gering.**

Zum Beispiel: Wenn in der Angelegenheit, zu Beginn des heiligen Ramadans den Neumond zu sehen[1], zwei einfache Zeugen den Neumond beweisen würden und tausende Hochrangige und Gelehrte sagten „wir haben ihn nicht gesehen“ und verneinten, wäre ihre Verneinung wertlos und ohne Kraft.

Denn beim Beweis stärken sie einander, und es besteht eine gegenseitige Unterstützung und Übereinstimmung. Bei der Verneinung aber ist es kein Unterschied, ob es ein einziger ist oder tausend; jeder bleibt alleine und für sich.

Denn der Beweisende schaut nach außen und urteilt entsprechend der Wahrheit selbst – z. B.: wenn jemand wie in unserem Beispiel sagte „es ist der Mond am Himmel zu sehen“, “unterschreibt“ es sein Freund, sie vereinigen sich und gewinnen Kraft. Bei der Verneinung und Leugnung aber schaut er nicht auf die Wahrheit selbst und kann es auch nicht. Denn es ist ein allgemein bekannter Grundsatz: “eine Verneinung, die nicht individuell ist und sich nicht auf einen besonderen Ort bezieht, kann nicht bewiesen werden.“

Zum Beispiel: Wenn ich etwas beweisen würde, dass es ihn auf der Welt gibt und du sagtest „es gibt es ihn auf der Welt nicht“, könnte ich es durch einen Hinweis leicht beweisen, während du, um die Verneinung, d. h. die Nichtexistenz

---

[1] (Anm. d. Ü.): Das heißt zur Feststellung des Monatsbeginns gemäß dem Mondjahr, um das Fasten zu beginnen.

jenes Dinges zu beweisen, die ganze Welt durchsuchen und zeigen, sogar auch alle Gegenden der vergangenen Zeiten sehen müsstest – dann erst könntest du sagen „es gibt es ihn nicht, es hat nicht stattgefunden".

Da nun diejenigen, die verneinen und leugnen, nicht auf die Wahrheit selbst schauen, sondern nach ihrem eigenen Nefs, Verstand und Auge urteilen, können sie gewiss einander nicht stärken und stützen. Denn die Schleier und Ursachen, die das Sehen und Wissen verhindern, sind jeweils unterschiedlich. Jeder kann (zwar) sagen „ich sehe es nicht, nach meiner Ansicht und Überzeugung gibt es ihn nicht", jedoch kann er nicht sagen „es gibt ihn tatsächlich nicht"; wenn er das sagte –insbesondere bei Glaubensangelegenheiten, die auf die gesamte Schöpfung Bezug haben–, wäre dies eine unermessliche Lüge, sodass er nicht die Wahrheit sagen und nicht bestätigt werden kann.

Kurz: Beim Beweis ist das Resultat ein und dasselbe, es erfolgt eine gegenseitige Unterstützung. Bei der Verneinung aber ist es nicht gleich; es gibt mehrere (Resultate). Weil bei jedem die Einschränkungen wie entweder „in meinen Augen und nach meiner Ansicht", oder „nach meiner Überzeugung" jeweils vielförmig sind, vermehren sich auch die Resultate, es erfolgt keine gegenseitige Unterstützung mehr.

Im Punkte dieser Wahrheit also *hat die große Anzahl und scheinbare Mehrzahl der Ungläubigen und Leugner, die dem Glauben entgegentreten, keinen Wert.* Und obwohl es den Gläubigen in seinem sicheren Wissen und Glauben überhaupt nicht unschlüssig machen sollte, haben in diesem Jahrhundert dennoch die Verneinungen und Leugnungen der Philosophen Europas manche ihre unseligen Bewunderer unschlüssig gemacht, ihre Gewissheit behoben und ihre ewige Glückseligkeit zerstört. Und den Tod, der täglich dreißigtausend Leute unter den Menschen trifft, und das Sterben und die Todesstunde haben sie von der Bedeutung einer

Abberufung abgesetzt und in die Form einer ewigen Vernichtung gebracht. Indem das Grab, dessen Tür sich nicht schließt, jenen Leugner ständig an seine Vernichtung erinnert, vergiftet es sein genussvolles Leben mit schmerzlichen Betrübnissen. So verstehe also, eine wie große Gabe und das Leben des Lebens der Glaube ist!..

Zweiter Sachverhalt: Bei einer, Grund zur Diskussion gewordenen Angelegenheit einer Wissenschaft oder Kunst hat das Wort von Leuten außerhalb jener Wissenschaft und Kunst –wie hoch stehend, gelehrt und kunstfertig sie auch sein mögen– keine Aussagekraft; ihr Urteil ist kein Beweis, sie werden zum Konsens der Gelehrten jener Wissenschaft nicht dazugezählt.

Zum Beispiel: Das Urteil eines großen Ingenieurs bei der Diagnose und Behandlung einer Krankheit hat keine so große Gültigkeit wie das eines kleinen Arztes. Und insbesondere ein leugnerisches Wort eines größten Philosophen, der sich mit dem Materialismus ernstlich sehr beschäftigt, immer mehr sich vom Geistigen entfernt und gegenüber dem „Licht“ unverständiger und schwerfälliger wird, und dessen Verstand „in die Augen rutscht“, wird im Geistigen nicht berücksichtigt und ist wertlos.

Was sind schon bei einheitsbezogenen, heiligen und geistigen Sachverhalten, in denen hunderttausende Wahrheitskenner übereinstimmen wie z. B. Şeyh Geylânî (K.S.) –der noch auf der Erde den „Gewaltigen Thron“ betrachtete, ein erstaunliches heiliges Genie hatte, neunzig Jahre lang im Geistigen aufstieg und wirkte und die Glaubenswahrheiten in Form der erwiesenen, erschauten, sogar vollerlebten Gewissheit entdeckte–, (was sind dagegen) die Worte der Philosophen wert, die in die zerstreutesten Einzelheiten des Materialismus und in die Kleinsten der Vielheit versinken, betäubt werden und zugrunde gehen? Und sind ihre Leugnungen und Widersprüche nicht so schwach wie das Sirren der Mücke entgegen dem Donner?

Das Wesen des Unglaubens, der gegen die Wahrheiten des Islam Abneigung zeigt und ankämpft, ist ein Leugnen, ein Unwissen, eine Verneinung. Auch wenn er äußerlich als Beweis und existenzhaft erscheint, ist seine Bedeutung eine Nichtexistenz, eine Verneinung. *Der Glaube aber* ist Wissen, ist existenzhaft, ist Beweis, ist ein Urteil. Selbst ein jeder verneinender Sachverhalt von ihm ist der Titel und Schleier eines bejahenden Sachverhalts. Wenn die Leute des Unglaubens, die gegen den Glauben ankämpfen, mit größten Mühen versuchen würden, ihre verneinende Überzeugung in der Weise der Anerkennung und Bestätigung der Nichtexistenz zu beweisen und anzuerkennen, könnte man jenen Unglauben in gewisser Hinsicht als eine falsche Lehre und ein irriges Urteil zählen. Andernfalls ist aber ein bloßes Nichtanerkennen, Leugnen und Nichtbestätigen –dessen Begehung sehr einfach ist– ein absolutes Unwissen, eine Urteilslosigkeit.

Kurz: Es gibt zwei Arten der ungläubigen Überzeugung:

Die eine: Auf die Wahrheiten des Islam schaut sie nicht. Sie ist eine ihr eigene falsche Bestätigung, irrige Überzeugung, ein unrichtiges Beistimmen und ein ungerechtes Urteil. Diese Art steht außer unserem Thema; sie befasst sich nicht mit uns, und wir befassen uns nicht mit ihr.

Die zweite: Sie tritt den Glaubenswahrheiten entgegen, widersetzt sich ihnen. *Auch ihrer gibt es zwei Arten:*

Die eine: Es ist ein Nichtanerkennen; es ist bloß, den Beweis nicht zu bestätigen. Das aber ist ein Unwissen, eine Urteilslosigkeit und einfach. Auch das steht außer unserem Thema.

Die zweite: Es ist die Annahme der Nichtexistenz; es ist, im Herzen die Nichtexistenz zu bejahen. Diese Art aber ist ein Urteil, eine Überzeugung, eine Parteilichkeit. Und sie ist wegen ihrer Parteilichkeit gezwungen, ihre Verneinung zu beweisen.

Auch der Verneinung gibt es zwei Arten:

Die eine: Sie sagt "es gibt dies an einem bestimmten Ort und in einer besonderen Hinsicht nicht". Diese Art kann man beweisen; auch diese Art steht außer unserem Thema.

Die zweite Art aber: Es ist, glaubensbezogene, heilige, allgemeine und umfassende Sachverhalte zu verneinen und zu leugnen, welche sich auf die (ganze) Welt, die Schöpfung, das Jenseits und auf die (ganzen) Zeitalter beziehen. Diese Verneinung jedoch kann –wie wir es im „ersten Sachverhalt" erklärt haben– in keiner Hinsicht bewiesen werden. Vielmehr wäre, um derartige Verneinungen beweisen zu können, ein Blick notwendig, der die Schöpfung zu umfassen, das Jenseits zu sehen und alle Gegenden in einer endlosen Zeit zu betrachten vermag.

Die zweite Gefahr und der Weg der Errettung: *Auch dies sind zwei Sachverhalte:*

Der erste: Weil **im Punkte der Gewaltigkeit, Größe und Grenzenlosigkeit** Verstände, die wegen des Versinkens in Gottvergessenheit, oder Sünde, oder Materialismus verkümmert sind, gewaltige Angelegenheiten nicht erfassen können, irren sie mit einem Wissensstolz zur Leugnung ab und verneinen. Ja, weil sie in jenem ihren geistig eingeklemmten und eingetrockneten Verstand und gestörten und im Geistigen gestorbenen Herzen sehr weitreichende, tiefgründige und umfassende Glaubensangelegenheiten nicht aufnehmen können, stürzen sie sich in den Unglauben und Irrweg, und gehen zugrunde.

Wenn sie genau auf das wahre Gesicht ihres Unglaubens und auf das Wesen ihres Irrwegs schauen könnten, würden sie sehen, dass gegenüber der verstandesgemäßen, passenden und untrennbaren Gewaltigkeit, welche es beim Glauben gibt, hundertfach eine Unmöglichkeit, Unausführbarkeit und Undenkbarkeit unter und in jenem Unglauben ist. *Die Risale-i Nur hat mit hunderten Abwägungen und Vergleichen diese Wahrheit so sicher bewiesen, wie zwei mal zwei vier ist.*

Zum Beispiel: Ein Mensch, der die Wesensnotwendigkeit der Existenz des Allerhabenen Hak, Seine Überzeitlichkeit und Seine umfassenden Eigenschaften aufgrund ihrer Gewaltigkeit nicht anzuerkennen vermag, kann sich entweder dadurch von seinem Unglauben überzeugen, indem er unzähligen Existierenden, sogar endlosen Atomen jene Wesensnotwendigkeit der Existenz, Seine Überzeitlichkeit und Gottheits-Eigenschaften zuschreibt, oder er muss den Verstand aufgeben, indem er wie die dummen Sophisten sowohl sich selbst, als auch die Existenz der Schöpfung leugnet und verneint.

Wie dies also stützen sich alle Wahrheiten des Glaubens und des Islam auf die Gewaltigkeit, welche ihr Charakteristikum und Erfordernis ist, retten sich vor den ungeheuren Unmöglichkeiten, furchtbaren Aberglauben und finsteren Unwissenheiten des ihnen entgegengesetzten Unglaubens und platzieren sich mit vollkommener Vernunft und Ergebenheit in den gesunden Herzen und rechtschaffenen Verständen.

Ja, dass in den meisten Zeichen des Islam wie z. B. im Gebetsruf und im Gebet vielfach

اَللّٰهُ اَكْبَرُ ۞ اَللّٰهُ اَكْبَرُ ۞ اَللّٰهُ اَكْبَرُ ۞ اَللّٰهُ اَكْبَرُ [1] Seine Gewaltigkeit und Größe jederzeit ausgerufen wird, ebenso das Heilige Hadîs

---

[1] Allahu Ekber * Allahu Ekber * Allahu Ekber * Allahu Ekber.

verfügt اَلْعَظَمَةُ اِزَارِى وَالْكِبْرِيَاءُ رِدَائِى [1], ebenso im sechsundachtzigsten Knoten des Bittgebets Cewşen-ül Kebîr das höchst kundige Bittgebet Ahmed's (A.S.M.) kundtut:

يَا مَنْ لَا مُلْكَ اِلَّا مُلْكُهُ ۞ يَا مَنْ لَا يُحْصِى الْعِبَادُ ثَنَاءَهُ
يَا مَنْ لَا تَصِفُ الْخَلَائِقُ جَلَالَهُ ۞ يَا مَنْ لَا تَنَالُ الْاَوْهَامُ كُنْهَهُ
يَا مَنْ لَا تُدْرِكُ الْاَبْصَارُ كَمَالَهُ ۞ يَا مَنْ لَا تَبْلُغُ الْاَفْهَامُ صِفَاتَهُ
يَا مَنْ لَا تَنَالُ الْاَفْكَارُ كِبْرِيَاءَهُ ۞ يَا مَنْ لَا يُحْسِنُ الْاِنْسَانُ نُعُوتَهُ
يَا مَنْ لَا يَرُدُّ الْعِبَادُ قَضَاءَهُ ۞ يَا مَنْ ظَهَرَ فِى كُلِّ شَيْءٍ اٰيَاتُهُ
سُبْحَانَكَ يَا لَا اِلٰهَ اِلَّا اَنْتَ الْاَمَانُ الْاَمَانُ نَجِّنَا مِنَ النَّارِ [2],

zeigt, dass die Gewaltigkeit und Größe ein notwendiger Schleier ist.

---

[1] Die Gewaltigkeit ist mein „Gewand" und die Größe und Herrlichkeit mein „Umhang".

[2] O Du, außer dessen Königtum es kein Königtum gibt. * O Du, dessen Verherrlichungen Seine Diener nicht aufzählen können. * O Du, dessen Allgewalt die Geschöpfe nicht charakterisieren können. * O Du, dessen Wesen die Vorstellungen nicht erfassen können. * O Du, dessen Vollkommenheit die Augen nicht wahrnehmen können. * O Du, zu dessen Eigenschaften die Verständnisse nicht reichen. * O Du, dessen Größe und Herrlichkeit die Gedanken nicht erfassen können. * O Du, dessen Lobpreise der Mensch nicht aufzählen kann. * O Du, dessen Ausführung Seiner Bestimmung die Diener nicht zurückweisen können. * O Du, dessen Zeichen an allen Dingen offenkundig sind.

* Gepriesen seist Du, o Du, außer dem es keinen Gott gibt; Gnade, zu Hilfe, behüte uns vor dem Feuer.

größte Zeichen (Gottes)

Die Beobachtungen eines Reisenden, der die Schöpfung nach seinem Schöpfer befragt

بِسْمِ اللّٰهِ الرَّحْمٰنِ الرَّحِيمِ

[1] تُسَبِّحُ لَهُ السَّمٰوَاتُ السَّبْعُ وَالْاَرْضُ وَمَنْ فِيهِنَّ وَاِنْ مِنْ شَيْءٍ اِلَّا يُسَبِّحُ بِحَمْدِهِ

وَلٰكِنْ لَا تَفْقَهُونَ تَسْبِيحَهُمْ اِنَّهُ كَانَ حَلِيمًا غَفُورًا

Weil sehr viele Verse des Kur'âns, wie z. B. dieser gewaltige Vers, in der Hinsicht, den Erschaffer dieser Schöpfung kundzutun, die Himmel ganz zu Anfang erwähnen –die (nämlich) eine höchst glanzvolle Seite der Einheitsbezeigung sind, welche jeder jederzeit am meisten erstaunt betrachtet und mit Genuss genau studiert–, ist es angemessen, ganz zu Anfang mit ihnen zu beginnen.

Ja, ein jeder Gast, der in dieses Land und Gästehaus der Welt kommt, sieht, immer wenn er die Augen aufschlägt und schaut: Dieses schöne Gästehaus ist ein äußerst freigebiger Festmahls-Ort, ein höchst kunstvoller Ausstellungs-Ort, ein sehr prachtvolles Heerlager und Belehrungs-Ort, ein überaus

---

[1] Im Namen Allahs, des Allbarmherzigen, des Erbarmers. *

Die sieben Himmel, die Erde und alle(s) in ihnen preisen Ihn; und es gibt nichts, was Ihn in Lob und Dank nicht preist; ihr aber versteht deren Preisungen nicht. Wahrlich, Er ist Sanftmütig, Viel-Verzeihend.

erstaunender und begeisternder Ausflugs- und Betrachtungs-Ort und eine höchst bedeutsame und weisheitsvolle Studien-Stätte; während er sehr wissbegierig hinsichtlich dessen ist, seinen Besitzer, den Verfasser dieses „großen Buches“, den Sultan dieses prachtvollen Landes zu erkennen und zu kennen, **zeigt sich ganz zu Anfang das mit Licht-Vergoldung geschriebene schöne Antlitz der Himmel**. Es sagt: „Schau mich an, ich werde den, den du suchst, kundgeben.“ Er wiederum schaut und sieht:

Eine Allumsorgungs-Erscheinung, die hunderttausende Himmelsgestirne –von denen manche tausendfach größer als unsere Erde, und unter jenen Großen manche siebzigfach schneller als eine Kanonenkugel sind– ohne Stützpfeiler, ohne sie abstürzen zu lassen hält, sie ohne einander zusammenzustoßen unbegrenzt schnell und gemeinsam umherführt, ohne Öl, ohne verlöschen zu lassen ununterbrochen jene unzähligen Lampen brennen lässt, ohne Lärm und Störung auszulösen jene unzähligen großen Massen lenkt, gleich den Aufgaben der Sonne und des Mondes, ohne sie sich widersetzen zu lassen, jene sehr großen Geschöpfe mit Aufgaben betraut, in grenzenloser Entfernung, welche nicht in die Berechnungszahlen zwischen zwei Polen hineinpasst, gleichzeitig, mit gleicher Kraft, mit gleicher Erschaffungs-Weise und -Prägung, auf gleiche Weise, gemeinsam und ohne Unvollständigkeit verwaltet, jene (Gestirne), die sehr große überschreitende Kräfte besitzen, ohne überschreiten zu lassen ihrem Gesetz gefügig macht, das Antlitz des Himmels, ohne Raum zu lassen für Rückstände, die es verunreinigen wie z. B. die Trümmer jener grenzenlosen Mengen, sehr glanzvoll und sehr schön säubert, sie wie ein wohlgeordnetes Heeresmanöver im Manöver umherführt, und, indem sie die Erde dreht, auf andere Weise die wahren und scheinbaren Formen jenes prachtvollen Manövers jede Nacht und jedes Jahr wie Kinoleinwände ihren zuschauenden Geschöpfen zeigt, und eine in jener Aktivität der Allumsorgung zu sehende Wahrheit, bestehend daraus, (diese Gestirne) gefügig zu machen, in die Wege zu leiten, zu drehen, einzuordnen, zu reinigen und zu beauftragen, bezeugt augenscheinlich mit dieser ihrer Gewaltigkeit und Ausdehnung die Wesensnotwendigkeit der Existenz des Schöpfers der Himmel, Seine Einheit, sowie dass Seine Existenz noch offenkundiger ist als die Existenz der Himmel. In diesem Sinne wurde *auf der „ersten Stufe des ersten Abschnitts“* gesagt:

لَاۤ اِلٰهَ اِلَّا اللّٰهُ الْوَاجِبُ الْوُجُودِ الَّذِى دَلَّ عَلٰى وُجُوبِ وُجُودِهِ فِى وَحْدَتِهِ السَّمٰوَاتُ بِجَمِيعِ مَا فِيهَا بِشَهَادَةِ عَظَمَةِ اِحَاطَةِ حَقِيقَةِ التَّسْخِيرِ وَالتَّدْبِيرِ وَالتَّدْوِيرِ وَالتَّنْظِيمِ وَالتَّنْظِيفِ وَالتَّوْظِيفِ الْوَاسِعَةِ الْمُكَمَّلَةِ بِالْمُشَاهَدَةِ

Dann spricht **der „Atmosphäre“ genannte Himmelsraum** als ein staunenerregender Versammlungsort mit Dröhnen und ruft jenem auf die Welt gekommenen reisenden Menschen zu: „Schau mich an! Denjenigen, den du wissbegierig suchst und der dich hierhin geschickt hat, kannst du durch mich erkennen und finden.“ Jener Gast schaut auf sein saures, aber mitleidiges Antlitz. Er hört sein furchteinflößendes, aber freudige Nachricht bringendes Dröhnen und sieht:

Die zwischen Erde und Himmel in der Schwebe gehaltene *Wolke* bewässert überaus weisheits- und erbarmungsvoll den Erden-Garten, bringt den Erdbewohnern Lebenswasser, mildert die Hitze –d. h. die Heftigkeit des Lebens-„Fiebers“– und eilt je nach Bedarf allen Gegenden zu Hilfe. Und während sie viele Aufgaben wie diese versieht, verbirgt sich auch jene die Atmosphäre füllende riesige Wolke auf einmal so, wie eine wohlgeordnete Armee sich eilig nach Befehlen zeigt und verbirgt – ihre ganzen Teile ziehen sich zur Ruhe zurück, keine einzige Spur mehr ist von ihr zu sehen. Sobald sie dann den Befehl erhält: „Marsch! An den Regen!“, kommt sie innerhalb einer Stunde, sogar einiger Minuten zusammen und füllt die Atmosphäre, wartet, als ob sie den Befehl eines Kommandeurs erwartet.

Dann betrachtet jener Reisende *den Wind* in der Atmosphäre und sieht: *Die Luft* wird in so vielen Aufgaben höchst weisheitsvoll und freigebig eingesetzt: In einem Zustand, dass geradezu ein jedes Atom unter den unbewussten Atomen jener leblosen Luft auf die Befehle, die vom Sultan dieser Schöpfung kommen, hört, sie kennt und ohne irgendeinen zu verzögern mit der Kraft jenes Kommandeurs ausführt und wohlgeordnet erfüllt, wird sie in vielen allgemeinen Aufgaben und Diensten durch eine verborgene Hand höchst bewusst, sachkundig und lebensschützend eingesetzt – wie z. B. allen Bewohnern der Erde Atem zu spenden, die für die Lebewesen notwendigen Stoffe wie z. B. Wärme, Licht und Elektrizität, sowie die Stimmen zu übertragen, und die Befruchtung der Pflanzen zu veranlassen (usw.)...

Dann betrachtet er *den Regen* und sieht: Jene lieblichen, klaren, süßen und aus dem Nichts, aus einem verborgenen Schatz der Barmherzigkeit geschickten Tropfen haben so viele barmherzige Geschenke und Aufgaben, dass, weil es die Bedeutung hat, die Barmherzigkeit würde sich geradezu materialisieren und in Form von Tropfen aus dem Schatz des Allumsorgers fließen, man dem Regen den Namen „Barmherzigkeit“ (Rahmet) gegeben hat.

Dann betrachtet er den *Blitz und* hört dem *Ra'd (Donner)* zu und sieht: Sie werden in sehr erstaunlichen und bemerkenswerten Diensten gestellt.

Dann wendet er den Blick ab, schaut auf seinen Verstand und sagt zu sich: Diese leblose, unbewusste *Wolke* –gekämmter Baumwolle gleich– wird uns gewiss nicht kennen, nicht bemitleiden und von selbst uns zu Hilfe eilen, und wird nicht ohne Anweisung hervortreten und sich verbergen; vielmehr handelt sie auf Befehl eines grenzenlos Mächtigen und Erbarmungsvollen Kommandeurs, sodass sie, ohne eine Spur zu hinterlassen, sich verbirgt und mit einem Mal hervortritt und an die Arbeit geht; und mit der Anordnung und Kraft eines äußerst aktiven, erhabenen und überaus faszinierenden und majestätischen Sultans füllt und räumt sie von Zeit zu Zeit die Welt der Atmosphäre und wechselt sie fortwährend zu einer Tafel, die mit Weisheit beschrieben und in der Pause gewischt wird, zu einer „Tafel der Gegenwartsaufzeichnung", und in die Gestalt einer Auferstehung und eines Weltuntergangs; und mit der Betreuung eines äußerst huldvollen, wohltätigen, überaus freigebigen und allumsorgenden Allbetreuenden Herrschers steigt sie auf den Wind, setzt gewaltige Regen-Schätze auf und gelangt rechtzeitig zu den bedürftigen Orten. Geradezu bemitleidet und beweint sie diese und heitert sie durch ihre „Tränen" mit Blumen auf, kühlt die Stärke der Sonnenhitze ab, besprengt wie ein Schwamm ihre Gärten und spült und reinigt die Erdoberfläche.

Auch sagt jener wissbegierige Reisende zu seinem Verstand: Die hunderttausenden weisheits-, erbarmungs- und kunstvollen Werke, Wohltaten und Hilfen, die durch den Schleier und die äußere Gestalt dieser *Luft* zustande kommen, welche unfühlend, leblos, unbewusst ist, sich fortwährend bewegt, wechselhaft, stürmisch, turbulent, unbeständig und ziellos ist, beweisen offenkundig: Dieser fleißige Wind und regsame Diener hat keine einzige eigenständige Aktion, handelt vielmehr auf Befehl eines höchst Allmächtigen, Allwissenden, höchst Allweisen und Freigebigen Gebieters. Ein jedes sein Atom geradezu wie ein Soldat, der jede Arbeit kennt, jeden Befehl jenes Gebieters versteht und befolgt, hört er auf jeden in der Luft wirkenden Befehl des Allumsorgers und leistet Gehorsam; denn ich sehe, dass er mit vollkommener Ordnung durch eine Hand der Weis tigt wird bei der Atmung und dem Leben aller T Befruchtung und dem Wachstum der Pflanzen, beim zu Hilfe-Bringen der für ihr Leben nötigen Stoffe, bei der Absendung und Lenkung der Wolken, bei dem Verkehr von „feuerlosen“ Schiffen, insbesondere bei der Hinführung von Stimmen, vor allem von Gesprächen in drahtlosen Telefonien, Telegrafien und Radios, und außer bei allgemeinen und umfassenden Diensten wie diese Dienste –obwohl die, aus zwei einfachen Stoffen wie Stickstoff und Sauerstoff bestehenden Moleküle der Luft einander gleich sind– (beschäftigt wird) bei den Künsten des Allumsorgers, die sich auf der Erde in hunderttausenden Weisen vorfinden.

Folglich ist gemäß der ausdrücklichen Erklärung des Verses وَتَصْرِيفِ الرِّيَاحِ وَالسَّحَابِ الْمُسَخَّرِ بَيْنَ السَّمَاءِ وَالْأَرْضِ (1) derjenige, der durch Verwalten der Winde in unzähligen Diensten des Allumsorgers einsetzt und durch Gefügigmachen der Wolken in unzähligen Arbeiten des Allbarmherzigen beauftragt und die Luft auf diese Weise schafft, nur ein Wesensnotwendig Existierender, Allmächtiger und Allwissender Allgewaltiger und Reichlich Spendender Allumsorger. So sagt und urteilt er.

Dann betrachtet er den *Regen* und sieht: In ihm sind Nutzen entsprechend der Zahl der „Stückchen“ des Regens, barmherzige Erscheinungen entsprechend der Anzahl seiner Tropfen, und Weisheiten entsprechend der Menge seiner Tau-Tröpfchen. Auch werden jene lieblichen, feinen und segensreichen Tropfen so wohlgeordnet und schön erschaffen, und insbesondere der zur Sommerzeit fallende Hagel wird mit solcher Ausgewogenheit und Ordnung geschickt und kommt herunter, dass starke Winde, die in Stürmen bewegt

---

(1) Und im Führen der Winde und der dienstbaren Wolken zwischen Himmel und Erde (sind Zeichen).

werden und große Dinge zusammenstoßen, ihr Gleichgewicht und ihre Ordnung nicht stören, die Tropfen nicht zusammenstoßen und vereinigen und zu schädlichen Massen bilden. Und dieses einfache, unfühlende, aus zwei einfachen, unbewussten Stoffen wie Wasserstoff und Sauerstoff zusammengesetzte Wasser, das in vielen derlei weisheitsvollen Tätigkeiten und insbesondere in Lebewesen eingesetzt wird, wird in hunderttausenden weisheitsvollen, bewussten verschiedenen Diensten und Künsten beauftragt.

Also wird dieser Regen, der eine verkörperte reine Barmherzigkeit ist, nur in dem verborgenen Schatz der Barmherzigkeit eines Erbarmungsvollen Allbarmherzigen zustande gebracht und erklärt durch sein Herabkommen den Vers

وَهُوَ الَّذِى يُنَزِّلُ الْغَيْثَ مِنْ بَعْدِ مَا قَنَطُوا وَيَنْشُرُ رَحْمَتَهُ (1)

in materieller Hinsicht.

Dann hört er dem *Donner* zu, schaut auf den *Blitz* und sieht: Diese zwei erstaunlichen atmosphärischen Vorgänge erklären sowohl ganz genau die Verse وَيُسَبِّحُ الرَّعْدُ بِحَمْدِهِ (2) und يَكَادُ سَنَا بَرْقِهِ يَذْهَبُ بِالْاَبْصَارِ (3) in materieller Hinsicht, als auch melden sie das Kommen des Regens und bringen es den Bedürftigen als erfreuliche Nachricht.

Ja, mit weisheitsvollen und bemerkenswerten Zuständen wie die Atmosphäre aus Nichts plötzlich mit erstaunlichem Dröhnen sprechen zu lassen, die finstere Atmosphäre durch ein außergewöhnliches Licht und Feuer mit Glanz zu erfüllen,

---

(1) Und Er ist es, Der, nachdem sie verzweifelten, den Regen hinabsendet und Seine Barmherzigkeit ausbreitet.

(2) Und der Donner preist Ihn in Lob und Dank.

(3) Der Glanz Seines Blitzes nimmt fast das Augenlicht.

und die bergähnlichen, baumwollgleichen Wolken, die wie ein Zerstäuber für Hagel, Schnee und Wasser sind, zu entzünden, schlägt es wie mit einem Holzhammer herab auf den gottvergessenen Menschen; und sie verwarnen: „Erhebe den Kopf, schau auf die außergewöhnlichen Taten eines aktiven und mächtigen Herrn, der sich bekannt machen will. So wie du nicht dir selbst überlassen bist, so können auch diese Vorgänge nicht sich selbst überlassen sein; ein jeder von ihnen eilt vielen weisheitsvollen Verpflichtungen nach. Sie werden durch einen Allweisen Allbetreuer beauftragt."

Also hört dieser wissbegierige Reisende die hohe und deutliche Bezeugung einer Wahrheit, die daraus besteht, in dieser Atmosphäre die Wolken gefügig zu machen, die Winde zu verwalten, den Regen herabzusenden und die atmosphärischen Vorgänge in die Wege zu leiten, und sagt: „Ich glaube an Allah". Der Passus *auf der „zweiten Stufe des ersten Abschnitts"*:

لَٓا اِلٰهَ اِلَّا اللّٰهُ الْوَاجِبُ الْوُجُودِ الَّذ۪ى دَلَّ عَلٰى وُجُوبِ وُجُودِهِ الْجَوُّ
بِجَم۪يعِ مَا ف۪يهِ بِشَهَادَةِ عَظَمَةِ اِحَاطَةِ حَق۪يقَةِ التَّسْخ۪يرِ وَالتَّصْر۪يفِ
وَالتَّنْز۪يلِ وَالتَّدْب۪يرِ الْوَاسِعَةِ الْمُكَمَّلَةِ بِالْمُشَاهَدَةِ

bringt die erwähnten Beobachtungen dieses Reisenden über die Atmosphäre zum Ausdruck (Anm.).

(Anm.): Zur Beachtung: Ich hätte es gewollt, die im „ersten Abschnitt" erwähnten dreiunddreißig Stufen der Einheitsbezeigung ein wenig zu erklären. Jedoch war ich aufgrund der Ungunst meiner jetzigen Situation und Lage gezwungen, Genüge zu finden lediglich an ihren äußerst kurz gefassten Beweisen und an der Übersetzung ihrer Kurzbedeutung. Weil in dreißig, sogar hundert Abhandlungen der Risale-i Nur diese dreiunddreißig Stufen mit ihren Beweisen auf jeweils unterschiedliche Weisen, in jeder Abhandlung

⟶

Dann sagt zu dem nachsinnenden Gast, der sich an jene geistige Reise gewöhnt hat, **die Erdkugel** mit der Sprache ihres Zustandes: „Was gehst du im Himmel, im Raum und in der Luft umher? Komm, ich werde dir den, den du suchst, bekannt machen. Betrachte die Aufgaben, die ich versehe und lies meine Seiten."

Er wiederum schaut und sieht: Die Erde zieht wie ein (mystisch) verzückter Mewlewî mit ihren zwei Bewegungen einen, die Tage, Jahre und Jahreszeiten veranlassenden Kreis um den Platz der Größten Auferstehung. Und sie ist ein prachtvolles und gefügiges Schiff des Allumsorgers, das die hunderttausend Arten der Lebewesen mit ihren ganzen Nahrungen und notwendigen Dingen aufnimmt, sie auf dem Meer des Raums mit vollkommener Ausgewogenheit und Ordnung umherführt, und um die Sonne reist.

Dann schaut er auf ihre Seiten und sieht: Eine jede Seite in ihren Kapiteln macht mit ihren tausenden Zeichen den Allumsorger der Erde bekannt. Weil er nicht die Zeit finden kann, sie alle zusammen zu lesen, betrachtet er nur die –eine einzige Seite darstellende– Schaffung und Verwaltung der Lebewesen im Frühling und sieht:

Die Formen unzähliger Individuen der hunderttausend Arten werden aus einfacher Materie höchst wohlproportioniert entfaltet,.. sie werden höchst erbarmungsvoll allumsorgt,.. sie werden überaus wunderhaft verbreitet, z. B. in der Weise, den Samen mancher von ihnen Flügelchen zu geben und sie fliegen zu lassen,.. sie werden besonders vorsorglich verwaltet,.. sie werden überaus liebevoll erhalten und verpflegt,.. und ihre unzähligen unterschiedlichsten, köstlichen und wohlschmeckenden Nahrungen werden sehr

---

manche Stufen, dargelegt wurden, wurden ihre Details ihnen überlassen.

erbarmungsvoll und stets ernährend aus dem Nichts, aus trockener Erde und aus einander gleichen, sich sehr wenig unterscheidenden und knochengleichen Wurzeln, Kernen und Flüssigkeitstropfen hervorgebracht...

Auf jeden Frühling werden, wie ein Waggon, hunderttausend Arten Nahrungsmittel und notwendige Dinge aus dem verborgenen Schatz aufgeladen und den Lebewesen hergeschickt. Und insbesondere darin, unter jenen Nahrungspaketen die, den Junglebewesen zugeschickten Milchkonserven und, an der liebevollen Brust ihrer Mütter angehängten süßen Milch-Behälterchen zu senden, ist eine so große Liebe und Güte, Barmherzigkeit und Weisheit ersichtlich: es beweist offenkundig, dass es eine höchst liebevolle und allumsorgende Erscheinung der Barmherzigkeit und Wohltat eines Erbarmungsvollen Barmherzigen ist.

Kurz: Indem diese Lebens-Seite des Frühlings hunderttausend Muster und Beispiele der Größten Auferstehung zeigt, erklärt sie sowohl überaus glanzvoll den Vers

فَانْظُرْ اِلٰٓى اٰثَارِ رَحْمَتِ اللّٰهِ كَيْفَ يُحْيِ الْاَرْضَ بَعْدَ مَوْتِهَا اِنَّ ذٰلِكَ[1]
لَمُحْيِ الْمَوْتٰى وَهُوَ عَلٰى كُلِّ شَيْءٍ قَدِيرٌ

in materieller Hinsicht, als auch bringt dieser Vers wiederum die Bedeutungen dieser Seite wunderbar zum Ausdruck. Und er hat erkannt, dass die Erde mit all ihren Seiten entsprechend der Relation und Kraft ihrer Größe لَٓا اِلٰهَ اِلَّا هُوَ[2] sagt.

---

[1] So schau auf die Werke von Allahs Barmherzigkeit, wie Er die Erde nach ihrem Tode belebt. Wahrlich, derselbe wird auch die Toten erwecken; und Er hat Macht über alle Dinge.

[2] Es gibt keinen Gott außer Ihm.

Also wurde in der Bedeutung der kurz gefassten Bezeugung einer einzigen Hinsicht unter zwanzig Hinsichten der einen einzigen Seite unter mehr als zwanzig großen Seiten der Erdkugel, und (in der Bedeutung) der Beobachtungen jenes Reisenden auf den Seiten der übrigen Hinsichten –und zum Ausdruck jener Beobachtungen– (wurde) *auf der „dritten Stufe des ersten Abschnitts“* folgenderweise gesagt:

لَٓا اِلٰهَ اِلَّا اللّٰهُ الْوَاجِبُ الْوُجُودِ الَّذ۪ى دَلَّ عَلٰى وُجُوبِ وُجُودِه۪ فِى وَحْدَتِه۪ الْاَرْضُ
بِجَم۪يعِ مَا ف۪يهَا وَمَا عَلَيْهَا بِشَهَادَةِ عَظَمَةِ اِحَاطَةِ حَق۪يقَةِ التَّسْخ۪يرِ وَالتَّدْب۪يرِ وَالتَّرْبِيَةِ
وَالْفَتَّاحِيَّةِ وَتَوْز۪يعِ الْبُذُورِ وَالْمُحَافَظَةِ وَالْاِدَارَةِ وَالْاِعَاشَةِ لِجَم۪يعِ ذَوِى الْحَيَاةِ
وَالرَّحْمَانِيَّةِ وَالرَّح۪يمِيَّةِ الْعَامَّةِ الشَّامِلَةِ الْمُكَمَّلَةِ بِالْمُشَاهَدَةِ

Während dann jener nachsinnende Reisende immer mehr jede Seite liest, verstärkt sich (um so mehr) sein Glaube, der der Schlüssel zur Glückseligkeit ist, nimmt seine (Gottes)-Erkenntnis, die der Schlüssel zu geistigen Aufstiegen ist, zu, und entfaltet sich die Wahrheit des Glaubens an Allah, die die Grundlage und Fundgrube sämtlicher Vollendetheit ist, noch etwas mehr und bereitet ihm viele geistige Genüsse und Freuden. Weil es somit stark seine Wissbegier erweckt, sagt er, obwohl er den perfekten und sicheren Unterweisungen des Himmels, der Atmosphäre und der Erde zugehört hat, هَلْ مِنْ مَز۪يدٍ[1], wobei er dann die ekstasenhaften Rezitationen der **Meere und großen Flüsse** in Entzückung und Begeisterung, und ihre rührenden und angenehmen Geräusche hört. Mit der Sprache des Zustands, sowie des Wortes sagen sie: „Betrachte und studiere auch uns!“

---

[1] Ist nicht noch mehr da?

Er wiederum schaut und sieht: Obwohl *die Meere*, die wie lebendig fortwährend wogen und den Charakter haben, sich zu zerstreuen, herauszufließen und zu überfluten, die Erde umfassen und mit der Erde gemeinsam überaus schnell, in einem Jahr in einem Umfang von fünfundzwanzigtausend Jahren[1] zum Laufen gebracht werden, zerstreuen sie sich weder, noch fließen sie heraus oder greifen über auf das angrenzende Festland. Also (be)stehen und reisen sie –und werden bewahrt– mit der Verfügung und Kraft eines höchst mächtigen und gewaltigen Herrn.

Dann betrachtet er *das Innere der Meere* und sieht: Von ihren sehr schönen, verzierten und geregelten Substanzen abgesehen, sind die Erhaltungen, Verwaltungen, Geburten und Sterbefälle tausender verschiedener Tiere so geordnet, ihre aus einfachem Sand und bitterem Wasser gegebenen Nahrungen und Rationen so vorzüglich: es beweist offenkundig, dass dies durch die Verwaltung und Erhaltung eines Allgewaltigen Allmächtigen, eines Cemîl Erbarmers geschieht.

Dann betrachtet jener Gast *die Flüsse* und sieht: Ihre Nutzen, Aufgaben, Zuflüsse und Durchflussmengen sind so weisheits- und erbarmungsvoll: es beweist offenkundig, dass alle Ströme, Quellen, Bäche und großen Flüsse aus dem Schatz der Barmherzigkeit eines Allgewaltigen und Reichlich Spendenden Allbarmherzigen herauskommen und -fließen. Sie werden sogar so außergewöhnlich aufgespeichert und verwendet, dass es überliefert wurde: „Vier Flüsse entspringen im Paradies.“ Das heißt, es besagt: Weil sie die scheinbaren Ursachen weit übertreffen, fließen sie aus dem Schatz eines geistigen Paradieses und lediglich durch den Segen einer verborgenen unerschöpflichen Quelle.

Zum Beispiel: Der segensreiche Nil, der die Sandlandschaft Ägyptens zu einem Garten macht, fließt wie ein klei-

[1] *(Anm. d. Ü.):* Solche Angaben sind als Fußmarsch gemeint.

nes Meer ununterbrochen vom Süden her aus einem „Cebel'i-Kamer“ genannten Berg, ohne sich zu erschöpfen. Wenn seine Durchflussmenge von sechs Monaten sich wie eine Erhebung ansammeln und vereisen würde, würde sie größer sein als jener Berg. Jedoch macht der Platz und Vorrat, der in jenem Berg für ihn bestimmt ist, nicht ein Sechstel von dessen Größe. Sein Zufluss wiederum: Weil der Regen, der in jener heißen Region allzu wenig fällt und in den Vorrat wenig gelangt, da ihn der trockene Boden schnell aufsaugt, gewiss jenes umfangreiche Gleichgewicht nicht aufrechterhalten kann, bringt die Überlieferung, dass jener segensreiche Nil über das Gewohnte auf der Erde hinaus in einem geistigen Paradies entspringt, eine sehr bedeutsame und schöne Wahrheit zum Ausdruck.

Nun also hat er ein Tausendstel der meeresgleichen Wahrheiten und Bezeugungen der Meere und Flüsse betrachtet. Er hat erkannt, dass sie übereinstimmend, mit einer Kraft entsprechend der Größe der Meere لَٓا اِلٰهَ اِلَّا هُوَ[1] sagen, und dass die Meere für diese Bezeugung Zeugen beibringen entsprechend der Anzahl ihrer Geschöpfe. Und in der Bedeutung, die gesamten Bezeugungen der Meere und Flüsse zu beabsichtigen und zum Ausdruck zu bringen, wurde *auf der „vierten Stufe des ersten Abschnitts“* gesagt:

لَٓا اِلٰهَ اِلَّا اللّٰهُ الْوَاجِبُ الْوُجُودِ الَّذٖى دَلَّ عَلٰى وُجُوبِ وُجُودِهٖ فٖى وَحْدَتِهٖ
جَمٖيعُ الْبِحَارِ وَالْاَنْهَارِ بِجَمٖيعِ مَا فٖيهَا بِشَهَادَةِ عَظَمَةِ اِحَاطَةِ حَقٖيقَةِ التَّسْخٖيرِ
وَالْمُحَافَظَةِ وَالْاِدِّخَارِ وَالْاِدَارَةِ الْوَاسِعَةِ الْمُنْتَظِمَةِ بِالْمُشَاهَدَةِ

[1] Es gibt keinen Gott außer Ihm.

Dann rufen jenen Reisenden, der auf geistige Reise geht, **die Berge und Felder** her und sagen: „Lies auch unsere Seiten“.

Er wiederum schaut und sieht: Die umfassenden Aufgaben und allgemeinen Dienste der Berge sind so gewaltig und weisheitsvoll, sie erstaunen die Verstände.

Zum Beispiel dass die Berge (Vulkane) auf Befehl des Allumsorgers aus der Erde herauskommen: indem sie innerhalb der Erde ihre von endogenen Umwälzungen herrührende Erregung, Wut und Wucht durch ihr Herauskommen beruhigen, atmet die Erde durch das Herausströmen und die Öffnung jener Berge, wird von schädlichen Erschütterungen und gefährlichen Beben gerettet, stört bei der Aufgabe ihrer Rotation nicht die Ruhe ihrer Bewohner.

So wie also bei Schiffen, um sie vor Erschütterungen zu schützen und ihr Gleichgewicht zu wahren, ihre Masten auf sie errichtet wurden, so auch verfügt der Unnachahmliche Kur'ân mit vielen Versen wie z. B.

وَالْجِبَالَ اَوْتَادًا ۞ وَاَلْقَيْنَا فِيهَا رَوَاسِيَ ۞ وَالْجِبَالَ اَرْسٰيهَا [1], dass die Berge in diesem Sinne Masten mit Schätzen für das Erden-Schiff sind.

Auch erkennt er z. B.: Innerhalb der Berge werden jede Art von, für die Lebewesen notwendigen Quellen, Gewässer, Mineralien, Substanzen und Heilmittel so weisheitsvoll, vorsorglich, freigebig und bedachtsam aufgespeichert, bereitgestellt und aufgeschichtet, dass sie offenkundig beweisen, dass sie die Schätze, Speicher und Diener eines Allmächtigen sind,

---

[1] Und (haben Wir) die Berge (nicht) zu Masten (gemacht)? * Und Wir haben feste Berge darauf gesetzt. * Und Er festigte die Berge.

dessen Macht grenzenlos, und eines Allweisen, dessen Weisheit endlos ist.

Und zu diesen zwei Wesentlichen unter den berggroßen Aufgaben und Weisheiten der Felder und Berge zieht er die übrigen zum Vergleich heran und sieht gleich der Kraft und Festigkeit der Berge und gleich der Weite und Größe der Felder das Glaubensbekenntnis, welches die Berge und Felder mit ihren gesamten Weisheiten, insbesondere hinsichtlich der vorsorglichen Aufspeicherungen ablegen, und die Einheitsbezeugung لَآ اِلٰهَ اِلَّا هُوَ [1], welche sie aussprechen, und sagt: „Ich glaube an Allah."

Um diese Bedeutung also zum Ausdruck zu bringen, wurde *auf der „fünften Stufe des ersten Abschnitts"* gesagt:

لَآ اِلٰهَ اِلَّا اللّٰهُ الْوَاجِبُ الْوُجُودِ الَّذ۪ى دَلَّ عَلٰى وُجُوبِ وُجُودِه۪ جَم۪يعُ الْجِبَالِ
وَالصَّحَارٰى بِجَم۪يعِ مَا ف۪يهَا وَعَلَيْهَا بِشَهَادَةِ عَظَمَةِ اِحَاطَةِ حَق۪يقَةِ الْاِدِّخَارِ
وَالْاِدَارَةِ وَنَشْرِ الْبُذُورِ وَالْمُحَافَظَةِ وَالتَّدْب۪يرِ الْاِحْتِيَاطِيَّةِ الرَّبَّانِيَّةِ الْوَاسِعَةِ
الْعَامَّةِ الْمُنْتَظَمَةِ الْمُكَمَّلَةِ بِالْمُشَاهَدَةِ ۞

Dann öffnet sich dem Gedanken jenes Reisenden, während er in Gedanken die Berge und Felder durchzog, die Tür zur **Welt der Bäume und Pflanzen**. Sie haben ihn hereingerufen und gesagt: „Komm, besuche auch unser Gebiet, lies auch unsere Schriften."

Er wiederum trat ein und sah: Sie haben eine überaus prachtvolle und geschmückte Gesellschaft der Tehlil und Ein-

---

[1] Es gibt keinen Gott außer Ihm.

heitsbezeugung und einen Kreis der Rezitation und Danksagung gebildet. Er hat aus der Sprache ihres Zustands verstanden, als wenn die Arten sämtlicher Bäume und Pflanzen übereinstimmend gemeinsam لَا إِلٰهَ إِلَّا اللّٰهُ[1] sagen. Denn er hat drei große umfassende Wahrheiten gesehen, die beweisen und bezeugen, dass die gesamten fruchttragenden Bäume und Pflanzen mit der Sprache ihrer maßgerechten und „klaren" Blätter, mit den Reden ihrer schmuckvollen und schönen Blüten und mit den Wörtern ihrer wohlgeordneten und sprachperfekten Früchte gemeinsam preisend das (Glaubens)-Bekenntnis ablegen und لَا إِلٰهَ إِلَّا هُوَ[2] sagen.

Die erste: So wie auf überaus offenkundige Weise die Bedeutung und Wahrheit eines gewollten Gütigen Gebens und Reichlichen Spendens und einer beabsichtigten Zuwendung und Wohltat bei jedem einzelnen von ihnen zu merken ist, so ist sie in ihrer Gesamtheit so klar erkennbar wie das Licht beim Sonnenschein.

Die zweite: Die Bedeutung und Wahrheit einer gewollten und weisheitsvollen Sonderung und Unterscheidung und einer erbarmungsvollen Verschönerung und Formung, deren Übergabe an den Zufall in keiner Hinsicht möglich ist, ist bei jenen unzähligen Arten und Individuen so deutlich zu sehen wie der Tag und zeigt, dass sie die Werke und Ornamente eines Allweisen Künstlers sind.

Die dritte: Die Gestalten jener unzähligen Kunstwerke in hunderttausend Arten und in jeweils verschiedenen Weisen und Formen höchst geordnet, gleichmäßig und schmuckvoll aus begrenzten, wenigen, einander ähnlichen, einfachen, leblosen, einander gleichen oder wenig verschiedenen und

---

[1] Es gibt keinen Gott außer Allah.

[2] Es gibt keinen Gott außer Ihm.

vermischten Kernen und Körnchen die Gestalten der gesamten Individuen jener zweihunderttausend Arten unterschiedlich, geordnet, jeweils für sich, gleichgewichtig, lebendig, weisheitsvoll, fehlerfrei und makellos zu entfalten und zu bilden, ist solch eine Wahrheit, die noch glanzvoller ist als die Sonne; und er hat erkannt, dass es entsprechend der Anzahl der Blüten, Früchte, Blätter und Existierenden des Frühlings Zeugen gibt, die jene Wahrheit beweisen, und hat gesagt: اَلْحَمْدُ لِلّٰهِ عَلٰى نِعْمَةِ الْاِيمَانِ [1]

Also wurde in der Bedeutung, diese erwähnten Wahrheiten und Bezeugungen zum Ausdruck zu bringen, *auf der „sechsten Stufe des ersten Abschnitts“* gesagt:

لَٓا اِلٰهَ اِلَّا اللّٰهُ الْوَاجِبُ الْوُجُودِ الَّذ۪ى دَلَّ عَلٰى وُجُوبِ وُجُودِه۪ ف۪ى وَحْدَتِه۪
اِجْمَاعُ جَم۪يعِ اَنْوَاعِ الْاَشْجَارِ وَالنَّبَاتَاتِ الْمُسَبِّحَاتِ النَّاطِقَاتِ بِكَلِمَاتِ اَوْرَاقِهَا
الْمَوْزُونَاتِ الْفَص۪يحَاتِ وَاَزْهَارِهَا الْمُزَيَّنَاتِ الْجَز۪يلَاتِ وَاَثْمَارِهَا الْمُنْتَظَمَاتِ
الْبَل۪يغَاتِ بِشَهَادَةِ عَظَمَةِ اِحَاطَةِ حَق۪يقَةِ الْاِنْعَامِ وَالْاِكْرَامِ وَالْاِحْسَانِ بِقَصْدٍ
وَرَحْمَةٍ وَحَق۪يقَةِ التَّمْي۪يزِ وَالتَّزْي۪ينِ وَالتَّصْو۪يرِ بِاِرَادَةٍ وَحِكْمَةٍ مَعَ قَطْعِيَّةِ دَلَالَةِ
حَق۪يقَةِ فَتْحِ جَم۪يعِ صُوَرِهَا الْمَوْزُونَاتِ الْمُزَيَّنَاتِ الْمُتَبَايِنَةِ الْمُتَنَوِّعَةِ الْغَيْرِ الْمَحْدُودَةِ
مِنْ نُوَاتَاتٍ وَحَبَّاتٍ مُتَمَاثِلَةٍ مُتَشَابِهَةٍ مَحْصُورَةٍ مَعْدُودَةٍ

Während dann jener geistig reisende, wissbegierige Welt-Reisende, dessen Freude und Begeisterung durch den Aufstieg zunimmt, aus dem Garten des Frühlings eine frühlingsvolle „Blütenlese“ der Erkenntnis und des Glaubens holte, öffnete sich seinem wahrheitssehenden Verstand und seinem

[1] Alles Lob und Dank sei Allah für die Gabe des Glaubens.

erkenntniskundigen Gedanken die Tür zur **Welt der Tiere und Vögel**. Mit hunderttausend unterschiedlichen Stimmen und verschiedenen Sprachen haben sie ihn hereingerufen und gesagt: „Bitte trete ein".

Er wiederum trat ein und sah: Alle Arten, Gruppen und Völker sämtlicher Tiere und Vögel sagen mit der Sprache ihres Wortes und ihres Zustandes einstimmig لَا إِلٰهَ إِلَّا هُوَ[1] und machen die Erde zu einem Rezitationsraum und zu einer gewaltigen Tehlil-Gesellschaft; er sah sie so, dass ein jedes von ihnen selbst in der Bedeutung jeweils eines Lobgedichts des Allumsorgers, jeweils eines Wortes des Allgepriesenen und jeweils eines bedeutsamen Buchstabens des Allbarmherzigen ihren Künstler charakterisieren, lobpreisen und verherrlichen. Geradezu sind die Empfindungen, geistigen Fähigkeiten, Apparate, Glieder und Ausrüstungen jener Tiere und Vögel gereimte und ausgewogene Wörter und geordnete und perfekte Reden. Er sah drei gewaltige und umfassende Wahrheiten, die sicher beweisen, dass sie mit diesen ihrem Stetig-Erschaffenden und Stets-Ernährenden danksagen und Seine Einsheit bezeugen:

Die erste: Die Wahrheit, aus dem Nichts weisheitsvoll hervorzubringen, kunstvoll neuzuschaffen, beabsichtigterweise, sowie sachkundig zu erschaffen und zu erbauen, und aus zwanzig Blickwinkeln die Erscheinung des Wissens, der Weisheit und des Willens zeigend zu beseelen und zu beleben –in keiner Hinsicht möglich, (diese Wahrheiten) dem ziellosen Zufall, der blinden Kraft und der unbewussten Natur zu überlassen–, bezeugt als ein offenkundiger Beweis, der so viele Zeugen hat wie die Anzahl der Seelenbesitzer, die

---

[1] Es gibt keinen Gott außer Ihm.

Wesensnotwendigkeit der Existenz, die sieben Eigenschaften und die Einheit des Aufrechterhaltenden Lebenden Herrn.

Die zweite: Daraus, dass jene unzähligen Kunstwerke gesichtsmäßig voneinander verschieden, formmäßig schmuckvoll, mengenmäßig ausgewogen und gestaltsmäßig geordnet gesondert, geschmückt und geformt werden, zeigt sich solch eine gewaltige und starke Wahrheit, dass außer dem Allmächtigen und Allwissenden absolut nichts (und niemand) diese umfassende Handlung übernehmen kann, welche in jeder Hinsicht tausende Erstaunlichkeiten und Weisheiten zeigt – dafür besteht keine einzige Möglichkeit und Eventualität.

Die dritte: Aus beschränkten, begrenzten Eiern, Eierchen und Sperma genannten Flüssigkeitstropfen, die einander entsprechend, gleich oder wenig verschieden sind und sich ähneln, die Gestalten jener unzähligen Tiere, welche in hunderttausenden verschiedenen Arten und in dem Charakter jeweils eines Wunders der Weisheit sind, in einer höchst geordneten, gleichgewichtigen und fehlerfreien Form zu bilden und zu entfalten, ist solch eine glanzvolle Wahrheit, dass so viele Belege und Beweise wie die Anzahl der Tiere diese Wahrheit erhellen.

Mit der Vereinigung dieser drei Wahrheiten also sagen sämtliche Arten der Tiere gemeinsam لَآ اِلٰهَ اِلَّا هُوَ[1] und bezeugen solcherweise, dass er es in dem Charakter sah, dass geradezu die Erde wie ein großer Mensch entsprechend der Relation ihrer Größe لَآ اِلٰهَ اِلَّا هُوَ[2] sagt und die Himmelsbe-

---

[1] Es gibt keinen Gott außer Ihm.

[2] Es gibt keinen Gott außer Ihm.

wohner hören lässt; und er erhielt (somit) eine genaue Unterweisung.

Auf der „siebten Stufe des ersten Abschnitts“ wurde in der Bedeutung, diese erwähnten Wahrheiten zum Ausdruck zu bringen, gesagt:

لَٓا اِلٰهَ اِلَّا اللّٰهُ الْوَاجِبُ الْوُجُودِ الَّذٖى دَلَّ عَلٰى وُجُوبِ وُجُودِهٖ فٖى وَحْدَتِهٖ
اِتِّفَاقُ جَمٖيعِ اَنْوَاعِ الْحَيَوَانَاتِ وَالطُّيُورِ الْحَامِدَاتِ الشَّاهِدَاتِ بِكَلِمَاتِ
حَوَاسِّهَا وَقُوَاهَا وَحِسِّيَّاتِهَا وَلَطَٓائِفِهَا الْمَوْزُونَاتِ الْمُنْتَظَمَاتِ الْفَصٖيحَاتِ
وَبِكَلِمَاتِ جِهَازَاتِهَا وَجَوَارِحِهَا وَاَعْضَائِهَا وَاٰلَاتِهَا الْمُكَمَّلَةِ الْبَلٖيغَاتِ
بِشَهَادَةِ عَظَمَةِ اِحَاطَةِ حَقٖيقَةِ الْاٖيجَادِ وَالصُّنْعِ وَالْاِبْدَاعِ بِالْاِرَادَةِ
وَحَقٖيقَةِ التَّمْيٖيزِ وَالتَّزْيٖينِ بِالْقَصْدِ وَحَقٖيقَةِ التَّقْدٖيرِ وَالتَّصْوٖيرِ
بِالْحِكْمَةِ مَعَ قَطْعِيَّةِ دَلَالَةِ حَقٖيقَةِ فَتْحِ جَمٖيعِ صُوَرِهَا الْمُنْتَظَمَةِ
الْمُتَخَالِفَةِ الْمُتَنَوِّعَةِ الْغَيْرِ الْمَحْصُورَةِ مِنْ بَيْضَاتٍ وَقَطَرَاتٍ مُتَمَاثِلَةٍ
مُتَشَابِهَةٍ مَحْصُورَةٍ مَحْدُودَةٍ

Während dann jener nachsinnende Reisende, um auf den grenzenlosen Stufen und endlosen Genüssen und Lichtern des Gotteserkenntnisses noch mehr voranzugehen, in **die Welt der Menschen** eintreten wollte, haben ihn **zu Anfang die Propheten** hereingerufen; und er trat ein.

Zuerst schaute er in den Raum der vergangenen Zeit und sah: Die gesamten Propheten (Aleyhimüsselâm), die die lichtvollsten und vollkommensten des Menschengeschlechts sind, sagen und rezitieren übereinstimmend und gemeinsam

لَآ اِلٰهَ اِلَّا هُوَ[1]; und mit der Kraft ihrer unzähligen glanzvollen und bestätigten Wunder verfechten sie die Einheitsbezeugung; und um die Menschen vom Rang der Tierhaftigkeit auf die Stufe der Engelhaftigkeit zu erheben, rufen sie sie zum Glauben an Allah und unterweisen sie. Er wiederum kniete in jener lichterfüllten Schule nieder und setzte sich zum Unterricht.

Er sah: Weil in der Hand eines jeden dieser Meister, die die höchsten und namhaftesten der Berühmtheiten der Menschen sind, sich als Zeichen der Bestätigung vom Erschaffer der Schöpfung gegebene Wunder befinden und deshalb durch die Mitteilung eines jeden von ihnen eine gewaltige Gruppe und Religionsgemeinschaft unter den Menschen bestätigten und zum Glauben kamen, hat er vergleichen können, wie stark und sicher eine Wahrheit ist, welche jene hunderttausend ernsthafte und rechtschaffene Persönlichkeiten in Übereinstimmung und Einigkeit urteilen und bestätigen. Und er verstand, einen wie grenzenlosen Fehler und Verbrechen die Leute des Irrwegs begehen –und eine wie grenzenlose Strafe sie verdienen–, die eine Wahrheit leugnen, welche so viele getreue Verkünder mit solcher Kraft mit ihren unzähligen Wundern unterschreiben und beweisen. Und er erkannte, wie sehr diejenigen, die sie bestätigen und an sie glauben, Recht haben und im Wahren sind; es zeigte sich ihm noch eine große Stufe der Heiligkeit des Glaubens.

Ja, die unzähligen Wunder der Propheten (Aleyhimüsselâm), welche seitens des Allerhabenen Hak eine Bestätigung durch die Tat bedeuten, die über ihre Widersacher kommenden sehr vielen himmlischen Bestrafungen, welche ihre Berechtigung zeigen, ihre persönlichen Vollendetheiten

[1] Es gibt keinen Gott außer Ihm.

und wahren Lehren, welche beweisen, dass sie im Recht sind, die Stärke ihres Glaubens und ihre volle Ernsthaftigkeit und Opferbereitschaft, welche bezeugen, dass sie rechtschaffen sind, ihre heiligen Bücher und Schriften in ihrer Hand, und ihre unzähligen Schüler, die durch ihre Befolgung zur Wahrheit, zu Vollendetheiten und zum Licht gelangen, was bezeugt, dass ihr Weg richtig und wahr ist, überdies (die Tatsache), dass diese (Schüler) und jene sehr ernsthaften Verkünder in positiven Angelegenheiten übereinstimmen, einig sind, authentisch und vielwegig überliefert werden, beim Beweis sich entsprechen, solidarisch und im Konsens sind, ist solch ein Zeugnis und solch eine Kraft, dass keine Kraft auf der Welt vor ihnen treten kann, und dass es keinen einzigen Zweifel und Unschlüssigkeit hinterlässt.

Und er verstand: es ist eine große Kraftquelle, dass die Grundpfeiler des Glaubens auch die Bestätigung aller Propheten (Aleyhimüsselâm) in sich fassen. Durch ihre Unterweisung hat er viel Glaubenssegen erhalten.

Nun also wurde in der Bedeutung, die erwähnte Unterweisung dieses Reisenden zum Ausdruck zu bringen, *auf der „achten Stufe des ersten Abschnitts“* gesagt:

لَٓا اِلٰهَ اِلَّا اللّٰهُ الَّذٖى دَلَّ عَلٰى وُجُوبِ وُجُودِهٖ فٖى وَحْدَتِهٖ اِجْمَاعُ

جَمٖيعِ الْاَنْبِيَٓاءِ بِقُوَّةِ مُعْجِزَاتِهِمُ الْبَاهِرَةِ الْمُصَدَّقَةِ الْمُصَدِّقَةِ ۞

Während dann jener erstrebende Reisende, der an der Stärke des Glaubens eine erhabene Wahrheitsfreude empfindet, von der Zusammenkunft der Propheten Aleyhimüsselâm herkommt, haben ihn *unter den Gelehrten „Asfiya und Sıddıkîn“ genannte* **hochgelehrte müctehid Wahrheitsforscher**, die mit erwiesener Gewissheit mit sicheren und starken Nachweisen die Sache der Propheten Aleyhimüsselâm beweisen, ihn in ihren Unterrichtsraum hereingerufen.

Er wiederum trat ein und sah: *Tausende geniale und hunderttausende sorgfältig untersuchende und hohe Forscher* beweisen mit ihren, nicht im geringsten einen Zweifel lassenden genauen Untersuchungen die positiven Glaubensthemen – allen voran die Wesensnotwendigkeit der Existenz und die Einheit.

Ja, dass sie, obwohl ihre Veranlagungen und Methoden unterschiedlich sind, in den Elementen und Grundpfeilern des Glaubens einhellig übereinstimmen und ein jeder von ihnen sich auf seine starken und sicheren Argumente stützt, ist solch ein Zeugnis, dass man nur dann vor ihnen treten kann, wenn es möglich ist, eine Intelligenz und Begabung wie sie alle zusammen zu besitzen und einen Beweis zu finden wie alle ihre Beweise zusammen. Andernfalls können jene Leugner nur durch Unwissenheit, Torheit, Leugnung und durch Starrsinn und Augenverschließen bei nicht beweisbaren ablehnenden Themen vor ihnen treten. Wer die Augen verschließt, macht nur für sich selber den Tag zur Nacht...

Dieser Reisende hat erkannt, dass die Lichter, welche diese geehrten und hochgelehrten Meister in diesem prachtvollen und weitreichenden Unterrichtsraum verbreiten, die Hälfte der Erde mehr als tausend Jahre erleuchtet haben. Und er hat solch eine geistige Kraft gefunden, dass (selbst) wenn alle Leugner zusammenkämen, sie ihn nicht im geringsten abirren lassen und erschüttern können.

Nun also wurde als ein kurzer Hinweis auf die Unterweisung, welche dieser Reisende in diesem Unterrichtsraum erhalten hat, *auf der „neunten Stufe des ersten Abschnitts“* gesagt:

لَآ اِلٰهَ اِلَّا اللّٰهُ الَّذ۪ى دَلَّ عَلٰى وُجُوبِ وُجُودِه۪ ف۪ى وَحْدَتِه۪ اِتِّفَاقُ
جَم۪يعِ الْاَصْفِيَاۤءِ بِقُوَّةِ بَرَاه۪ينِهِمُ الظَّاهِرَةِ الْمُحَقَّقَةِ الْمُتَّفِقَةِ

Während dann jener nachsinnende Reisende, der es sehr begehrt, die Lichter und Genüsse dabei zu erleben, wenn der Glaube sich noch mehr verstärkt und entfaltet und von der erwiesenen Stufe auf den augenscheinlichen Rang aufsteigt, (während er) aus der Medrese kommt, rufen ihn ins Ordenskloster **Tausende und Millionen heilige Rechtweiser**, die in einem, sich durch die Vereinigung von unzähligen kleineren wie größeren Derwischklöstern erweiternden äußerst segensreichen, lichterfüllten und feldergroßen Derwischkloster, einer Herberge, einem Rezitationsraum, einer Rechtweisungs-Stätte und im Schatten des großen Weges Muhammeds (A.S.M.) und (im Schatten) der Himmelfahrt Ahmeds (A.S.M.) die Wahrheit studieren, zum Wahren gelangen und die augenscheinliche Gewissheit erreichen.

Er wiederum trat ein und sah: Jene (geistig) entdeckenden und huldwunderzeigenden Rechtweiser sagen, gestützt auf ihre Entdeckungen, Beobachtungen und Huldwunder, übereinstimmend einhellig لَآ اِلٰهَ اِلَّا هُوَ [1] und rufen die Wesensnotwendigkeit der Existenz des Allumsorgers und Seine Einheit in die Schöpfung aus. Er hat augenscheinlich gesehen, wie klar und offenkundig eine Wahrheit ist, welche jene heiligen Genies und ehrwürdigen Kenner mit Übereinstimmung und Einigkeit unterschreiben, die –gleich dem, mit den sieben Farben im Licht der Sonne die Sonne zu erkennen– mit siebzig Farben, sogar entsprechend der Anzahl der

[1] Es gibt keinen Gott außer Ihm.

Schönen Namen, mit jeweils verschiedenen leuchtenden Färbungen und jeweils unterschiedlichen lichterfüllten Farben sich in jeweils andersartigen wahren Orden, auf verschiedenen richtigen Wegen und in verschiedenartigen berechtigten Methoden befinden.

Und er hat gesehen: die Übereinstimmung der Propheten (Aleyhimüsselâm), die Einigkeit der Asfiya's, die Entsprechung der Gottesfreunde und die Einigkeit dieser drei Gemeinschaften zusammen ist noch glanzvoller als das die Sonne zeigende Tageslicht.

Also wurde als ein kurzer Hinweis auf den Segen, den dieser Gast vom Derwischkloster bekommen hat, *auf der „zehnten Stufe des ersten Abschnitts“* gesagt:

لَاۤ اِلٰهَ اِلَّا اللّٰهُ الَّذ۪ى دَلَّ عَلٰى وُجُوبِ وُجُودِه۪ ف۪ى وَحْدَتِه۪ اِجْمَاعُ الْاَوْلِيَاۤءِ
بِكَشْفِيَّاتِهِمْ وَكَرَامَاتِهِمُ الظَّاهِرَةِ الْمُحَقَّقَةِ الْمُصَدَّقَةِ ۞

Jener Welt-Reisende, der erkannte, dass die wichtigste und größte aller menschlicher Vollendetheit, sogar die Quelle und das Fundament sämtlicher menschlicher Vollendetheit die aus dem Gottesglauben und der Gotteserkenntnis herrührende Gottesliebe ist, erhob in dem Gedanken, mit seinen ganzen Kräften und Feinsinnen bei der Glaubensstärke und der Erkenntnisentfaltung noch mehr aufsteigen zu wollen, den Kopf und schaute zum Himmel.

Er sagte zu seinem Verstand: Da nun die wichtigste Sache in der Schöpfung das Leben ist und die Existierenden der Schöpfung dem Leben gefügig sind, und da nun die wichtigsten der Lebewesen die Seelenbesitzer sind, und die wichtigsten der Seelenbesitzer die Bewusstseinsbesitzer,.. und da nun wegen diesem großen Wert die Erdkugel sich, um die Lebewesen fortwährend zu vermehren, jede Epoche, jedes

Jahr füllt und leert,.. dann haben zweifellos und auf jeden Fall auch diese pracht- und schmuckvollen Himmel ihnen entsprechende Bewohner und Ansässige von belebten, beseelten und bewusstseinbesitzenden Wesen, wobei wie die Erscheinung Seiner Erhabenheit Gabriels (A.S.), die sich bei der Gegenwart Muhammeds (A.S.M.) den Sahâbi's zeigte, Ereignisse des Sehens und Sprechens mit Engeln von alters her authentisch und vielwegig berichtet und überliefert werden. Hätte ich mithin doch auch mit den Himmelsbewohnern gesprochen und gewusst, wie sie denken. Denn das wichtigste Wort über den Erschaffer der Schöpfung gehört ihnen.

Während er so nachdachte, hörte er auf einmal wie folgt eine himmlische Stimme:

„Da du nun mit uns sprechen und unserer Unterweisung zuhören willst, wisse: An die Glaubensthemen, welche zu den gesamten Propheten durch uns gelangt sind –allen voran Seine Erhabenheit Muhammed Aleyhissalâtü Wesselâm und der Unnachahmliche Kur'ân–, haben ganz zu Anfang wir geglaubt.

Auch haben *alle guten Seelen*, die bei den Menschen erschienen und zu sehen waren und zu uns gehören, ausnahmslos und einmütig die Wesensnotwendigkeit der Existenz, die Einheit und die heiligen Eigenschaften des Erschaffers dieser Schöpfung bezeugt und einander entsprechend und gleichlautend mitgeteilt. Die Entsprechung und Übereinstimmung dieser unzähligen Mitteilungen ist ein sonnengleicher Wegweiser für dich." Er erkannte, dass sie (alle) so sagen; und sein Glaubenslicht glänzte auf, stieg von der Erde zum Himmel.

Also wurde als ein kurzer Hinweis auf die Unterweisung, welche dieser Reisende von den Engeln erhielt, *auf der „elften Stufe des ersten Abschnitts"* gesagt:

لَا إِلٰهَ إِلَّا اللّٰهُ الْوَاجِبُ الْوُجُودِ الَّذِى دَلَّ عَلَى وُجُوبِ وُجُودِهِ فِى وَحْدَتِهِ
اِتِّفَاقُ الْمَلٰئِكَةِ الْمُتَمَثِّلِينَ لِأَنْظَارِ النَّاسِ وَالْمُتَكَلِّمِينَ مَعَ خَوَاصِّ الْبَشَرِ
بِإِخْبَارَاتِهِمُ الْمُتَطَابِقَةِ الْمُتَوَافِقَةِ ۞

Während dann jener voll wissbegierige und voll begeisterte Gast –da er in der Welt der Bezeugung und in körperlicher und materieller Hinsicht aus den Worten und Zustandssprachen bestimmter Gruppen Unterweisung erhielt– auch in der Welt des Verborgenen und im Zwischenreich eine Reise und Wahrheitssuche durch Studium wünschte, öffnete sich die Tür zu den **rechtschaffenen und erleuchteten Verständen und den gesunden und lichterfüllten Herzen**, welche sich bei allen Menschengruppen vorfinden, Kern des Menschen bedeuten, der die Frucht der Schöpfung ist, und sich trotz ihrer Kleinheit geistig so groß entfalten können wie die Schöpfung.

Er schaute hin: Weil er sah, dass sie in der Mitte der Welt des Verborgenen und der Welt der Bezeugung menschliche Übergänge sind, und dass die Verbindungen und Beziehungen beider Welten zueinander für den Menschen in jenen Punkten stattfinden, sagte er zu seinem Verstand und Herzen: Kommt! Der Weg, der durch die Tür euresgleichen zur Wahrheit führt, ist noch kürzer. Wir sollten, nicht so, wie wir von den Worten auf den anderen Wegen Unterweisung erhalten haben, vielmehr durch unser Studium von ihrem Innehaben von Eigenschaften und von ihrer Beschaffenheit und Färbung lernen. So sagte er und begann, genau zu studieren.

Er sah: Bei allen rechtschaffenen und erleuchteten Verständen, deren Veranlagungen sehr verschieden und deren Wege voneinander entfernt und unterschiedlich sind, entsprechen ihre innegehabten festen Überzeugungen bei dem Glauben und der Einheitsbezeugung und stimmen ihre standhaften und sicheren Ansichten und Gewissheiten überein. Also haben sie sich an eine unveränderliche Wahrheit gestützt und angehängt; ihre Wurzeln haben sich in einer starken Wahrheit ausgebildet und reißen nicht. Folglich ist ihre Übereinstimmung in dem Glauben, der Wesensnotwendigkeit und der Einheitsbezeugung eine nie reißende glanzvolle Kette und ein zur Wahrheit geöffnetes lichterfülltes Fenster.

Auch hat er gesehen: Bei all jenen gesunden und glanzvollen Herzen, deren Wege voneinander entfernt und Methoden voneinander verschieden sind, stimmen ihre einhelligen, sicheren, sowie ekstasenhaften (geistigen) Entdeckungen und Beobachtungen einander überein und entsprechen einander bei der Einheitsbezeugung. Folglich sind diese, zur Wahrheit gerichteten, sie erreichenden und verkörpernden glanzvollen Herzen, die jeweils ein ganz kleiner Thron der Erkenntnis des Allumsorgers und jeweils ein umfassender Spiegel des Samed sind, Fenster, die zur Sonne der Wahrheit hin geöffnet sind; und sie alle zusammen sind ein so gewaltiger Spiegel wie ein die Sonne reflektierendes Meer.

Ihre Einigkeit und Übereinstimmung bei der Wesensnotwendigkeit der Existenz und bei der Einheit ist ein nicht abirrender und nicht täuschender höchst perfekter Wegweiser und sehr großer Rechtweiser. Denn, in keiner Hinsicht besteht irgendeine Möglichkeit oder Eventualität, dass außer der Wahrheit eine irrige Annahme, ein unwahrer Gedanke und eine unbegründete Eigenschaft so beständig und stark diese sehr bedeutenden und scharfblickenden Augen alle zusammen irreführen und in ihrer Empfindung täuschen könnte. Einen gestörten und verfaulten Verstand, der dies für wahrscheinlich hält, werden selbst die dummen Sophisten, die all diese Existierenden leugnen, nicht billigen, werden ihn ablehnen. Er hat es so erkannt und hat zusammen mit seinem Verstand und Herzen gesagt: „Ich glaube an Allah“.

Nun also wurde als ein kurzer Hinweis auf die Glaubenserkenntnis, welche dieser Reisende aus den rechtschaffenen Verständen und erleuchteten Herzen gewonnen hat, *auf der „dreizehnten Stufe des ersten Abschnitts“* gesagt:

لَٓا اِلٰهَ اِلَّا اللّٰهُ الْوَاجِبُ الْوُجُودِ الَّذ۪ى دَلَّ عَلٰى وُجُوبِ وُجُودِه۪ ف۪ى وَحْدَتِه۪
اِجْمَاعُ الْعُقُولِ الْمُسْتَق۪يمَةِ الْمُنَوَّرَةِ بِاِعْتِقَادَاتِهَا الْمُتَوَافِقَةِ وَبِقَنَاعَاتِهَا
وَيَق۪ينِيَّاتِهَا الْمُتَطَابِقَةِ مَعَ تَخَالُفِ الْاِسْتِعْدَادَاتِ وَالْمَذَاهِبِ وَكَذَا دَلَّ
عَلٰى وُجُوبِ وُجُودِه۪ ف۪ى وَحْدَتِه۪ اِتِّفَاقُ الْقُلُوبِ السَّل۪يمَةِ النُّورَانِيَّةِ
بِكَشْفِيَّاتِهَا الْمُتَطَابِقَةِ وَبِمُشَاهَدَاتِهَا الْمُتَوَافِقَةِ مَعَ تَبَايُنِ الْمَسَالِكِ وَالْمَشَارِبِ

Dann hat jener Reisende, der die Welt des Verborgenen aus der Nähe betrachtet hat und in dem Verstand und Herzen reist, wissbegierig, was wohl **die Welt des Verborgenen** sagt, auch an jene Tür mit folgendem Gedanken geklopft; d. h.:

Da es sich nun erweist, dass an dem Schleier des Verborgenen sich ein Herr befindet, der noch deutlicher als die Sprache und das Sprechen es durch die Tat beabsichtigt, in dieser materiellen Welt der Bezeugung sich mit Seinen so geschmückten und kunstvollen unzähligen Kunstwerken bekannt zu machen, mit Seinen so wohlschmeckenden und schmuckvollen endlosen Gaben sich innig lieben zu lassen und mit Seinen so wundervollen und meisterhaften zahllosen Werken Seine verborgenen Vollkommenheiten kundzutun – und der dies mit der Sprache des Zustands zu verstehen gibt–,.. zweifellos und auf jeden Fall wird Er dann –wie durch die Tat und mit dem Zustand– auch mit Wort und Sprache sprechen, sich bekannt machen und innig lieben lassen. Folglich sollten wir Ihn in der Hinsicht der Welt des

Verborgenen durch Seine Kundgaben erkennen. So sagte er, begab sich in sein Herz und sah mit dem Auge des Verstandes:

Mit sehr großer Kundgabe herrscht die Wahrheit der Offenbarungen überall und zu jeder Zeit. Eine Bezeugung der Existenz und Einheit, die viel stärker ist als die Bezeugungen der Schöpfung und der Geschöpfe, kommt vom Kenner-alles-Verborgenen durch **die Wahrheiten der Offenbarung und der Eingebung** her. Er überlässt sich und Seine Existenz und Einheit nicht nur den Bezeugungen Seiner Kunstwerke. Er spricht selber mit einer Ihm entsprechenden überzeitlichen Rede. Die Rede eines Herrn, der überall mit Seinem Wissen und Seiner Allmacht gegenwärtig und sehend ist, ist auch unbegrenzt; und sowohl die Bedeutung Seiner Rede gibt Ihn zu verstehen, als auch lässt Sein Sprechen Ihn mit Seinen Eigenschaften erkennen.

Ja, durch die gemeinsame Bezeugung der hunderttausend Propheten (Aleyhimüsselâm), durch ihre Übereinstimmung im Punkte dessen, dass ihre Mitteilungen die Offenbarung Gottes in sich haben, und durch die Beweise und Wunder der heiligen Bücher und himmlischen Schriften, welche von der absoluten Mehrheit des Menschengeschlechts bestätigt, ihr Wegweiser und Vorbild, sowie die Früchte der Offenbarung und sichtbare Offenbarung sind, gelangt die Erweisung und Gewissheit der Wahrheit der Offenbarung auf die Stufe der Klarheit. Dies hat er verstanden *und hat erkannt, dass die Wahrheit der Offenbarung fünf heilige Wahrheiten zum Ausdruck und als Segen bringt:*

Die erste: Das اَلتَّنَزُّلَاتُ الْاِلٰهِيَّةُ اِلٰى عُقُولِ الْبَشَرِ genannte Sprechen entsprechend dem Verstand und Verständnis der Menschen ist ein „Entgegenkommen" Gottes. Ja, dass derjenige, der all Seine beseelten Geschöpfe sprechen lässt und ihre Gespräche kennt, zweifellos auch selber mit Seinem Sprechen in jene Gespräche eingreift, ist das Erfordernis der Allumsorgung.

Die zweite: Derjenige, der die Schöpfung, um sich erkennen zu lassen, mit so vielen endlosen Aufwendungen von einem Ende zum andern in Erstaunlichkeiten erschafft und mit tausenden Sprachen Seine Vollkommenheiten kundtun lässt, wird sich gewiss auch durch Seine eigenen Worte erkennen lassen.

Die dritte: So wie Er den inbrünstigen Gebeten und Danksagungen der wahren Menschen, welche die hervorragendsten, bedürftigsten, liebevollsten und meist ersehnenden der Existierenden sind, durch die Tat entgegnet, so ist es charakteristisch für das Schöpfersein, auch mit Seiner Rede zu entgegnen.

Die vierte: Die Eigenschaft des Sprechens, welche zwangsläufiges Erfordernis und erleuchtete Erscheinung des Wissens und Lebens ist, wird bei einem Herrn, der ein umfassendes Wissen und ein immerwährendes Leben besitzt, zweifellos umfassend und immerwährend sein.

Die fünfte: Dass ein Herr, der Seinen Geschöpfen – welche die meist liebenswerten, liebevollen, besorgten sind, am meisten einen Stützpunkt brauchen, es am meisten ersehnen, ihren Beschützer und Besitzer zu finden, sowie bedürftig und unfähig sind– die Schwäche und Sehnsucht, die Armut und Bedürftigkeit, die Besorgnis über die Zukunft, die Zuneigung und Liebe gibt, (dass Er) ihnen gewiss Seine Existenz durch Sein Sprechen bekannt gibt, ist das Erfordernis der Gottheit.

Nun also: Dass die allgemeinen himmlischen Offenbarungen, welche die Wahrheit des (o. g.) „Entgegenkommens“ Gottes, des Sich-erkennen-Lassens des Allumsorgers, des Entgegnens des Allbarmherzigen, des Sprechens des Allgepriesenen und des Sich-bekannt-Gebens des Samed beinhalten, (dass sie) mit Übereinstimmung die Existenz und halten, (dass sie) mit Übereinstimmung die Existenz und Einheit des Wesensnotwendig Existierenden beweisen, ist solch ein Zeugnis, welches noch stärker ist als die Tatsache, dass die Sonnenstrahlen am Tage Zeugnis ablegen für die Sonne; so hat er es erkannt.

Dann betrachtete er die Hinsicht der Eingebungen und sah: **Wahre Eingebungen** ähneln zwar in gewisser Hinsicht der Offenbarung und sind eine Art Sprechen des Allumsorgers, doch gibt es *zwei Unterschiede:*

Der eine ist: Dass die meisten der Offenbarungen, die viel höher sind als die Eingebung, durch Vermittlung von Engeln, und die meisten der Eingebungen ohne Vermittlung erfolgen.

Zum Beispiel: So wie ja ein Padişah auf zwei Weisen ein Sprechen und Erlasse hat. *Die eine:* In Anbetracht der Pracht des Sultanats und der allgemeinen Herrschaft schickt er einen Boten zu einem Gouverneur. Um die Pracht jener Herrschaft und die Wichtigkeit der Anordnung zu zeigen, lässt er manchmal außer dem Vermittler auch eine Versammlung einberufen; der Erlass wird danach verkündet. *Die zweite:* Nicht mit dem Titel als Sultan und mit dem allgemeinen Namen als Padişah, sondern zu sprechen mit einem persönlichen Diener, der eine persönliche Beziehung zu und einen weniger bedeutenden Umgang mit seiner eigenen Person hat, oder privat (zu sprechen) mit einem seiner gewöhnlichen Untertanen mit seinem privaten Telefon.

So auch hat der Überzeitliche Padişah sowohl mit dem Namen als Allumsorger aller Welten und mit dem Titel als Erschaffer der Schöpfung ein Sprechen durch die Offenbarung –sowie durch Seine umfassenden Eingebungen, welche den Dienst der Offenbarung versehen–, als auch hat Er, in Anbetracht, dass Er Allumsorger und Schöpfer eines jeden Individuums und jeden Lebewesens ist, persönlich –jedoch hinter Schleiern (und) entsprechend ihrer Fähigkeit– eine Weise des Sprechens.

Der zweite Unterschied: Die Offenbarung ist ohne Schatten, ist unvermischt und den Hochüberlegenen (den Propheten – A.S.) eigen. Die Eingebung wiederum ist schattig, es mischen sich Färbungen, und ist allgemeinbezogen; mit verschiedenen und sehr zahlreichen Arten, wie z. B. Eingebungen zu Engeln, Eingebungen zu Menschen und Eingebungen zu Tieren bildet sie eine Grundlage, die dazu dient, die Worte des Allumsorgers so zu vermehren wie die (Anzahl der) Meerestropfen. Er hat erkannt, dass dies eine der Hinsichten des Verses لَوْ كَانَ الْبَحْرُ مِدَادًا لِكَلِمَاتِ رَبِّي لَنَفِدَ الْبَحْرُ قَبْلَ أَنْ تَنْفَدَ كَلِمَاتُ رَبِّي [1] erklärt.

Dann betrachtete er die Bedeutung, Weisheit und Bezeugung der Eingebung und sah: Ihre Bedeutung, Weisheit und ihr Resultat bestehen aus vier Lichtern:

Das erste: So wie Er sich Seinen Geschöpfen durch die Tat lieben lässt –Sich-innig-lieben-Lassen Gottes genannt–, so ist es das Erfordernis des Liebevoll-Seins und der Allbarmherzigkeit, dass Er sich auch mit Worten, mit Seiner Gegenwart und im Gespräch lieben lässt.

Das zweite: So wie Er die Bittgebete Seiner Diener durch die Tat beantwortet, so entspricht es der Würde des Sich-Erbarmens, sie auch mit Worten hinter Schleiern zu erwidern.

Das dritte: So wie Er den Hilferufen, Wehgeschreien und Flehen Seiner Geschöpfe, welche in schwere Unglücke und schlimme Zustände geraten, durch die Tat beisteht, so ist es das Erfordernis der Allumsorgung, dass Er auch mit eingege-

---

[1] Wäre das Meer Tinte für die Worte meines Herrn, wahrlich, das Meer würde versiegen, ehe die Worte meines Herrn zu Ende gingen.

benen Worten zu Hilfe eilt, welche eine Art Seines Sprechens bedeuten.

Das vierte: So wie Er Seinen bewusstseinbesitzenden Kunstwerken, die sehr hilflos, sehr schwach, sehr arm, sehr bedürftig sind und es sehr nötig haben und ersehnen, ihren Besitzer, Beschützer, Allbetreuer und Allbewahrer zu finden, (so wie Er ihnen) Seine Existenz, Gegenwart und Obhut durch die Tat zu verstehen gibt, so ist es das zwangsläufige und notwendige Erfordernis der Liebe und Güte der Gottheit und der Allbarmherzigkeit der Allumsorgung, dass Er hinter Schleiern mancher wahren Eingebungen, welche als eine Art des Sprechens des Allumsorgers gelten, und in einer bestimmten, ein Geschöpf betreffenden besonderen Hinsicht – seiner Fähigkeit entsprechend, mittels des „Telefons" seines Herzens– auch mit Worten Seine Gegenwart und Existenz zu verstehen gibt. So hat (der Reisende) es erkannt.

Dann betrachtete er die Bezeugung der Eingebung und sah:

So wie ja, wenn die Sonne –gesetzt den Fall– Bewusstsein und Leben hätte und bei dieser Beschaffenheit die sieben Farben in ihrem Licht ihre sieben Eigenschaften wären: dann hätte sie ja in dieser Hinsicht mittels ihrer Strahlen und Erscheinungen in ihrem Licht eine Art des Sprechens gehabt. Somit wäre es augenscheinlich zu sehen gewesen, dass in diesem Zustand ihr Abbild und Widerschein sich in transparenten Dingen vorfindet,.. dass sie mit jedem Spiegel, mit jedem glänzenden Ding, mit Glasteilchen, Bläschen, Wassertropfen, sogar mit transparenten kleinen Teilchen entsprechend ihrer jeweiligen Fähigkeit spricht, ihre Bedürfnisse beantwortet,.. dass diese alle die Existenz der Sonne bezeugen,.. dass keine Sache eine andere Sache verhindert und dass eines ihrer Gespräche das andere Gespräch (von ihr) nicht erschwert...

Genauso: Auch das Sprechen der „Immerwährenden Sonne“, welche der Allgewaltige Sultan der Überzeitlichkeit und Ewigkeit und der Cemâl-Besitzende Ruhmreiche Schöpfer alles Existierenden ist, manifestiert sich –wie Seine Allwissenheit und Allmacht auch– universell und umfassend entsprechend der Fähigkeit aller Dinge; kein einziges Ersuchen verhindert oder verwirrt das andere Ersuchen, keine Sache die andere Sache und keine Anrede die andere Anrede; dies erweist sich offenkundig. Und (der Reisende) hat mit erwiesener Gewissheit, welche der erschauten Gewissheit nahe kommt, erkannt, dass all diese Erscheinungen, diese Gespräche und diese Eingebungen jeweils einzeln, sodann alle zusammen übereinstimmend die Anwesenheit dieser „Überzeitlichen Sonne“, die Wesensnotwendigkeit Seiner Existenz, und Seine Einheit und Allgegenwart beweisen und bezeugen.

Nun also wurde als ein kurzer Hinweis auf die Unterweisung in der Erkenntnis, welche dieser wissbegierige Gast von der Welt des Verborgenen erhalten hat, *auf der „vierzehnten und fünfzehnten Stufe des ersten Abschnitts“* gesagt:

لَا اِلٰهَ اِلَّا اللّٰهُ الْوَاجِبُ الْوُجُودِ الْوَاحِدُ الْاَحَدُ الَّذِى دَلَّ عَلٰى وُجُوبِ
وُجُودِهِ فِى وَحْدَتِهِ اِجْمَاعُ جَمِيعِ الْوَحْيَاتِ الْحَقَّةِ الْمُتَضَمِّنَةِ لِلتَّنَزُّلَاتِ
الْاِلٰهِيَّةِ وَ لِلْمُكَالَمَاتِ السُّبْحَانِيَّةِ وَ لِلتَّعَرُّفَاتِ الرَّبَّانِيَّةِ وَ لِلْمُقَابَلَاتِ
الرَّحْمَانِيَّةِ عِنْدَ مُنَاجَاةِ عِبَادِهِ وَ لِلْاِشْعَارَاتِ الصَّمَدَانِيَّةِ لِوُجُودِهِ
لِمَخْلُوقَاتِهِ وَ كَذَا دَلَّ عَلٰى وُجُوبِ وُجُودِهِ فِى وَحْدَتِهِ اِتِّفَاقُ الْاِلْهَامَاتِ
الصَّادِقَةِ الْمُتَضَمِّنَةِ لِلتَّوَدُّدَاتِ الْاِلٰهِيَّةِ وَ لِلْاِجَابَاتِ الرَّحْمَانِيَّةِ
لِدَعَوَاتِ مَخْلُوقَاتِهِ وَ لِلْاِمْدَادَاتِ الرَّبَّانِيَّةِ لِاِسْتِغَاثَاتِ عِبَادِهِ
وَ لِلْاِحْسَاسَاتِ السُّبْحَانِيَّةِ لِوُجُودِهِ لِمَصْنُوعَاتِهِ

Dann sagte jener Welt-Reisende zu seinem Verstand: Da ich nun mit den Existierenden dieser Schöpfung nach meinem Besitzer und Schöpfer suche, sollten wir gewiss vor allem anderen, weil **Muhammed-i Arabî Aleyhissalâtü Wesselâm** unter diesen Existierenden der berühmteste, sogar mit Bestätigung seiner Feinde der vollkommenste, ihr größter Kommandeur, ihr namhaftester Herrscher, wortmäßig der höchste, verstandesmäßig der glänzendste ist und vierzehn Jahrhunderte mit seinen Vorzügen und „seinem“ Kur'ân erhellt hat, (sollten wir) zusammen zur „Epoche der Glückseligkeit“ gehen, um ihn zu besuchen und denjenigen, den ich suche, bei ihm zu erfragen; so trat er zusammen mit seinem Verstand in jene Epoche ein und sah:

Jene Epoche wurde durch jene Persönlichkeit (A.S.M.) in der Tat zu einer Epoche menschlicher Glückseligkeit. Denn einen höchst unkultivierten und höchst analphabetischen Volksstamm hat er durch das von ihm gebrachte Licht in kurzer Zeit zu Meistern und Überlegenen der Welt gemacht.

Auch sagte er zu seinem Verstand: Wir sollten zuerst in gewissem Grade den Wert dieser außergewöhnlichen Persönlichkeit (A.S.M.), die Berechtigung seiner Worte und die Richtigkeit seiner Mitteilungen erkennen. Danach sollten wir unseren Schöpfer bei ihm erfragen. So sagte er und begann, nachzuforschen. **Unter den unzähligen sicheren Beweisen, die er fand, wird hier auf nur „neun Ganzheiten“ davon jeweils kurz hingewiesen:**

Die erste ist: Dass sich bei dieser Persönlichkeit (A.S.M.), sogar mit Bestätigung seiner Feinde, alle guten Charaktere und Eigenschaften vorfinden, sowie dass nach sicheren Berichten und manche mit (authentischen und) vielwegigen Überlieferungen *hunderte Wunder in seiner Hand* offenbar wurden – wie z. B. dass nach ausdrücklicher Erklärung der

Verse وَانْشَقَّ الْقَمَرُ ۞ وَمَا رَمَيْتَ إِذْ رَمَيْتَ وَلَكِنَّ اللَّهَ رَمَى[1] durch sein Hinweisen mit einem Finger der Mond sich zweiteilte, und ein wenig Erde, die er mit einer Handvoll nach dem Heer seiner Feinde warf, in die Augen jener ganzen Armee ging und sie darauf wegliefen, sowie dass er seinem eigenen Heer, dem das Wasser ausgegangen war, das aus seinen fünf Fingern wie Kewser geflossene Wasser in genügender Menge zu trinken gab. Weil unter diesen Wundern mehr als dreihundert davon in der außergewöhnlichen und huldwunderzeigenden Abhandlung namens „Wunder Muhammeds (A.S.-M.)", welche der „neunzehnte Brief" ist, zusammen mit ihren sicheren Beweisen dargelegt werden, überließ er sie ihr und sagte:

Eine Persönlichkeit (A.S.M.), der *neben so vielen schönen Charakteren und Vollkommenheiten auch so viele offenkundige Wunder* besitzt, spricht zweifellos die reinste Wahrheit; es ist unmöglich, dass er sich auf Betrug, Lüge und Falsches einlässt, was Sache der Charakterlosen ist.

Die zweite ist: *Dass sich in seiner Hand ein Erlass des Besitzers dieser Schöpfung befindet,..* dass jenen Erlass in jedem Jahrhundert mehr als dreihundert Millionen Menschen anerkannt und bestätigt haben,.. und dass der Ruhmreiche Kur'ân, welcher jener Erlass ist, in sieben Hinsichten außergewöhnlich ist. Und weil es in einer berühmten Abhandlung mit den Namen „fünfundzwanzigstes Wort" und „die Wunder des Kur'âns" –eine der Sonnen der Risale-i Nur– ausführlich mit ihren starken Beweisen dargelegt wird, dass dieser Kur'ân in vierzig Hinsichten ein Wunder ist und das Wort

---

(1) Und der Mond hat sich gespalten. * Und nicht du hast geworfen, als du warfst, sondern Allah hat geworfen.

des Erschaffers der Schöpfung darstellt, überließ er das ihr und sagte:

Bei einer Persönlichkeit (A.S.M.), der Dolmetscher und Verkünder eines solchen Erlasses ist, welcher rein das Wahre und die Wahrheit ist, kann Lüge –was ein Verbrechen an dem Erlass und eine Falschheit gegen den Besitzer des Erlasses bedeutet– nicht sein und sich nicht vorfinden.

Die dritte: *Jene Persönlichkeit (A.S.M.) ist mit solch einem Religionsgesetz, einem Islam, einer Dienstbarkeit, einem Bittgebet, einem Aufruf und einem Glauben hervorgetreten, deren gleiches es weder gibt noch sein kann. Und noch vollkommeneres als sie ist weder gewesen, noch kann es sie geben.*

Denn: Dass jenes *Religionsgesetz*, welches bei einer analphabetischen Persönlichkeit (A.S.M) in Erscheinung trat, vierzehn Jahrhunderte und ein Fünftel der Menschheit gerecht, angemessen und genau mit seinen unzähligen Gesetzen führt, ist beispiellos.

Auch in der Hinsicht, dass *der Islam*, der aus den Handlungen, Worten und Zuständen einer analphabetischen Persönlichkeit (A.S.M.) entstand, in jedem Jahrhundert der Wegweiser und die Quelle von dreihundert Millionen Menschen, der Lehrer und Rechtweiser ihres Verstands, der Erleuchter und Reiniger ihres Herzens, der Erzieher und Läuterer ihres Nefs, und für ihre Seelen Veranlasser der Entfaltung und Fundgrube zum Aufstieg ist, kann es diesergleichen nicht geben und konnte es sie nicht geben.

Auch dass er bei allen Arten sämtlicher Gottesdienste in seiner Religion der Überlegenste ist, dass er mehr als jeder andere fromm ist und sich vor Allah fürchtet, dass er in außergewöhnlichen ständigen Einsätzen und Turbulenzen haargenau bis zu den feinsten Geheimissen der *Dienstbarkeit* befolgt und ohne irgend jemanden nachzuahmen, mit ganzer

Bedeutung, zum ersten Mal aber am vollkommensten und den Anfang und das Ende vereinigend durchführt: gewiß kann man diesergleichen nicht begegnen und konnte man auch nicht.

Auch charakterisiert er *unter tausenden seiner Bittgebete und inbrünstigen Gebete* mit dem *Cewşen-ül Kebîr* mit solcher Erkenntnis des Allumsorgers dermaßen seinen Allumsorger, dass die Tatsache, dass die seit jener Zeit hervortretenden Gotteskenner und Gottesfreunde trotz Gedankenansammlung weder jenen Rang der Erkenntnis, noch jene Stufe der Charakterisierung erreichen können, zeigt, dass es auch beim Bittgebet nicht seinesgleichen gibt. Wer am Anfang der Abhandlung „Ein Bittgebet“ die Stelle betrachtet, an der eine knappe Kurzbedeutung eines einzigen Abschnitts der neunundneunzig Abschnitte des Cewşen-ül Kebîrs dargelegt wird, wird sagen, dass auch das Cewşen nicht seinesgleichen hat.

Auch hat er *bei der Verkündung des Gesandtentums und beim Rufen der Menschen zum rechten Weg* dermaßen (innere) Festigkeit, Standhaftigkeit und Mutigkeit gezeigt, dass der Umstand, dass, obwohl große Staaten, große Religionen, sogar sein Volk und Stamm und sein Onkel ihm mit großer Feindseligkeit gegenübertraten, er (trotzdem) nicht im geringsten eine Spur der Unschlüssigkeit, eine Beunruhigung und Ängstlichkeit zeigte, ganz alleine die ganze Welt herausforderte und es auch erfolgreich durchführte und den Islam der Welt „aufsetzte“, beweist, dass es auch bei der Verkündung und Aufforderung nicht seinesgleichen gegeben hat und geben kann.

Auch hat er *beim Glauben* eine dermaßen außergewöhnliche Stärke, erstaunliche Gewißheit, wunderhafte Entfaltung und eine die Welt erleuchtende erhabene Überzeugung gehabt, dass, obwohl die zu jener Zeit herrschenden ganzen öffentlichen Meinungen und Glaubenslehren, die

Weisheit der Philosophen und die Theorien der geistlichen Führer ihm widersetzlich und entgegengesetzt waren und ihn leugneten, dies (trotzdem) weder seiner Gewißheit, noch seiner Überzeugung, seinem Vertrauen und seiner inneren Ruhe irgendeinen einzigen Zweifel, eine einzige Unschlüssigkeit, eine einzige Schwäche und eine einzige Einflüsterung gab, und dass die in der Welt des Geistigen und auf den Stufen des Glaubens Aufsteigenden, allen voran die Sahâbis und die gesamten Gottesfreunde, zu jeder Zeit von dem Rang seines Glaubens Segen bekommen und ihn auf der höchsten Stufe vorfinden – was offenkundig zeigt, dass auch sein Glaube beispiellos ist.

Nun also kann beim Besitzer solch eines beispiellosen Religionsgesetzes, eines unvergleichlichen Islam, einer erstaunlichen Dienstbarkeit, eines außergewöhnlichen Bittgebets, eines weltbewunderten Aufrufs und eines wunderhaften Glaubens zweifellos in keiner Hinsicht Lüge sein, und er wird nicht betrügen; so hat (der Reisende) es erkannt und auch sein Verstand es bestätigt.

Die vierte: So wie *die Übereinstimmung der Propheten (Aleyhimüsselâm)* ein höchst starker Beweis für die Existenz und Einsheit Gottes ist, so ist sie auch eine höchst sichere Bezeugung für die Rechtschaffenheit und das Gesandtentum dieser Persönlichkeit (A.S.M.). Denn, dass alle die heiligen Eigenschaften, Wunder und Aufträge, welche die Rechtschaffenheit und das Prophetsein der Propheten Aleyhimüsselâm bezeigen, bei jener Persönlichkeit (A.S.M.) am übertreffendsten waren, ist geschichtlich bestätigt. So wie sie also mit der Sprache in Worten in ihrer Thora, ihrem Evangelium, Psalter und in ihren (kleineren) Schriften das Kommen dieser Persönlichkeit (A.S.M.) vorhergesagt und den Menschen als frohe Botschaft verkündet haben –wobei mehr als zwanzig und die sehr offenkundigen jener, frohe Botschaft bringenden Hinweise der heiligen Bücher im „neunzehnten Brief" genau dargelegt und bewiesen wurde–, so auch bestätigen sie mit der Sprache ihres Zustands, d. h. mit ihrer Prophetenschaft und ihren Wundern, diese Persönlichkeit, der auf ihrem Weg und bei ihren Aufträgen am übertreffendsten und vollkommensten ist, und unterschreiben seine Mission; und so wie sie mit der Sprache in Worten übereinstimmend die Einsheit beweisen, so bezeugen sie auch mit der Sprache des Zustands in Einigkeit die Wahrhaftigkeit dieser Persönlichkeit. So hat (der Reisende) es erkannt.

Die fünfte: So wie *die tausenden Gottesfreunde*, die mittels der Prinzipien, der Erziehung, Nachahmung und Befolgung dieser Persönlichkeit den rechten Weg, die Wahrheit, Vollendetheiten, Huldwunder und (geistige) Entdeckungen und Beobachtungen erreicht haben, die Einsheit beweisen, so bezeugen sie auch in Übereinstimmung und Einigkeit die Wahrhaftigkeit und das Gesandtentum dieser Persönlichkeit, der ihr Meister ist. Und dass sie manche der Mitteilungen, die er über die Welt des Verborgenen gemacht hat, mittels des Lichtes der Gottesfreundschaft (geistig) beobachten und an sie insgesamt mit dem Licht des Glaubens entweder mit erwiesener, oder erschauter, oder vollerlebter Gewissheit glauben und bestätigen, zeigt sonnenklar die Stufe der Berechtigung und Wahrhaftigkeit dieser Persönlichkeit, der ihr Meister ist. Dies hat (der Reisende) erkannt.

Die sechste: So wie *die Millionen sorgfältig untersuchenden Asfiya's, wahrheitsvertrauten Sıddıkîn und genialen gläubigen Weisen* –die durch die Unterweisung und Ausbildung der heiligen Wahrheiten, welche diese Persönlichkeit trotz seines Analphabetentums gebracht, durch die erhabenen Lehren, welche er entdeckt, und durch die Gotteserkenntnis, welche er enthüllt hat, auf der Wissensstufe den höchsten Rang erreicht haben– (so wie sie) die Einsheit, welche die grundlegende Aussage dieser Persönlichkeit ist, mit ihren handfesten Argumenten übereinstimmend beweisen und bestätigen, so ist auch der Umstand, dass sie die Berechtigung dieses größten Lehrers und dieses höchsten Meisters und das Wahrsein seiner Worte einmütig bezeugen, ein völlig eindeutiges Zeugnis seines Gesandtentums und seiner Wahrhaftigkeit. So ist *z. B. die Risale-i Nur* mit ihren hundert Teilen ein einziger Beweis der Wahrhaftigkeit dieser Persönlichkeit.

Die siebte: Dass *die „Angehörigen und Gefährten" (des Propheten)* genannte gewaltige Gruppe, die unter dem Menschengeschlecht nach den Propheten bei klarem Blick, bei Begabung und Vollendetheit die berühmteste, geehrteste, namhafteste, frommste und scharfblickend ist, mit größter Wissbegier, mit ganzer Aufmerksamkeit und in vollem Ernst sämtliche verborgene und offenkundige Lagen, Gedanken und Zustände dieser Persönlichkeit untersucht, inspiziert und eingehend geprüft haben und als Resultat in Übereinstimmung und Einigkeit unerschütterlich bestätigt und fest geglaubt haben, dass diese Persönlichkeit der Wahrhaftigste auf der Welt ist und am meisten Recht und die Wahrheit hat, ist ein solcher Beweis wie der Tag, der das Sonnenlicht zeigt. So hat (der Reisende) es erkannt.

Die achte: So wie *diese Schöpfung* ihren Künstler, Schreiber und Gestalter beweist, der sie schafft, lenkt, anordnet und mit Gestaltung, Bestimmung und Betreuung wie ein Schloss, ein Buch, eine Ausstellung und ein Betrachtungsort verwaltet, so auch bezeugt sie in der Hinsicht, dass sie einen hohen Ausrufer, richtigen Erklärer, wahrheitsvertrauten Meister und einen getreuen Lehrer verlangt und erfordert –und sein unbedingtes Vorhandensein erweist–, der (nämlich) die Absichten Gottes bei der Erschaffung der Schöpfung kennt und mitteilt, die Weisheiten des Allumsorgers bei ihren Wandlungen lehrt, die Resultate ihrer, Aufgaben erfüllenden Bewegungen unterrichtet, den Wert in ihrem Wesen und die Vollkommenheiten der Existierenden in ihr ausruft, und der die Bedeutungen jenes großen Buches zum Ausdruck bringt, (bezeugt sie in dieser Hinsicht) zweifellos die Berechtigung dieser Persönlichkeit, der diese Aufgaben mehr als jeder andere erfüllt, und dass er der höchste und treuste Beauftragte des Erschaffers dieser Schöpfung ist. So hat (der Reisende) es erkannt.

Die neunte: Da es nun *hinter dem Schleier jemanden* gibt, der es beabsichtigt: mit diesen Seinen kunst- und weisheitsvollen Meisterwerken Seine Fähigkeiten und die Vollkommenheiten Seiner Kunst vorzuführen,.. mit diesen Seinen schmuckvollen, verschönerten unzähligen Geschöpfen sich bekannt zu machen und lieben zu lassen,.. durch diese Seine köstlichen und wertvollen zahllosen Gaben sich danken und lobpreisen zu lassen,.. durch diese liebevolle und schützende allgemeine Umsorgung und Erhaltung, sogar durch Nahrungen und Festmähler des Allumsorgers, die so bereitgestellt sind, dass sie die feinsten Genüsse der Münder und jede Art von Appetit befriedigen, (es beabsichtigt,) –als Erwiderung auf Seine Allumsorgung– dankbar, danksagend und verehrend anbeten zu lassen,.. (der es beabsichtigt,) mit gewaltigen und prachtvollen Verwaltungen und Ausführungen, sowie unermesslichen und weisheitsvollen Aktivitäten und Stetigen Schaffungen –wie z. B. die Veränderung der Jahreszeiten und der Wechsel und das Differieren von Tag und Nacht– Seine Gottheit zu manifestieren und gegenüber dieser Gottheit glauben, sich ergeben, sich beugen und gehorchen zu lassen,.. sowie (es beabsichtigt,) Seine Rechtlichkeit und Gerechtigkeit zu zeigen –in der Hinsicht, jederzeit das Gute und die Guten zu beschützen, das Böse und die Bösen zu beheben und die Tyrannen und Lügner mit himmlischen Bestrafungen zu vernichten–... zweifellos und auf jeden Fall wird dann das liebevollste Geschöpf und der rechtschaffenste Diener für jenen verborgenen Herrn diese „Muhammed-i Kureyşî“ genannte Persönlichkeit (A.S.M.) sein, die

Seinen erwähnten Absichten gänzlich dient, das Mysterium und Rätsel der Erschaffung der Schöpfung löst und erklärt, stets im Namen jenes seines Schöpfers handelt und von Ihm Hilfe und Erfolg erbittet und durch Ihn Hilfe und erfolgverleihende Führung erfährt...

Auch hat (der Reisende) zu seinem Verstand gesagt: Da nun diese erwähnten neun Wahrheiten die Wahrhaftigkeit dieser Persönlichkeit bezeugen, *ist dann* dieser Mensch *zweifellos Anlass für die Ehre der Adamskinder und Anlass zum berechtigten Stolz für diese Schöpfung*; und es ist sehr angemessen, ihn „Berechtigter Stolz der Schöpfung“ und „Ehre der Adamskinder“ zu nennen. *Und dass die Pracht der geistigen Herrschaft des Unnachahmlichen Kur'âns, welcher der in seiner Hand befindliche Erlass des Allbarmherzigen ist, die halbe Erde umgibt, sowie seine persönlichen Vollkommenheiten und hohen Eigenschaften zeigen: die bedeutendste Persönlichkeit in dieser Schöpfung ist er, das bedeutendste Wort über unseren Schöpfer ist sein.*

Also komm und schau: Gestützt auf die Kraft seiner hunderten offenkundigen und klaren feststehenden Wunder und auf seine tausenden erhabenen und grundlegenden Wahrheiten in seiner Religion ist das Fundament aller Aussagen dieser erstaunlichen Persönlichkeit und das Ziel seines ganzen Lebens: die Existenz, Einheit, Eigenschaften und Namen des Wesensnotwendig Existierenden zu zeigen und zu bezeugen und jenen Wesensnotwendig Existierenden zu beweisen, zu verkünden und erkennen zu lassen.

Also ist die geistige Sonne dieser Schöpfung und der glanzvollste Beweis für unseren Schöpfer diese „Höchstgeliebter Allahs“ genannte Persönlichkeit, **wobei es drei große, nicht betrügbare und nicht betrügende Gemeinschaften gibt, die seine Bezeugung bekräftigen, bestätigen und unterschreiben:**

Die erste ist: *Die übereinstimmende Bestätigung der, mit dem Namen „Angehörige Muhammeds“ weltberühmten glanzvollen Gemeinschaft, die tausende Kutup's und erhabene Gottesfreunde umfasst, welche scharfblickende und das Verborgene sehende Augen besitzen* – wie z. B. İmam-ı Ali (Radiyallahu anh), der gesagt hat „Wenn der Schleier des Verborgenen sich öffnete, würde meine Gewissheit nicht noch mehr zunehmen“, und der Größte Gaws (K.S.), der (sogar) von der Erde aus den „Gewaltigen Thron“ und die Gewaltigkeit der Riesengröße İsrâfîl's betrachtet.

Die zweite ist: Dass *die, mit dem Namen „Sahâbi's“ auf der Welt namhafte berühmte Gemeinschaft*, die sich in einem unkultivierten Volksstamm, in einer analphabetischen Umgebung, frei vom sozialen Leben und von politischen Gedanken, „ohne Buch“ (gottlos) und in den Finsternissen der Fetret-Epoche befanden und in sehr kurzer Zeit (darauf durch das Licht des Gesandten Gottes -A.S.M.-) als Meister, Wegweiser, Diplomaten und gerechte Herrscher über am meisten kultivierte und gelehrte und im sozialen und politischen Leben am meisten überragende Völker und Staaten vom Osten bis zum Westen weltbewundert verwalteten, (dass diese Sahâbi's) übereinstimmend, mit einem so starken Glauben bestätigten, welcher ihr Leben und Gut, ihre Väter und Stämme aufopfern ließ.

Die dritte ist: Dass *die gewaltige Gemeinschaft unzähliger wahrheitsvertrauter und hochgebildeter Gelehrten*, von denen es in jedem Jahrhundert tausende gibt, und die in jeder Wissenschaft geniale Fortschritte machen, in verschiedenen Richtungen tätig sind und in seiner Religionsgemeinschaft aufwachsen, übereinstimmend und im Grade erwiesener Gewissheit bestätigen.

Folglich ist das Zeugnis dieser Persönlichkeit für die Einsheit nicht individuell und beschränkt, sondern allgemein, universell, unerschütterlich und ein Zeugnis, dem sämtliche

Teufel, wenn sie zusammenkämen, in keiner Hinsicht vortreten könnten. So hat (der Reisende) geurteilt.

Also wurde als ein kurzer Hinweis auf die Unterweisung, welche der Welt-Gast und Lebens-Reisende –der in der „Epoche der Glückseligkeit“ zusammen mit seinem Verstand gereist ist– von jener glanzvollen Medrese erhielt, *auf der „sechzehnten Stufe des ersten Abschnitts“* gesagt:

لَا اِلٰهَ اِلَّا اللّٰهُ الْوَاجِبُ الْوُجُودِ الْوَاحِدُ الْاَحَدُ الَّذٖى دَلَّ عَلٰى وُجُوبِ
وُجُودِهٖ فٖى وَحْدَتِهٖ فَخْرُ الْعَالَمِ وَشَرَفُ نَوْعِ بَنٖى اٰدَمَ بِعَظَمَةِ سَلْطَنَةِ قُرْاٰنِهٖ
وَحَشْمَةِ وُسْعَةِ دٖينِهٖ وَكَثْرَةِ كَمَالَاتِهٖ وَعُلْوِيَّةِ اَخْلَاقِهٖ حَتّٰى بِتَصْدٖيقِ
اَعْدَائِهٖ وَكَذَا شَهِدَ وَبَرْهَنَ بِقُوَّةِ مِأٰتِ مُعْجِزَاتِهِ الظَّاهِرَةِ الْبَاهِرَةِ الْمُصَدِّقَةِ
الْمُصَدَّقَةِ وَبِقُوَّةِ اٰلَافِ حَقَائِقِ دٖينِهِ السَّاطِعَةِ الْقَاطِعَةِ بِاِجْمَاعِ اٰلِهٖ
ذَوِى الْاَنْوَارِ وَبِاتِّفَاقِ اَصْحَابِهٖ ذَوِى الْاَبْصَارِ وَبِتَوَافُقِ مُحَقِّقٖى اُمَّتِهٖ
ذَوِى الْبَرَاهٖينِ وَالْبَصَائِرِ النَّوَّارَةِ

Dann hat dieser unermüdliche und unersättliche Reisende, der sich dessen bewusst ist, dass auf dieser Welt der Zweck des Lebens und das Leben des Lebens der Glaube ist, zu seinem Herzen gesagt: Lass uns nachfragen beim **„Unnachahmlicher Kur'ân“** genannten Buch, das als das Wort und die Rede des Herrn bezeichnet wird, den wir suchen, und das auf dieser Welt das Berühmteste, Glanzvollste und am meisten Beherrschende ist und jeden, der sich ihm nicht ergibt, jedes Jahrhundert herausfordert,.. und lass uns wissen, was er sagt. Jedoch muss man zuerst beweisen, dass dieses Buch das Buch unseres Schöpfers ist; so fing er an, nachzuforschen.

Weil dieser Reisende sich in der heutigen Zeit befindet, schaute er zuerst auf die Risale-i Nur, die die Glanzlichter der sinnbezogenen Unnachahmlichkeit des Kur'âns darstellt, und sah, dass ihre hundertdreißig Abhandlungen die Feinheiten, Lichter und wahrhaftigen Exegesen der Verse des Furkâns sind. Und weil niemand der Risale-i Nur vorzutreten vermag, obwohl sie in einem so eigensinnigen und atheistischen Jahrhundert nach überall hin die Wahrheiten des Kur'âns verbreitet, beweist dies, dass der Kur'ân, der ihr Meister, ihre Quelle und ihre Sonne ist, himmlisch ist und nicht Menschenwort. Sogar haben das „fünfundzwanzigste Wort" und das Ende des „neunzehnten Briefes", die unter hunderten Zeugnissen der Resâil'in-Nur ein einziges Zeugnis von ihr für den Kur'ân sind, die Tatsache, dass der Kur'ân in vierzig Hinsichten ein Wunder ist, derart bewiesen, dass wer sie gesehen hat, ihre Beweise bewundert, gewürdigt und viel gelobt hat – geschweige, dass sie sie kritisieren und ihnen widersprechen sollten...

Den Aspekt der Unnachahmlichkeit des Kur'âns, sowie die Hinsicht, zu beweisen, das er wahres Gotteswort ist, der Risalet'in-Nur überlassend hat er mit einem kurzen Hinweis nur auf ein paar Punkte Acht gegeben, die seine Bedeutung erkennen lassen.

Erster Punkt: So wie ja der Kur'ân mit all seinen Wundern, sowie mit all seinen Wahrheiten, die Beweis für seine Rechtlichkeit sind, ein Wunder Muhammeds Aleyhissalâtü Wesselâm ist, so *ist* auch *Muhammed Aleyhissalâtü Wesselâm* wiederum mit all seinen Wundern, den Beweisen seiner Prophetenschaft und den Vollkommenheiten seines Wissens *ein Wunder des Kur'âns und ein sicheres Zeugnis dafür, dass der Kur'ân Gotteswort ist.*

Zweiter Punkt: *Der Kur'ân hat auf dieser Welt* außer solch einer lichterfüllten, beseligten und wahrhaftigen Veränderung des sozialen Lebens auch sowohl in den Nefs der Menschen, als auch in ihren Herzen, Seelen, Verständen, als auch in ihrem persönlichen Leben, sozialen Leben und politischen Leben *solch eine grundlegende Neugestaltung durchgeführt, so aufrechterhalten und geführt*, dass seit vierzehn Jahrhunderten zu jeder Minute seine 6666 Verse mit vollkommener Ehrerbietung von mindestens mehr als hundert Millionen Menschen gelesen werden, dass er die Menschen erzieht, ihre Nefs läutert, ihre Herzen reinigt, den Seelen Entfaltung und Aufstieg, den Verständen Rechtschaffenheit und Licht und dem Leben Leben und Glück verleiht. Zweifellos hat solch ein Buch nicht seinesgleichen, ist erstaunlich, außergewöhnlich und ein Wunder.

Dritter Punkt: Der Kur'ân *hat* von jener Epoche bis heute *solch eine Sprachgewaltigkeit aufgezeigt*, dass er die an der Kaaba-Wand in Gold geschriebenen und mit den Namen „die sieben Aushängenden" berühmten Gedichte der meist berühmten Literaten so abgestuft hat, dass die Tochter Lebid's, während sie das Gedicht ihres Vaters von der Kaaba abnahm, sagte: „Den (Kur'ân-)Versen gegenüber hat dies keinen Wert mehr."

Auch hat ein nomadischer Literat, als er es hörte während der Vers فَاصْدَعْ بِمَا تُؤْمَرُ[1] gelesen wurde, *sich (davor) niedergeworfen*. Man hat ihn gefragt: „Bist du Muslim geworden?" Er hat gesagt: „Nein, ich habe mich vor der Sprachgewaltigkeit dieses Verses niedergeworfen."

Auch haben tausende geniale İmame und vielseitig gebildete Literaten unter den Genies der Bedeutungslehre und Stilistik, wie z. B. Abdul-Kahir-i Cürcânî, Sekkâkî und Zemahşerî, *in Übereinstimmung und Einigkeit geurteilt*: „Die Sprachgewaltigkeit des Kur'âns steht über dem menschlichen Vermögen, sie ist nicht erreichbar."

---

[1] So rufe aus, was dir angeordnet wurde!

Auch fordert (der Kur'ân) seit jener Zeit ständig zum Wetteifer heraus, provoziert die stolzen und überheblichen Literaten und Sprachexperten und sagt, ihren Stolz brechend: „Bringt entweder ein Gegenstück zu einer einzigen Sure, oder nehmt im Diesseits wie im Jenseits das Unheil und die Schmach hin." Dass, obwohl er so ausruft, die eigensinnigen Sprachexperten jener Epoche vom Wetteifer abließen – welcher durch Bringen eines Gegenstücks zu einer einzigen Sure ein kürzerer Weg gewesen wäre– und den Weg des Krieges wählten, der lang ist und ihr Leben und Gut in Gefahr bringt, beweist, dass es nicht möglich ist, auf jenem kürzeren Weg zu gehen.

Auch sind Millionen arabische Bücher in Umlauf, welche die Freunde des Kur'âns mit dem Eifer, dem Kur'ân zu ähneln und ihn nachzuahmen, sowie seine Feinde durch die Verleitung, den Kur'ân zu erwidern und zu kritisieren, seit jener Zeit geschrieben haben und (welche noch) geschrieben werden und durch Gedankenansammlung sich vermehren. *Dass keines von diesen ihn zu erreichen vermag*, wird sogar ein ganz gewöhnlicher Mensch, wenn er ihnen zuhörte, gewiss sagen: „Dieser Kur'ân ähnelt ihnen nicht und ist nicht auf ihrer Stufe. Entweder wird er unter ihnen oder über ihnen allen sein. Dass er unter ihnen allen steht, kann auf der Welt kein einziges Individuum, kein einziger Ungläubiger, sogar kein einziger Dummer sagen. Also steht der Rang seiner Sprachgewaltigkeit über allen."

Es hat sogar ein Mann den Vers سَبَّحَ لِلّٰهِ مَا فِي السَّمٰوَاتِ وَالْاَرْضِ[1] *gelesen und gesagt*: „Die als erstaunlich aufgefasste Sprachgewaltigkeit dieses Verses kann ich nicht ersehen." Ihm wurde gesagt: „Gehe auch du wie dieser Reisende zu jener

---

(1) Es preist Allah alles, was in den Himmeln und was auf der Erde ist.

de gesagt: „Gehe auch du wie dieser Reisende zu jener Zeit und höre dort zu.“ Und als er sich vor dem Kur'ân dort vorstellte, hat er gesehen: Die Existierenden der Schöpfung befinden sich verwahrlost, finster, leblos, unbewusst und ohne Aufgabe in einem leeren, endlosen, grenzenlosen Raum, in einer unbeständigen, vergänglichen Welt... Als er diesem Vers aus der Stimme des Kur'âns zuhörte, sah er auf einmal:

Dieser Vers hat auf der Schöpfung vom Antlitz der Welt solch einen Schleier aufgezogen und erhellt, und diese überzeitliche Rede und dieser immerwährende Erlass unterrichtet die Bewusstseinsbesitzer, die sich in den Reihen der Jahrhunderte aufgestellt haben, und zeigt: diese Schöpfung ist wie eine große Gebetsstätte und lässt die gesamten Geschöpfe, allen voran die Himmel und die Erde, beim lebendigen Gedenken und Preisen in Erfüllung ihrer Pflichten mit Entzückung und Begeisterung in einem glücklichen und zufriedenen Zustand sein. So hat er es beobachtet, *hat die Stufe der Sprachgewaltigkeit dieses Verses verspürt und, indem er die übrigen Verse an diesem gemessen hat, eine Weisheit unter tausenden Weisheiten dessen erkannt, dass der schöne Klang der Sprachgewaltigkeit des Kur'âns die halbe Erde und ein Fünftel der Menschheit umgibt und die Pracht seiner Herrschaft mit vollkommener Ehrerbietung vierzehn Jahrhunderte ununterbrochen andauert.*

Vierter Punkt: Der Kur'ân *hat solch einen wahren Liebreiz erwiesen*, dass häufige Wiederholung, was selbst bei einer am meisten gefälligen Sache Überdruss hervorruft, für die, die den Kur'ân lesen, nicht Überdruss hervorruft, dass vielmehr seit alters her von jedem zugegeben wird und es wie sprichwörtlich geworden ist, dass die Wiederholung seiner Lesung für Menschen, deren Herz nicht verdorben und deren Wahrnehmung nicht zerstört ist, seinen Liebreiz vermehrt.

Auch hat er solch ein Neusein, eine Jugend, Frische und Außergewöhnlichkeit erwiesen, dass er, obwohl er seit vierzehn Jahrhunderten weiterlebt und ihn jeder leicht zur Hand bekommt, seine Frische so bewahrt, als sei er gerade eben herabgesandt worden. Jede Epoche hat ihn in solcher Jugend gesehen, als würde er sie selber anreden. Obwohl jede Gruppe von Gelehrten, um jederzeit von ihm zu lernen, ihn häufig und reichlich bei sich bereithalten und dem Stil seines Ausdrucks folgen und nacheifern, bewahrt er ohne jede Änderung die Außergewöhnlichkeit in seinem Stil und in der Art seiner Darlegung.

Der fünfte: So wie die eine Seite des Kur'âns in der Vergangenheit, die andere Seite in der Zukunft, seine Wurzel und *eine seiner Flügel die übereinstimmenden Wahrheiten der früheren Propheten* sind und er sie bestätigt und bekräftigt und sie wiederum durch die Zustandssprache der Entsprechung ihn bestätigen, *so auch: alle wahren Orden der Gottesfreundschaft und alle wahrheitsvollen Lehren des Islam* –die mit ihren, von ihm Leben bekommenden Früchten und lebendigen Vollendungen wie die Gottesfreunde und Asfiya's erkennen lassen, dass ihr segensreicher Baum lebendig, segenspendend und wahrheitsbezeigend ist, und die unter der Obhut seines zweiten Flügels aufwachsen und leben– *bezeugen*, dass der Kur'ân das reine Wahre, eine Sammelstelle von Wahrheiten und eine in der Umfassendheit beispiellose Erstaunlichkeit ist.

Der sechste: *Die sechs Seiten (Richtungen) des Kur'âns sind glanzvoll, zeigen seine Wahrhaftigkeit und Rechtlichkeit auf.* Ja, so wie unter ihm Zeugnis- und Beweis-Stützen, auf ihm Glanzlichter der Prägung der Unnachahmlichkeit, vor ihm und als sein Ziel Geschenke der Glückseligkeit beider Welten, hinter ihm als sein Stützpunkt die Wahrheiten der himmlischen Offenbarung, rechts von ihm die Bestätigung unzähliger rechtschaffener Verstände mit Beweisen, und links von ihm die ernsthafte absolute Gewissheit und aufrichtige Zuneigung und Ergebenheit der gesunden Herzen und reinen Gewissen beweisen, dass der Kur'ân eine außergewöhnliche, erstaunliche, starke und unangreifbare himmlisch-irdische Festung ist, *so sind auch diejenigen, die in sechs Rängen unterschreiben*, dass er das reine Wahre und wahrhaftig ist und kein Menschenwort und nicht falsch:

Ganz zu Anfang der Lenker dieser Schöpfung, der die Gewohnheit als Prinzip fasst, in dieser Schöpfung immer das Schöne zu bezeigen, das Gute und die Korrektheit zu beschützen und die Betrüger und Verleumder zu vernichten und zu entfernen; Er bestätigt und unterschreibt diesen Kur'ân, indem Er ihm auf der Welt den meist anerkannten, höchsten und meist beherrschenden Platz der Ehrerbietung und Rang des Erfolgs verleiht.

Dass genauso *die Persönlichkeit (A.S.M.), die die Quelle des Islam und der Dolmetscher des Kur'âns ist*, mehr als jeder andere fest an ihn glaubt und ihn ehrt, sich bei seiner Herabsendung in einem schlafähnlichen Zustand befindet, seine übrigen Worte diesen nicht zu erreichen vermögen und ihm in gewissem Grade nicht ähneln, und dass er trotz seines Analphabetentums die vergangenen wie künftigen wahren Geschehnisse der Schöpfung aus dem Verborgenen mit dem Kur'ân ohne Zögern und mit absoluter Gewissheit erklärt, und dass dieser Dolmetscher, bei dem vor sehr aufmerksamen Augen kein einziger Betrug, kein einziger falscher Zustand zu sehen ist, aus ganzer Kraft an eine jede Bestimmung des Kur'âns glaubt und sie bestätigt, und dass gar nichts ihn erschüttert, (all das) unterschreibt, dass der Kur'ân himmlisch, wahrhaftig und das segensreiche Wort seines Erbarmungsvollen Schöpfers ist.

Auch dass *ein Fünftel der Menschheit, sogar ihr größter Teil*, sichtbar interessiert und religiös eine Verbindung zu ihm aufnimmt und ihm wahrheitsliebend und begeistert gespannt zuhört, *und* dass auf Bezeugung vieler Anzeichen, Ereignisse und (geistiger) Entdeckungen hin *auch die Cinnen, Engel und Seelenwesen* während seiner Lesung sich wie „Nachtfalter" wahrheitsliebend um ihn versammeln, ist eine Unterschrift für die Wertschätzung des Kur'âns durch die (gesamte) Schöpfung und dafür, dass er im höchsten Rang steht.

Auch dass *alle Schichten des Menschengeschlechts –eine jede*, angefangen mit dem unverständigsten und einfachsten bis hin zum klügsten und meist gelehrten– von der Unterweisung des Kur'âns gänzlich Anteil nehmen und die tiefgründigsten Wahrheiten verstehen, und dass jede Gruppe, wie z. B. die großen Müctehid's hunderter Wissenschaften und islamischer Lehren, insbesondere des großen Religionsgesetzes, und die genialen Wahrheitsgelehrten der Religionsmethodik und Theologie, ihre sämtlichen Bedürfnisse und Antworten, welche ihre Wissenschaften angehen, dem Kur'ân entnehmen, ist eine Unterschrift dafür, dass der Kur'ân eine Quelle des rechten Weges und Fundgrube der Wahrheit ist.

Auch dass *unter den arabischen Literaten, welche literaturmäßig die Überlegensten sind*, diejenigen, die nicht den Islam annehmen –obwohl sie bis heute sehr auf einen Wetteifer angewiesen sind–, Abstand davon nehmen, ein Gegenstück zu der Sprachgewaltigkeit (einer einzigen Sure) zu bringen, welche nur eine einzige Hinsicht unter sieben großen Hinsichten der Unnachahmlichkeit des Kur'âns darstellt, und dass *die berühmten Sprachexperten und genialen Gelehrten*, die bis heute gekommen sind und sich durch Wetteifer einen Namen machen wollten, keiner einzigen seiner Hinsichten der Unnachahmlichkeit entgegentreten konnten und unfähig geschwiegen haben, ist eine Unterschrift dafür, dass der Kur'ân ein Wunder ist und über dem menschlichen Vermögen steht.

Ja, angesichts dessen, dass durch die Fragen über ein Wort: „Von wem stammt es, an wen ist es gerichtet und zu welchem Zweck?" sich sein Wert, seine Erhabenheit und seine Sprachgewaltigkeit herausstellt, kann es ein Gegenstück zum Kur'ân nicht geben und kann man ihn nicht einholen. Denn: Der Kur'ân, der die Anrede und Rede des Allumsorgers und Schöpfers aller Welten und Sein Sprechen ist, das in keiner Hinsicht ein Anzeichen hat, welches die Nachahmung und Vortäuschung empfinden lässt,.. und der herabgesandt wurde an den berühmtesten und namhaftesten Angeredeten des Menschengeschlechts, welcher im Namen aller Menschen, sogar aller Geschöpfe gesandt wurde, und (herabgesandt) in der Weise, dass die Stärke und Weite des Glaubens jenes Angeredeten den gewaltigen Islam hervorkommen ließ, seinen Besitzer in den Rang des Kab-ı Kawseyn erhob und die Anrede durch den Samed erfahren ließ,.. und der die Themen über die Glückseligkeit beider Welten darlegt und erklärt, (die Themen) über die Resultate der Erschaffung der Schöpfung und über die Absichten des Allumsorgers bei ihr, sowie den –die gesamten Wahrheiten des Islam tragenden– höchsten und weitreichendsten Glauben jenes Angeredeten (darlegt und erklärt), und der alle Seiten der riesigen Schöpfung wie eine Landkarte, eine Uhr und ein Haus zeigt, umwendet und den sie schaffenden Künstler mit Seinen Handlungsweisen erklärt und lehrt: zweifellos ist es nicht möglich, ein Gegenstück zu diesem Unnachahmlichen Kur'ân zu bringen, und die Stufe seiner Unnachahmlichkeit ist unerreichbar.

Auch dass tausende hochintelligente und sorgfältig untersuchende vielseitige Gelehrte, die den Kur'ân erklären und eine Exegese, manche in dreißig-vierzig, sogar in siebzig Bänden schreiben, (dass sie) die im Kur'ân befindlichen unzähligen Vorzüge, Feinheiten, Besonderheiten, Geheimnisse, erhabenen Bedeutungen und von jeder Art der Angelegenheiten des Verborgenen zahlreiche Mitteilungen aus dem Verborgenen bezeigen und beweisen –welche sie mit ihren Belegen und Nachweisen darlegen–,.. und insbesondere dass ein jedes der hundertdreißig Bücher der Risale-i Nur einen Vorzug, eine Feinheit des Kur'âns mit sicheren Argumenten beweist, und dass insbesondere die Abhandlung „die Wunder des Kur'âns", sowie der „zweite Abschnitt des zwanzigsten Wortes", welcher viele Dinge unter den Erstaunlichkeiten der Zivilisation aus dem Kur'ân ersieht wie z. B. den Zug und das Flugzeug, und das „erste Lichtstrahl" namens „Hinweise des Kur'âns", welcher die Hinweise der Verse mitteilt, die auf die Risale-i Nur und die Elektrizität hinweisen, und die acht kleinen Abhandlungen namens „Acht Andeutungen", die zeigen, wie wohlgeordnet, geheimnis-durchdrungen und bedeutsam die Buchstaben des Kur'âns sind, sowie die eine kleine Abhandlung, die in Bezug auf die Mitteilung aus dem Verborgenen in fünf Hinsichten die Wunderhaftigkeit des letzten Verses der Sure Feth beweist, und dass dieserart ein jeder Teil der Risale-i Nur eine Wahrheit, ein Licht des Kur'âns bezeigt,.. ist eine Unterschrift dafür, dass der Kur'ân nicht seinesgleichen hat, dass er ein Wunder, erstaunlich, in dieser Welt der Bezeugung die Sprache der Welt des Verborgenen und das Wort eines Kenners alles Verborgenen ist.

Nun also: wegen den erwähnten, in sechs Punkten, an sechs Seiten und in sechs Rängen hingewiesenen Vorzügen und Besonderheiten des Kur'âns ist es, dass seine prachtvolle glänzende Herrschaft und sein gewaltiges heiliges Sultanat das Antlitz der Epochen erleuchtet und das Antlitz der Erde tausenddreihundert Jahre erhellt hat und in vollkommener Ehrerbietung andauert; auch ist es wegen diesen seinen Besonderheiten, dass der Kur'ân heilige Prioritäten erlangt hat, wie z. B. dass jeder seiner Buchstaben mindestens zehn Jenseitslöhne und zehn gute Taten einschließt und zehn beständige Früchte bringt, sogar ein jeder Buchstabe mancher Verse und Suren hundert und tausend und noch mehr Früchte zeitigt, und dass in gesegneten Zeiten das Licht, der Jenseitslohn und der Wert jedes Buchstaben von zehn auf hunderte steigt. So hat es der Welt-Reisende erkannt und zu seinem Herzen gesagt:

Dieser Kur'ân nun, der so in jeder Hinsicht Wunder besitzt, hat mit der Übereinstimmung seiner Suren, mit der Einhelligkeit seiner Verse, mit der Entsprechung seiner Lichter und mit der Einigkeit seiner Früchte und Werke die Existenz, Einheit, Eigenschaften und Namen eines einzigen Wesensnotwendig Existierenden durch Beweisen mit Nachweisen so bezeugt, dass die unzähligen Bezeugungen aller Gläubigen aus seiner Bezeugung hervorgekommen sind.

Nun also wurde als ein kurzer Hinweis auf die Unterweisung in der Einheitsbezeugung und dem Glauben, welche dieser Reisende vom Kur'ân erhalten hat, *auf der „siebzehnten Stufe des ersten Abschnitts“* folgenderweise gesagt:

لَآ اِلٰهَ اِلَّا اللّٰهُ الْوَاجِبُ الْوُجُودِ الْوَاحِدُ الْاَحَدُ الَّذٖى دَلَّ عَلٰى وُجُوبِ وُجُودِهٖ
فٖى وَحْدَتِهٖ الْقُرْاٰنُ الْمُعْجِزُ الْبَيَانِ الْمَقْبُولُ الْمَرْغُوبُ لِاَجْنَاسِ الْمَلَكِ وَالْاِنْسِ
وَالْجَانِّ الْمَقْرُوءُ كُلُّ اٰيَاتِهٖ فٖى كُلِّ دَقٖيقَةٍ بِكَمَالِ الْاِحْتِرَامِ بِاَلْسِنَةِ مِأٰتِ مِلْيُونٍ
مِنْ نَوْعِ الْاِنْسَانِ الدَّائِمِ سَلْطَنَتُهُ الْقُدْسِيَّةُ عَلٰى اَقْطَارِ الْاَرْضِ وَالْاَكْوَانِ
وَعَلٰى وُجُوهِ الْاَعْصَارِ وَالزَّمَانِ وَالْجَارٖى حَاكِمِيَّتُهُ الْمَعْنَوِيَّةُ النُّورَانِيَّةُ عَلٰى
نِصْفِ الْاَرْضِ وَخُمْسِ الْبَشَرِ فٖى اَرْبَعَةَ عَشَرَ عَصْرًا بِكَمَالِ الْاِحْتِشَامِ .. وَكَذَا
شَهِدَ وَبَرْهَنَ بِاِجْمَاعِ سُوَرِهِ الْقُدْسِيَّةِ السَّمَاوِيَّةِ وَبِاتِّفَاقِ اٰيَاتِهِ النُّورَانِيَّةِ
الْاِلٰهِيَّةِ وَبِتَوَافُقِ اَسْرَارِهٖ وَاَنْوَارِهٖ وَبِتَطَابُقِ حَقَائِقِهٖ وَثَمَرَاتِهٖ وَاٰثَارِهٖ
بِالْمُشَاهَدَةِ وَالْعِيَانِ

Der erwähnte Gast und Lebens-Reisende, der sich dessen bewusst ist, dass es der Glaube ist: das wertvollste Besitztum des Menschen, welches einen bedürftigen Menschen nicht ein vergängliches und zeitlich begrenztes Feld und Haus, sondern die gewaltige Schöpfung und einen weltgroßen ewigen Besitz erwerben lässt, einen vergänglichen Menschen die nötigen Dinge eines ewigen Lebens finden lässt, einen den Galgen der Todesstunde erwartenden Hilflosen vor ewiger Hinrichtung errettet und für ihn den Schatz der immerwährenden Glückseligkeit öffnet,.. hat dann zu sich gesagt:

Los, vorwärts! Um unter den unendlichen Stufen des Glaubens noch eine Stufe zu erlangen, sollten wir uns an **die Gesamtheit der Schöpfung** wenden, zuhören, was auch sie sagt und die Unterweisungen, die wir von ihren Elementen und Teilen erhalten haben, vervollständigen und erhellen. So hat er durch ein umfassendes und weitreichendes Fernrohr, das er vom Kur'ân bekommen hat, geschaut und gesehen:

Diese Schöpfung ist so bedeutungsvoll und wohlgeordnet, dass sie in der Gestalt eines verkörperten Buches des Allgepriesenen, eines materiellen Kur'âns des Allumsorgers, eines geschmückten Schlosses des Samed und einer geordneten Stadt des Allbarmherzigen erscheint. Dass die gesamten Suren, Verse, Wörter, sogar Buchstaben, Kapitel, Abschnitte, Seiten und Zeilen jenes Buches insgesamt zu jeder Zeit bedeutsam zerstört und wiederaufgebaut und weisheitsvoll verändert und gewechselt werden, bringt offenkundig die Existenz und Anwesenheit eines Allwissenden, Allmächtigen, eines Autors, eines bei allem alles sehenden und die Beziehung aller Dinge zu allen Dingen kennenden und berücksichtigenden Allgewaltigen Gestalters und Vollkommenen Schreibers mit Übereinstimmung zum Ausdruck; (bzw.) sie lassen durch all ihre Elemente und Arten, ihre Teile und Partikel, ihre Bewohner und Bestandteile, ihre Zufuhr und ihren Verbrauch, durch die zweckentsprechenden Veränderungen und weisheits-hegenden Erneuerungen an ihnen, in Übereinstimmung die Existenz und Einheit eines mit grenzenloser Macht und endloser Weisheit handelnden erhabenen Meisters und eines beispiellosen Künstlers erkennen.

Und die Bezeugung zwei, der Gewaltigkeit der Schöpfung entsprechend **großer und umfassender Wahrheiten beweisen diese große Bezeugung der Schöpfung**.

Die erste Wahrheit: Es sind **die Wahrheiten des Neuzustandekommens und der „Möglichkeit“**, welche die islamischen Philosophen und genialen Gelehrten der Religionsmethodik und Theologie gesehen und mit unzähligen Argumenten bewiesen haben.

Sie haben gesagt: „Da es nun in der Schöpfung und bei allen Dingen eine Veränderung und einen Wechsel gibt, sind sie zweifellos vergänglich, neu zustande kommend und können nicht anfangslos sein. Da sie nun neu zustande kommend sind, gibt es zweifellos einen Künstler, der sie neu zustande bringt. Und da nun das Sein oder Nichtsein im Wesen aller Dinge –wenn ein Herbeiführer nicht existierte– gleich ist, können sie dann gewiss nicht wesensnotwendig und überzeitlich sein. Und da es nun mit sicheren Argumenten bewiesen wurde, dass es nicht möglich ist, durch ständigen Kreislauf und ununterbrochene Folge –was undenkbar und irrig ist– einander zu schaffen, ist dann zweifellos die Existenz solch eines Wesensnotwendig Existierenden erforderlich, dessen Ähnliches unmöglich, dessen Gleiches ausgeschlossen, alles andere als Er ‚möglich‘ und alles außer Ihm Seine Geschöpfe sind“.

Ja, **die Wahrheit des Neuzustandekommens** hat die Schöpfung umgeben; den Großteil sieht das Auge, den übrigen Teil sieht der Verstand. Denn: Vor unseren Augen stirbt jedes Jahr im Herbst solch eine Welt, dass hunderttausend Arten von Pflanzen und ganz kleinen Tieren, deren eine jede unzählige Individuen hat und jeweils wie eine lebendige

Schöpfung ist, mit jener Welt zusammen sterben. Jedoch ist es ein so wohlgeordnetes Sterben, dass sie die Kerne, Körner und Eierchen, welche ihre Auferstehung und Verteilung veranlassen und Wunder der Barmherzigkeit und Weisheit und Erstaunlichkeiten der Allmacht und des Wissens sind, an ihrer Stelle zurücklassen, diesen die Liste ihrer Taten und die Programme ihrer erfüllten Aufträge übergeben und sie unter der Obhut des Allgewaltigen Bewahrers Seiner Weisheit anvertrauen und dann erst sterben.

Und in der Frühlingszeit werden –als hunderttausend Beispiele, Muster und Beweise der Größten Auferstehung– jene gestorbenen Bäume, Wurzeln und manche Tierchen getreu wiederbelebt und wieder lebendig; und bei anderen wiederum werden an ihrer Stelle ihrergleichen und ihnen genau ähnelnde geschaffen und belebt. Und die Existierenden des vergangenen Frühlings breiten die Seiten der Taten und Aufgaben, die sie getan haben, wie Bekanntmachungen aus und zeigen ein Beispiel für den Vers وَاِذَا الصُّحُفُ نُشِرَتْ [1]

Auch stirbt in der Hinsicht der Gesamtheit jeden Herbst und jeden Frühling eine große Welt und kommt eine neue Welt zustande. Und jenes Sterben und Neuzustandekommen erfolgt so wohlgeordnet, und bei jenem Sterben und Neuzustandekommen ereignet sich mit höchster Ordnung und Ausgewogenheit das Sterben und Neuzustandekommen so vieler Arten, dass die Welt geradezu solch ein Gästehaus ist, dass lebendige Schöpfungen bei ihr Gast werden und reisende Welten und treibende Erden zu ihr kommen, ihre Aufträge erfüllen und wieder gehen.

Also zeigt sich den Verständen offenkundig sonnenklar die Wesensnotwendigkeit der Existenz, die grenzenlose

---

[1] Wenn die Seiten (der Taten) ausgebreitet werden.

Macht und endlose Weisheit eines Allgewaltigen Herrn, der auf dieser Welt derart lebendige Welten und beauftragte Schöpfungen mit vollkommenem Wissen, Weisheit und Maß, mit Gleichgewicht, Regelmäßigkeit und Ordnung neu zustande bringt und schafft, sie in allumsorgenden Absichten, göttlichen Zwecken und barmherzigen Diensten allmächtig beschäftigt und sie erbarmungsvoll in Dienst stellt. Wir überlassen die Fragepunkte des Neuzustandekommens der Risale-i Nur und den Büchern der Wahrheitsforscher der Theologen und schließen dieses Thema.

Was aber **die Hinsicht der „Möglichkeit"** anbetrifft: Auch sie hat die Schöpfung umgeben und umfasst. Denn, wir sehen, dass alle Dinge –ob ganzheitlich oder partikulär, groß oder klein, jedes Existierende vom „Thron" bis zur Erde, von den Atomen bis zu den Planeten– mit einem spezifischen Wesen, einer bestimmten Gestalt, einer besonderen Individualität, mit eigentümlichen Eigenschaften, weisheitsvollen Beschaffenheiten und zweckvollen Apparaten auf die Welt kommen. Jedoch: Jenem spezifischen Wesen und jener Beschaffenheit unter unzähligen Möglichkeiten jene Besonderheit zu verleihen,.. ebenso unter so vielen Möglichkeiten und Eventualitäten wie die Anzahl der Gestalten jene ornamentierte, sich unterscheidende, passende und bestimmte Gestalt aufzusetzen,.. ebenso jenem Existierenden, das unter so vielen Möglichkeiten wie die Anzahl seiner Artgenossen wogt, jene passende Individualität mit Unterscheidung zuzuteilen,.. ebenso in jenem Kunstwerk, das unter so vielen Möglichkeiten und Eventualitäten wie die Anzahl der Arten und Stufen der Eigenschaften formlos ist und schwankt, jene eigentümlichen und passenden zweckvollen Eigenschaften einzusetzen,.. ebenso jenem Geschöpf, das –weil es möglich ist, dass es sich auf unzähligen Wegen und Weisen befindet– unter unzähligen Möglichkeiten und Eventualitäten verlegen, verwirrt und ziellos ist, jene weisheitsvollen Beschaffenheiten und gnadenvollen Apparate zu geben und auszustatten, (all das) sind zweifellos entsprechend der Anzahl sämtlicher ganzheitlicher wie partikulärer Möglichkeiten und entsprechend der Anzahl der Möglichkeiten des erwähnten Wesens, der Identität, des Äußeren, der Gestalt, der Eigenschaften und des Zustands jedes „Möglichen“ –sich aus der Wahrheit der „Möglichkeit“ ergebende und die eine Seite dieser großen Bezeugung der Schöpfung bildende– Hinweise, Beweise und Bezeugungen für die Wesensnotwendigkeit der Existenz, für die grenzenlose Macht und endlose Weisheit eines zuteilenden, bevorzugenden, festlegenden und neu zustande bringenden Wesensnotwendig Existierenden, sowie dafür, dass keine einzige Sache oder Handlung vor Ihm verborgen bleibt, dass für Ihn gar nichts schwer fällt, dass die größte Sache so leicht für Ihn ist wie die kleinste Sache, und dass Er einen Frühling so leicht erschaffen kann wie einen Baum, und einen Baum so wie einen Kern.

Weil die Bezeugung der Schöpfung mit ihren beiden Seiten und zwei Wahrheiten durch die Teile der Risale-i Nur, insbesondere durch das „zweiundzwanzigste“ und „zweiunddreißigste Wort“ und durch den „zwanzigsten“ und „dreiunddreißigsten Brief“ gänzlich bewiesen und erklärt wird, haben wir sie ihnen überlassen und diese sehr lange Sache kurz gefasst.

Zweite Wahrheit, *die die zweite Seite der großen und universellen Bezeugung beweist, welche von der Gesamtheit der Schöpfung kommt:*

Bei den Geschöpfen, die in diesen ständig wogenden Umwälzungen und Wandlungen sich darum bemühen, ihre Existenz und ihren Dienst –und wenn es ein Lebewesen ist, sein Leben– zu bewahren und ihre Aufgabe zu erfüllen, ist **die Wahrheit einer** gänzlich über ihre Kraft gehenden **gegenseitigen Unterstützung** zu sehen.

Zum Beispiel: Die Elemente zur Hilfe der Lebewesen eilen zu lassen, insbesondere die Wolken zur Hilfe der Pflanzen, die Pflanzen wiederum zur Hilfe der Tiere, die Tiere zur Unterstützung der Menschen, und die kewser-hafte Milch der Brüste zur Versorgung der jungen Lebewesen,.. und dass die sehr zahlreichen Bedürfnisse und Nahrungen der Lebewesen, welche über ihr Vermögen stehen, von unvermuteten Stellen ihnen gegeben werden, dass sogar auch die Nahrungsatome zur Reparatur der Körperzellen eilen (usw.)... So zeigen sehr viele Beispiele der Wahrheit der gegenseitigen Unterstützung –auf Gefügigmachen durch den Allumsorger und Bediensten durch den Allbarmherzigen– direkt die allgemeine und erbarmungsvolle Allumsorgung eines Herrn-aller-Welten, der die gesamte Schöpfung (leicht) wie ein Schloss verwaltet.

Ja, die gegenseitigen Helfer, die unfühlend, unbewusst und ohne Liebe und Güte sind, aber einander wie liebevolle und bewusste Haltungen zeigen, werden zweifellos (nur) durch die Kraft, Barmherzigkeit und Weisung eines äußerst Erbarmungsvollen und Allweisen Allgewaltigen Herrn dazu gebracht, zur Hilfe zu eilen.

Nun also: die, ihrer Größe entsprechenden **Bezeugungen sehr großer Wahrheiten wie der** in der Schöpfung stattfindenden **allgemeinen gegenseitigen Unterstützung,.. der allgemeinen Ausgewogenheit und umfassenden Allbewahrung**, welche von den Planeten bis hin zu den Gliedern, Apparaten und Körperzellen der Lebewesen mit vollkommener Ordnung erfolgen,.. **der Verschönerung**, die von dem „vergoldeten" Antlitz der Himmel, über das verzierte Antlitz der Erde, bis hin zu den schmuckvollen Gesichtern der Blumen Feder führt,.. **der Anordnung**, die von der Milchstraße, über das Sonnensystem, bis hin zu Früchten wie der Mais und Granatapfel herrscht,.. und **der Beauftragung**, die von der Sonne und dem Mond, über die Elemente und Wolken, bis hin zu den Bienen in Dienst stellt... (die Bezeugungen solcher großer Wahrheiten) **beweisen und bilden die zweite Seite der Bezeugung der Schöpfung**.

Da nun die Risale-i Nur diese große Bezeugung bewiesen und erklärt hat, begnügen wir uns hier mit diesem ganz kurzen Hinweis.

Also wurde als ein kurzer Hinweis auf die Glaubens-Unterweisung, welche der Welt-Reisende von der Schöpfung erhalten hat, *auf der „achtzehnten Stufe“ des ersten Abschnitts* folgenderweise gesagt:

لَٓا اِلٰهَ اِلَّا اللّٰهُ الْوَاجِبُ الْوُجُودِ الْمُمْتَنِعُ نَظِيرُهُ الْمُمْكِنُ كُلُّ مَا سِوَاهُ الْوَاحِدُ
الْاَحَدُ الَّذ۪ى دَلَّ عَلٰى وُجُوبِ وُجُودِه۪ ف۪ى وَحْدَتِه۪ هٰذِهِ الْكَائِنَاتُ الْكِتَابُ
الْكَب۪يرُ الْمُجَسَّمُ وَالْقُرْاٰنُ الْجِسْمَانِىُّ الْمُعَظَّمُ وَالْقَصْرُ الْمُزَيَّنُ الْمُنَظَّمُ وَالْبَلَدُ
الْمُحْتَشَمُ الْمُنْتَظَمُ بِاِجْمَاعِ سُوَرِه۪ وَاٰيَاتِه۪ وَكَلِمَاتِه۪ وَحُرُوفِه۪ وَاَبْوَابِه۪ وَ
فُصُولِه۪ وَصُحُفِه۪ وَسُطُورِه۪ وَاتِّفَاقِ اَرْكَانِه۪ وَاَنْوَاعِه۪ وَاَجْزَائِه۪ وَجُزْئِيَّاتِه۪
وَسَكَنَتِه۪ وَمُشْتَمِلَاتِه۪ وَوَارِدَاتِه۪ وَمَصَارِفِه۪ بِشَهَادَةِ عَظَمَةِ اِحَاطَةِ
حَق۪يقَةِ الْحُدُوثِ وَالتَّغَيُّرِ وَالْاِمْكَانِ بِاِجْمَاعِ جَم۪يعِ عُلَمَٓاءِ عِلْمِ الْكَلَامِ
وَبِشَهَادَةِ حَق۪يقَةِ تَبْد۪يلِ صُورَتِه۪ وَمُشْتَمِلَاتِه۪ بِالْحِكْمَةِ وَالْاِنْتِظَامِ
وَتَجْد۪يدِ حُرُوفِه۪ وَكَلِمَاتِه۪ بِالنِّظَامِ وَالْم۪يزَانِ وَبِشَهَادَةِ عَظَمَةِ
اِحَاطَةِ حَق۪يقَةِ التَّعَاوُنِ وَالتَّجَاوُبِ وَالتَّسَانُدِ وَالتَّدَاخُلِ وَالْمُوَازَنَةِ
وَالْمُحَافَظَةِ ف۪ى مَوْجُودَاتِه۪ بِالْمُشَاهَدَةِ وَالْعِيَانِ

Dann hat der wissbegierige und begeisterte reisende Mensch, der auf die Welt gekommen ist, den Schöpfer der Welt sucht, von achtzehn Stufen hochgestiegen ist und durch einen, zum Thron der Wahrheit gelangenden Aufstieg des Glaubens von einer abwesenden Erkenntnis zu einem anwesenden und anredenden Rang hochgekommen ist, zu seiner Seele gesagt: So wie man im heiligen Fatiha durch abwesenden Lob und Preis vom Anfang bis zu dem Wort إِيَّاكَ [1] zu einer Vergegenwärtigung kommt und zur Anrede إِيَّاكَ [2] aufsteigt, sollten auch wir die abwesende Suche lassen und denjenigen, den wir suchen, direkt bei Ihm selber erfragen; die Sonne, die alles zeigt, sollte man bei der Sonne erfragen. Ja, wer alle Dinge zeigt, zeigt sich selber mehr als alles andere. Folglich können wir, wie die Sonne mittels ihrer Strahlen zu sehen und zu erkennen, **durch die Schönen Namen und Heiligen Eigenschaften unseres Schöpfers** versuchen, Ihn entsprechend unserer Fähigkeit zu erkennen.

Wir werden unter unzähligen Wegen dieser Absicht zwei Wege, unter unzähligen Stufen jener zwei Wege (nur) zwei Stufen, und unter sehr vielen Wahrheiten und sehr vielen langen Einzelheiten jener zwei Stufen nur zwei Wahrheiten kurz- und zusammengefasst in dieser Abhandlung darlegen:

Die erste Wahrheit ist: Dass sich augenscheinlich *die Wahrheit einer umgebenden Aktivität* zeigt, welche mit eigenen Augen zu sehen, umfassend, beständig, wohlgeordnet und gewaltig ist und die gesamten Existierenden der Himmel und der Erde lenkt, verändert, erneuert und die Schöpfung einschließt,.. dass man in jener Wahrheit der Aktivität, welche in jeder Hinsicht Weisheiten bezeigt, *die Wahrheit der Erscheinung einer Allumsorgung* klar fühlt,.. und dass man in jener Wahrheit der Erscheinung einer Allumsorgung, welche in jeder Hinsicht voller Barmherzigkeit ist, *die Wahrheit des Deutlichwerdens einer Gottheit* zwangsläufig erkennt.

---

[1] Dir allein.

[2] Dir allein.

Nun also sind durch diese beherrschende und weisheitsvolle stetige Aktivität und hinter ihrem Schleier die Handlungen eines Allmächtigen und Allwissenden Handelnden wie sichtbar zu spüren. Und durch diese allumsorgenden und allbetreuenden Handlungen des Allumsorgers und hinter ihrem Schleier werden die Gottesnamen, welche in allen Dingen Erscheinungen haben, im Grade des Fühlens offenkundig erkannt. Und durch diese allgewaltig wie cemâl-voll erscheinenden Schönen Namen und hinter ihrem Schleier stellt sich in erwiesenem, sogar erschautem, sogar vollerlebtem Grade die Existenz und Erweisung der heiligen sieben Eigenschaften heraus. Und durch die, sowohl das Leben, als auch die Macht, das Wissen, das Hören, das Sehen, den Willen und das Sprechen (Gottes) zeigenden endlosen Erscheinungen dieser sieben heiligen Eigenschaften wiederum –auf Bezeugung der gesamten Kunstwerke hin– wird offenkundig, zwangsläufig und mit erwiesener Gewissheit die Existenz eines Wesensnotwendig Existierenden Eigenschaftsbesitzers, eines Alleinbesitzenden Allgegenwärtigen Namensträgers und eines Einzigen Samed Handelnden so sicher erkannt, als würde sie sich dem Auge des Glaubens im Herzen noch klarer und glanzvoller zeigen als die Sonne.

Denn (z. B.): Ein schönes und bedeutungsvolles Buch und ein wohlgeordnetes Haus erfordern offenkundig die Handlungen des Schreibens und Erbauens, die Handlungen des schönen Schreibens und geordneten Erbauens wiederum offenkundig die Namen Schreiber und Zimmermann, die Titel Schreiber und Zimmermann offenkundig die Künste und Eigenschaften des Schreibens und des Zimmerhandwerks, und diese Künste und Eigenschaften offenkundig auf jeden Fall eine Persönlichkeit, die Eigenschaftsbesitzer, Künstler, Namensträger und der Handelnde ist. So wie eine Handlung ohne den Handelnden und ein Name ohne seinen Träger nicht möglich sind, so sind auch eine Eigenschaft ohne ihren Besitzer und eine Kunst ohne den Künstler nicht möglich.

So wie aufgrund dieser Wahrheit und Regel also *diese Schöpfung mit all ihren Existierenden zusammen, gleichsam als unzählige bedeutungsvolle Bücher, Briefe und zahllose Bauten und Schlösser* –mit dem Stift der Bestimmung geschrieben und mit dem Hammer der Allmacht erbaut–, ein jedes in tausenden Hinsichten und gemeinsam in unendlichen Aspekten, für allumsorgende und allbarmherzige unzählige Handlungen,.. als die Ursprünge jener Handlungen für tausendundeine Namen Gottes mit ihren grenzenlosen Erscheinungen,.. sowie durch die endlosen Manifestationen der sieben Eigenschaften des Allgepriesenen –die Quelle jener schönen Namen– für die Wesensnotwendigkeit der Existenz und die Einheit einer überzeitlichen und ewigen Allgewaltigen Persönlichkeit als Quelle und Besitzer jener sieben umfassenden und heiligen Eigenschaften unzählige Hinweise gibt und endlose Zeugnisse ablegt,.. *so bezeugen auch die sämtlichen Schönheiten, Cemâl's, Werte und Vollkommenheiten, welche an all jenen Existierenden sind, offenkundig* die –ihrer würdigen und entsprechenden– heiligen Cemâl's und Vollkommenheiten der Handlungen des Allumsorgers, Namen Gottes, Eigenschaften des Samed und Wirksamkeiten des Allgepriesenen,.. und alle diese zusammen (bezeugen offenkundig) die heilige Cemâl und Vollkommenheit der Heiligsten Persönlichkeit (Gottes).

Nun also zeigt sich, und macht sich bekannt, *die Wahrheit der Allumsorgung* –welche innerhalb der Wahrheit der Aktivität in Erscheinung tritt– durch ihre Wirksamkeiten und Handlungen wie z. B. mit Wissen und Weisheit zu erschaffen, hervorzubringen, kunstvoll zu erbauen und neuzuschaffen, mit Ordnung und Maß zu bestimmen, zu gestalten, zu betreuen und zu verwalten, mit Absicht und Willen zu wechseln, zu verändern, herabzusenden und zu vollenden, mit

Liebe, Güte und Barmherzigkeit zu ernähren, zu geben, zu bewirten und Wohltaten zu erweisen (usw.).

Und *die Wahrheit des Deutlichwerdens der Gottheit* wiederum –welche innerhalb der Wahrheit der Erscheinung der Allumsorgung klar zu fühlen ist und sich vorfindet– gibt sich zu erkennen und zu verstehen durch die erbarmungsvollen und gütigen Erscheinungen der schönen Namen und durch die allgewaltigen wie cemâl-vollen Manifestationen der, die „sieben zugehörigen Eigenschaften" (Gottes) bildenden Eigenschaften „Leben, Wissen, Macht, Willen, Hören, Sehen und Sprechen".

Ja, so wie *die Eigenschaft des Sprechens* den Heiligsten Herrn durch die Offenbarungen und Eingebungen bekannt macht, so gibt auch *die Eigenschaft der Macht* wiederum mit ihren kunstvollen Werken, welche wie ihre verkörperten Worte sind, jenen Heiligsten Herrn kund, zeigt die Schöpfung von einem Ende zum andern in dem Charakter eines materiellen Furkân's und charakterisiert und beschreibt einen Allgewaltigen Allmächtigen.

Und *die Eigenschaft des Wissens* wiederum gibt so viele Male wie die Anzahl der gesamten weisheitsvollen, geordneten und ausgewogenen Kunstwerke und wie die Anzahl der gesamten Geschöpfe, die mit Wissen gelenkt, betreut, verschönert und unterschieden werden, einen einzigen Heiligsten Herrn bekannt, der ihr Eigenschaftsbesitzer ist.

Die Eigenschaft des Lebens aber: alle Werke, die die Macht kundtun, alle ordentlichen, weisheitsvollen, ausgewogenen und geschmückten Gestalten und Zustände, welche das Vorhandensein des Wissens zum Ausdruck bringen, und alle Beweise, die die übrigen Eigenschaften wissen lassen, beweisen zusammen mit den (eigenen) Beweisen für die Eigenschaft des Lebens die Bewahrheitung der Eigenschaft des Lebens; genauso gibt *das Leben wiederum* mit all jenen seinen Beweisen –indem es die gesamten Lebewesen, die seine Spiegel sind, als Zeugen beibringt– den Lebenden Aufrechterhaltenden Herrn zu verstehen; und der Schöpfung gibt es von einem Ende zum andern die Gestalt eines größten Spiegels, welches, um jederzeit ständig neue und verschiedene Erscheinungen und Ornamente zu zeigen, sich immer verändert, erneuert und aus unzähligen Spiegeln zusammensetzt.

Und analog dazu geben auch die Eigenschaften des Sehens, Hörens, Wählens, Sprechens, eine jede jeweils so viel den Heiligsten Herrn zu verstehen und zu erkennen wie (jeweils) eine (ganze) Schöpfung.

Auch so wie jene Eigenschaften die Existenz des Allgewaltigen Herrn beweisen, so *beweisen sie auch offenkundig die Existenz und Bewahrheitung des Lebens (Gottes), und dass jener Herr lebenbesitzend und lebendig ist. Denn:* Wissen ist Kennzeichen des Lebens, Hören ist Indiz für das Lebendigsein, Sehen ist den Lebendigen eigen, Willen ist durch Leben möglich, mit Absicht herbeigeführtes Können findet sich bei den Lebewesen, und Sprechen ist Sache der wissenden Lebendigen.

Aus diesen Punkten also geht hervor, dass die Eigenschaft des Lebens siebenfach wie die Schöpfung Beweise und ihre eigene Existenz und die Existenz des Eigenschaftsbesitzers kundtuende Nachweise hat, sodass sie Fundament und Quelle aller Eigenschaften und Ausgangspunkt und Anlass des Größten Namens geworden ist. Weil die Risale-i Nur diese erste Wahrheit mit handfesten Argumenten bewiesen und in gewissem Grade erklärt hat, begnügen wir uns für jetzt mit diesem erwähnten Tropfen aus diesem Meer...

Die zweite Wahrheit ist: *Das* aus der Eigenschaft des Sprechens resultierende *Sprechen Gottes*. Gemäß dem

Geheimnis des Verses لَوْ كَانَ الْبَحْرُ مِدَادًا لِكَلِمَاتِ رَبِّي [1] ist das Sprechen Gottes unendlich. Das klarste Anzeichen, das die Existenz eines Wesens erkennen lässt, ist sein Sprechen. Folglich bezeugt diese Wahrheit auf unendliche Weise die Existenz und Einheit des Überzeitlichen Sprechers. Weil zwei starke Bezeugungen dieser Wahrheit durch die, auf der vierzehnten und fünfzehnten Stufe dieser Abhandlung dargelegten Offenbarungen und Eingebungen resultieren, und eine weitreichende Bezeugung von ihr durch die, auf ihrer zehnten Stufe hingewiesenen heiligen himmlischen Bücher (resultiert), sowie eine sehr glänzende und umfassende andere Bezeugung von ihr durch den Unnachahmlichen Kur'ân auf ihrer siebzehnten Stufe, überlassen wir die Darlegung und Bezeugung dieser Wahrheit jenen Stufen; und die Lichter und Geheimnisse des gewaltigen Verses

[2] شَهِدَ اللّٰهُ اَنَّهُ لَٓا اِلٰهَ اِلَّا هُوَ وَالْمَلٰٓئِكَةُ وَاُولُوا الْعِلْمِ قَٓائِمًا بِالْقِسْطِ

لَٓا اِلٰهَ اِلَّا هُوَ الْعَزِيزُ الْحَكِيمُ

welcher jene Wahrheit wunderhaft ausruft und ihre Bezeugung zusammen mit den Bezeugungen der übrigen Wahrheiten zum Ausdruck bringt, haben diesem unseren Reisenden genügt und hingereicht, sodass er nicht weiter hat vorangehen können.

Also wurde als ein Hinweis auf eine knappe Kurzbedeutung der Unterweisung, welche dieser Reisende von dieser

---

[1] Wäre das Meer Tinte für die Worte meines Herrn, (...)

[2] Allah bezeugt, dass kein Gott da ist außer Ihm – sowie die Engel und die Wissenden, die Maß und Gerechtigkeit befolgen. Es ist kein Gott außer Ihm, dem Hochüberlegenen, dem Allweisen.

heiligen Etappe erhalten hat, *auf der „neunzehnten Stufe des ersten Abschnitts“* gesagt:

لَآ اِلٰهَ اِلَّا اللّٰهُ الْوَاجِبُ الْوُجُودِ الْوَاحِدُ الْاَحَدُ لَهُ الْاَسْمَاۤءُ الْحُسْنٰى
وَلَهُ الصِّفَاتُ الْعُلْيَا وَلَهُ الْمَثَلُ الْاَعْلٰى اَلَّذِى دَلَّ عَلٰى وُجُوبِ وُجُودِهِ
فِى وَحْدَتِهِ الذَّاتُ الْوَاجِبُ الْوُجُودِ بِاِجْمَاعِ جَمِيعِ صِفَاتِهِ الْقُدْسِيَّةِ
الْمُحِيطَةِ وَجَمِيعِ اَسْمَاۤئِهِ الْحُسْنٰى الْمُتَجَلِّيَةِ بِاِتِّفَاقِ جَمِيعِ شُؤُنَاتِهِ
وَاَفْعَالِهِ الْمُتَصَرِّفَةِ بِشَهَادَةِ عَظَمَةِ حَقِيقَةِ تَبَارُزِ الْاُلُوهِيَّةِ فِى
تَظَاهُرِ الرُّبُوبِيَّةِ فِى دَوَامِ الْفَعَّالِيَّةِ الْمُسْتَوْلِيَةِ بِفِعْلِ الْاِيجَادِ
وَالْخَلْقِ وَالصُّنْعِ وَالْاِبْدَاعِ بِاِرَادَةٍ وَقُدْرَةٍ وَبِفِعْلِ التَّقْدِيرِ
وَالتَّصْوِيرِ وَالتَّدْبِيرِ وَالتَّدْوِيرِ بِاخْتِيَارٍ وَحِكْمَةٍ وَبِفِعْلِ
التَّصْرِيفِ وَالتَّنْظِيمِ وَالْمُحَافَظَةِ وَالْاِدَارَةِ وَالْاِعَاشَةِ بِقَصْدٍ
وَرَحْمَةٍ وَبِكَمَالِ الْاِنْتِظَامِ وَالْمُوَازَنَةِ وَبِشَهَادَةِ عَظَمَةِ اِحَاطَةِ
حَقِيقَةِ اَسْرَارِ ـ شَهِدَ اللّٰهُ اَنَّهُ لَآ اِلٰهَ اِلَّا هُوَ وَالْمَلٰۤئِكَةُ وَ
اُولُوا الْعِلْمِ قَائِمًا بِالْقِسْطِ لَآ اِلٰهَ اِلَّا هُوَ الْعَزِيزُ الْحَكِيمُ ۝

* * *

Zur Beachtung

So wie eine jede der bezeugenden Wahrheiten der neunzehn Stufen im vorausgegangenen ersten Kapitel des zweiten Abschnitts mit ihrer Erweisung und Existenz die Wesensnotwendigkeit der Existenz (Gottes) beweist, so beweist sie mit ihrem Umfassen wiederum die Einheit und Allgegenwart. Aber weil sie in erster Linie klar die Existenz beweisen, wurden sie als Beweise der Wesensnotwendigkeit der Existenz gezählt.

In Anbetracht, dass das zweite Kapitel des zweiten Abschnitts aber in erster Linie und klar die Einheit –und darin die Existenz– beweist, werden sie als Beweisführungen der Einheit bezeichnet.

Jedoch beweisen alle beide (Kapitel) beide Aspekte (die Existenz, und die Einheit). Um auf ihren Unterschied hinzuweisen, wird im ersten Kapitel der Passus بِشَهَادَةِ عَظَمَةِ اِحَاطَةِ حَقِيقَةِ *und im zweiten Kapitel –als Hinweis auf das wie sichtbare Erscheinen der Einheit– (der Passus)* بِمُشَاهَدَةِ عَظَمَةِ اِحَاطَةِ حَقِيقَةِ *wiederholt.*

Ich hatte mir vorgenommen, die Stufen des folgenden zweiten Kapitels wie das erste Kapitel zu erklären. Doch bin ich wegen des Verhinderns mancher Lagen gezwungen, kurz- und zusammenzufassen. Ihre gründliche Erklärung überlassen wir der Risale-i Nur.

* * *

Zweites Kapitel des „Größten Zeichens"

Es handelt über Beweise der Einheitsbezeigung

Der Gast im Diesseits, der auf die Welt wegen des Glaubens geschickt wurde, und der in der ganzen Schöpfung gedanklich gereist ist, alle Dinge nach seinem Schöpfer gefragt, überall seinen Allumsorger gesucht und im Grade der vollerlebten Gewissheit seinen Herrn im Punkte der Wesensnotwendigkeit der Existenz gefunden hat, sagte zu seinem Verstand: „Komm, wir werden, um die Einheits-Beweise unseres Wesensnotwendig Existierenden Schöpfers zu betrachten, gemeinsam wieder auf eine Reise gehen."

Sie gingen gemeinsam... Auf der ersten Station sahen sie, dass vier heilige Wahrheiten, welche die Schöpfung umgeben, die Einheit im Grade der Klarheit erfordern und notwendig machen.

ERSTE WAHRHEIT: Es ist die absolute Gottheit.

Ja, die Tatsache, dass eine jede Gruppe des Menschengeschlechts wie angeboren sich mit jeweils einer Art von Gottesdienst beschäftigt,.. dass die anerschaffenen Dienste der übrigen Lebewesen, sogar auch der unbelebten Dinge, wie jeweils eine Art von Gottesdienst sind,.. dass eine jede der gesamten materiellen wie geistigen Gaben und Wohltaten in der Schöpfung durch eine Angebetetheit jeweils die

Liebe und Danksagung veranlasst, was den Lobpreis und Gottesdienst verrichten lässt,.. und dass die ganzen Infiltrationen aus dem Verborgenen und geistigen Manifestationen wie die Offenbarungen und Eingebungen die Angebetetheit eines einzigen Gottes bekannt machen, beweist zweifellos und offenkundig das Herrschen und die Bewahrheitung einer absoluten Gottheit.

Da es nun eine solche Wahrheit der Gottheit gibt, kann sie zweifellos die Mitwirkung (anderer) nicht akzeptieren. Denn, diejenigen, die die Gottheit, d. h. die Angebetetheit mit Dank und Gottesdienst erwidern, sind an den äußersten Enden des Schöpfungs-Baums seine bewusstseinbesitzenden Früchte; und dass andere jene Bewusstseinsbesitzer erfreuen und zu Dank verpflichten, somit ihre Gesichter zu sich wenden und ihnen ihren wahren Angebeteten vergessen lassen, den man schnell vergessen lassen kann, weil man Ihn nicht sieht, ist ein solcher Gegensatz zum Wesen der Gottheit und zu ihren heiligen Absichten, dass sie dies in keiner Hinsicht erlaubt. Dass der Kur'ân vielfach und heftig die Teilhaberschaft zurückweist und den Beigesellern mit der Hölle droht, rührt von dieser Hinsicht her.

ZWEITE WAHRHEIT: Es ist die absolute Allumsorgung.

Ja, eine allgemeine Verwaltung, die in der ganzen Schöpfung, vor allem bei den Lebewesen, insbesondere bei ihrer Aufzucht und Verpflegung, überall auf die gleiche Weise, in unverhoffter Form, gemeinsam, ineinander, weisheits- und erbarmungsvoll durch eine verborgene Hand erfolgt, ist zweifellos die Infiltration und das Licht einer absoluten Allumsorgung; sie ist ein sicherer Beweis ihres Zu-Tage-Tretens.

Da es nun eine absolute Allumsorgung gibt, wird sie zweifellos die Teilhaberschaft und Mitwirkung (anderer) nicht akzeptieren. Denn, weil die wichtigsten Ziele und Absichten jener Allumsorgung wie z. B. Ihr Cemâl zu bezeigen, Ihre Vollkommenheiten bekannt zu machen, Ihre wertvollen Künste vorzuführen und Ihre verborgenen Fähigkeiten zu zeigen, sich bei den Lebewesen und einzelnen Dingen konzentrieren und (bei ihnen) zusammentreten, würde eine Teilhaberschaft, die (sogar) in ein kleinstes Ding und Lebewesen von sich aus eingreift, jene Absichten zerstören und jene Ziele vereiteln. Und weil diese (Teilhaberschaft) die Gesichter der Bewusstseinsbesitzer von jenen Zielen und von dem Beabsichtiger dieser Ziele ab- und den Ursachen zuwendet, und weil dieser Zustand der Wesenheit der Allumsorgung ganz und gar zuwider und feindselig ist, wird eine solche absolute Allumsorgung zweifellos die Teilhaberschaft in keiner Hinsicht erlauben.

Dass der Kur'ân vielfach heiligt, preist und mit seinen Versen, Wörtern, sogar mit seinen Buchstaben und Teilen beständig zur Einheitsbezeugung rechtweist, rührt von diesem großen Geheimnis her...

DRITTE WAHRHEIT: Es sind die Vollkommenheiten.

Ja, es ist sehr offenkundig, dass die ganzen erhabenen Weisheiten dieser Schöpfung, ihre erstaunlichen Schönheiten, allgerechten Gesetze und weisheitsvollen Zwecke die Existenz der Wahrheit der Vollkommenheiten klar beweisen und insbesondere die Vollkommenheiten des Schöpfers bezeugen, der diese Schöpfung aus dem Nichts hervorbringt und in jeder Hinsicht wunderbar und cemâl-voll lenkt, sowie die Vollkommenheiten des Menschen (bezeugen), der der bewusstseinbesitzende Spiegel jenes Schöpfers ist.

Da es nun die Wahrheit der Vollkommenheiten gibt,.. da nun die Vollkommenheiten des Schöpfers, der die Schöpfung in Vollkommenheiten hervorbringt, gewiss sind,.. und da nun die Vollkommenheiten des Menschen, der die wichtigste Frucht der Schöpfung, der Statthalter der Erde und das bedeutendste Kunstwerk und Liebling des Schöpfers ist, wahr und wahrhaftig sind,.. dann kann zweifellos die Teilhaberschaft nicht möglich sein und ist unwahr, welche nämlich dieser mit Vollkommenheiten und Weisheiten ausgestatteten Schöpfung, die wir selber sehen, die Gestalt eines in der Vergänglichkeit und Vernichtung sich Wälzenden gibt, und eines ergebnislosen Spielzeugs des Zufalls, Spielorts der Natur, grausamen Schlachthauses der Lebewesen und einer furchtbaren Trauerstätte der Bewusstseinsbesitzer,.. welche den Menschen, durch dessen Werke seine Vollkommenheiten zu erkennen sind, auf die tiefe Stufe eines hilflosesten, verstörtesten und niedrigsten Tieres versetzt,.. und welche das Resultat der Aktivität und der Stetigen Erschaffung des Schöpfers entwertet, indem sie die Vollkommenheiten des Schöpfers verhüllt und verbirgt, der doch auf die Bezeugung alles Existierenden hin, die die Spiegel Seiner Vollkommenheiten sind, grenzenlose heilige Vollkommenheiten besitzt.

Weil es in dem, über drei Früchte der Einheitsbezeigung handelnden „ersten Abschnitt" der Abhandlung „zweiter Lichtstrahl" (Şuâ) mit handfesten und sicheren Nachweisen bewiesen und erklärt wird, dass die Teilhaberschaft diesen Vollkommenheiten Gottes, des Menschen und der Schöpfung zuwider ist und (dass sie) diese Vollkommenheiten zerstört, überlassen wir es ihm und fassen uns hier kurz.

VIERTE WAHRHEIT: Es ist die Herrschaft.

Ja, wer diese Schöpfung mit weitreichender Aufmerksamkeit betrachtet, wird die Schöpfung in der Bedeutung eines höchst prachtvollen und sehr tatkräftigen Landes, sogar einer, in ihrer Verwaltung höchst weisheitsvollen und in ihrer

Herrschaft sehr mächtigen Stadt sehen und alle Dinge und alle Arten mit jeweils einer Aufgabe gefügig beschäftigt finden. Gemäß dem Gleichnis des Verses وَلِلّٰهِ جُنُودُ السَّمٰوَاتِ وَالْاَرْضِ [1], welches den Militärdienst zu verstehen gibt: Bei den Armeen des Allumsorgers –mit dem Heer der Atome, den Divisionen der Pflanzen und den Bataillonen der Tiere angefangen, bis hin zum Heer der Gestirne,.. bei jenen winzigen Bediensteten und bei diesen sehr großen Soldaten– beweist die Wirksamkeit von herrschaftsförmigen Erschaffungs-Befehlen, gebieterischen Bestimmungen und königlichen Gesetzen offenkundig die Existenz einer absoluten Herrschaft und einer universellen Lenkung.

Da es nun eine absolute Herrschaft gibt, kann zweifellos an der Teilhaberschaft nichts Wahres sein. Denn, wenn sich gemäß der sicheren Wahrheit des Verses لَوْ كَانَ فِيهِمَا اٰلِهَةٌ اِلَّا اللّٰهُ لَفَسَدَتَا [2] mehrere Hände absolutistisch in eine Sache einmischen, bringen sie sie durcheinander. Wenn sich in einem Land zwei Padişah's, sogar in einem Bezirk zwei Vorsteher befänden, würde die Ordnung zerstört und die Führung völlig durcheinander geraten. Doch gibt es von dem Flügel einer Fliege bis hin zu den Lämpchen der Himmel und von den Körperzellen bis hin zu den Sternbildern der Planeten eine solche Ordnung, dass (sogar) ein stäubchenkleiner Eingriff der Teilhaberschaft nicht sein kann.

Auch ist die Herrschaft ein Rang der Ehre; Rivalen zu akzeptieren, würde die Ehre jener Herrschaft brechen. Ja, dass der Mensch, der wegen seiner Unfähigkeit vieler Helfer bedarf, für seine kleine, äußerliche und vorübergehende Herr-

---

[1] Und Allahs sind die Heerscharen der Himmel und der Erde.

[2] Gäbe es in ihnen (Himmel und Erde) Götter außer Allah, gewiss wären beide dem Unheil verfallen.

schaft seinen Bruder und sein Kind verbrecherisch tötet, zeigt auf, dass die Herrschaft einen Rivalen nicht akzeptiert. Wenn ein solcher Unfähiger für eine solche kleine Herrschaft dieserart handelt, kann es zweifellos in keiner Hinsicht möglich sein, dass ein Absolut Allmächtiger, der der Herr der gesamten Schöpfung ist, andere an Seiner heiligen Herrschaft, welche Seine wahre und universelle Allumsorgung und Gottheit bewirkt, teilhaben lässt und Teilhaber erlaubt.

Weil diese Wahrheit im „zweiten Abschnitt" des „zweiten Lichtstrahls", sowie an vielen Stellen der Risale-i Nur mit handfesten Nachweisen bewiesen wird, überlassen wir es ihnen.

Nachdem also unser Reisende diese vier Wahrheiten sah, erkannte er die Einsheit Gottes im Grade des Augenscheins, glänzte sein Glaube auf und sagte er aus ganzer Kraft لَآ اِلٰهَ اِلَّا اللّٰهُ وَحْدَهُ لَا شَر۪يكَ لَهُ[1].

Und als ein kurzer Hinweis auf die Unterweisung, die er von dieser Station erhielt, wurde *im „zweiten Kapitel" des „ersten Abschnitts"* gesagt:

لَآ اِلٰهَ اِلَّا اللّٰهُ الْوَاحِدُ الْاَحَدُ الَّذ۪ى دَلَّ عَلٰى وَحْدَانِيَّتِه۪ وَ وُجُوبِ
وُجُودِه۪ مُشَاهَدَةُ عَظَمَةِ حَق۪يقَةِ تَبَارُزِ الْاُلُوهِيَّةِ الْمُطْلَقَةِ وَ
كَذَا مُشَاهَدَةُ عَظَمَةِ اِحَاطَةِ حَق۪يقَةِ تَظَاهُرِ الرُّبُوبِيَّةِ الْمُطْلَقَةِ
الْمُقْتَضِيَةِ لِلْوَحْدَةِ وَكَذَا ... مُشَاهَدَةُ عَظَمَةِ اِحَاطَةِ حَق۪يقَةِ
الْكَمَالَاتِ النَّاشِئَةِ مِنَ الْوَحْدَةِ .. وَكَذَا مُشَاهَدَةُ عَظَمَةِ اِحَاطَةِ

---

[1] Es gibt keinen Gott außer Allah; Er ist Alleinbesitzend, hat keine Teilhaber.

حَقِيقَةُ الْحَاكِمِيَّةِ الْمُطْلَقَةِ الْمَانِعَةِ وَالْمُنَافِيَةِ لِلشَّرِكَةِ

Dann sagte jener rastlose Gast seinem Herzen: Dass die Gläubigen, insbesondere die Ordensleute jederzeit wiederholt لَا إِلٰهَ إِلَّا هُوَ[1] *sprechen, die Einheitsbezeugung rezitieren und ausrufen, zeigt auf, dass die Einheitsbezeugung sehr viele Stufen hat... Auch ist die Einheitsbezeugung eine sehr wichtige, sehr reizvolle und sehr erhabene heilige Aufgabe, eine anerschaffene Pflicht und ein glaubensbezogener Gottesdienst... In diesem Fall komm: um noch eine Stufe zu finden, sollten wir noch die Tür einer anderen Station dieser Lehrstätte öffnen. Denn, die wahre Einheitsbezeugung, die wir suchen, ist nicht eine Erkenntnis, die lediglich aus der geistigen Vorstellung besteht; vielmehr ist sie eine „Wissen" genannte Bestätigung, die in der Logik anstelle der Vorstellung und viel wertvoller als eine vorgestellte Erkenntnis, und Resultat des Beweises ist... Und die wahre Einheitsbezeugung ist ein solches Urteil, Bestätigen, Begreifen und Anerkennen, dass man durch ein jedes Ding seinen Allumsorger finden kann, bei jedem Ding einen, zu seinem Schöpfer führenden Weg sieht und gar nichts seine Vergegenwärtigung (Gottes) verhindert. Andernfalls wäre es, um seinen Allumsorger zu finden, jedes Mal notwendig, den Schleier der Schöpfung zu zerreißen und aufzuziehen.*

Indem er sagte: „In diesem Fall: Los, vorwärts!", klopfte er an die Tür der Größe und Gewaltigkeit, trat ein in die Station der Handlungen und Werke und in die Welt der Hervorbringung und Neuschöpfung und sah: Es wirken „fünf umfassende Wahrhei-

---

[1] Es gibt keinen Gott außer Ihm.

ten", welche die Schöpfung umgeben haben; sie beweisen offenkundig die Einheitsbezeugung.

DIE ERSTE: Es ist die Wahrheit der Größe und Gewaltigkeit.

Weil diese Wahrheit im „zweiten Abschnitt" des „zweiten Lichtstrahls" und an mehreren Stellen der Risale-i Nur mit Beweisen erklärt wird, sagen wir hier nur wie folgt:

Derselbe Herr, der die Gestirne, welche in einer Distanz sind, auf der sie tausende von Jahren voneinander entfernt sind, im selben Moment auf die gleiche Weise schafft und verwaltet,.. der die zahllosen Individuen derselben Blume(nart), die sich im Osten, Westen, Süden und Norden der Erde befindet, in derselben Zeit in gleicher Form erschafft und formt,.. ebenso هُوَ الَّذِى خَلَقَ السَّمٰوَاتِ وَالْاَرْضَ فِى سِتَّةِ اَيَّامٍ [1], d. h. der ein vergangenes, verborgenes und sehr erstaunliches Geschehnis wie die Himmel und die Erde in sechs „Tagen" [2] zu erschaffen, durch ein gegenwärtiges, sichtbares Geschehnis beweist und –in der Weise, als eine wie jenes (Geschehnis) erstaunliche Nachbildung, auf der Erde im Frühling mehr als hunderttausend Beispiele der Größten Auferstehung zu zeigen– mehr als zweihunderttausend Pflanzengruppen und Tiervölker innerhalb von fünf bis sechs Wochen erbaut und in vollkommener Ordnung und Ausgewogenheit, ohne Verwechslung, Mängel und Fehler, gemeinsam, ineinander verwaltet, allumsorgt, verpflegt, sondert und ausschmückt,.. der ebenso gemäß der klaren Darlegung des

---

[1] Er ist es, der die Himmel und die Erde in sechs Tagen erschuf.

[2] *(Anm. d. Ü.)*: Damit sind nicht unsere bekannten „Tage", sondern „Schöpfungstage" gemeint; nähere Erklärungen dazu können Sie im „Nachtrag von Barla" nachlesen.

Verses يُولِجُ الَّيْلَ فِي النَّهَارِ وَيُولِجُ النَّهَارَ فِي الَّيْلِ[1] die Erde dreht und die Seiten der Nacht und des Tages schafft, wendet, mit den täglichen Geschehnissen voll schreibt und verändert: derselbe Herr kennt zu gleicher Zeit auch (sogar) die verborgensten und kleinsten Einfälle der Herzen und lenkt sie mit Seinem Willen.

Und weil eine jede der genannten Handlungen eine einzige Handlung ist, ist zwangsläufig auch ihr Ausführender ein einziger Alleinbesitzer. Und ihr Allgewaltiger Ausführender, der allmächtig ist, hat offenkundig eine solche Größe und Gewaltigkeit, dass sie an keinem Ort, bei keinem Ding, in keiner Hinsicht irgendeine einzige Möglichkeit oder Eventualität irgendeiner Teilhaberschaft lässt; sie entwurzelt sie völlig.

Da es nun eine solche Größe und Gewaltigkeit einer Allmacht gibt, und da nun jene Größe grenzenlos vollkommen ist und (alles) umfasst, ist es zweifellos in keiner Hinsicht möglich, dass sie einer Teilhaberschaft Raum gibt und erlaubt, welche nämlich jener Allmacht eine Unfähigkeit oder Bedürftigkeit, jener Größe eine Unzulänglichkeit, jener Vollkommenheit einen Mangel, jenem Umfassen eine Begrenzung und jener Endlosigkeit ein Ende gibt – kein einziger Verstand, der nicht seine Veranlagung zerstört hat, würde dies akzeptieren.

Nun also ist die Beigesellung, da sie die Größe verletzt, die Ehre der Allgewalt kränkt und ihre Gewaltigkeit angreift, ein solches Verbrechen, dass der Unnachahmliche Kur'ân

[1] Er lässt die Nacht in den Tag und den Tag in die Nacht übergehen.

mit großer Drohung verfügt, dass sie absolut nicht verzeihlich ist: اِنَّ اللّٰهَ لَا يَغْفِرُ اَنْ يُشْرَكَ بِهٖ وَيَغْفِرُ مَا دُونَ ذٰلِكَ[1]

ZWEITE WAHRHEIT: Es ist, dass die Handlungen des Allumsorgers, deren Verwaltungen in der Schöpfung zu sehen sind, absolut sind, (alles) umfassen und in grenzenloser Weise erscheinen.

Und das, was jene Handlungen beschränkt und begrenzt, ist nur die Weisheit und der Wille (Gottes) und die (Un)-Fähigkeit der Erscheinungsorte. Und der ziellose Zufall, die unbewusste Natur, blinde Kräfte, unbelebte Ursachen und unbeschränkte, sich nach überall hin zerstreuende und durcheinander bringende Elemente können sich in jene höchst maßgerechten, weisheitsvollen, sehend vollzogenen, lebendigen, wohl ausgeführten und soliden Handlungen nicht einmischen, werden vielmehr mit dem Befehl, dem Willen und der Kraft des Allgewaltigen Handelnden als ein äußerlicher Schleier der Allmacht eingesetzt.

Unter unzähligen Beispielen drei Beispiele dafür: *Wir erklären „drei Feinheiten" unter unzähligen Feinheiten der drei Handlungen, auf die drei aufeinander folgende Verse auf einer Seite der Sure En-Nahl hinweisen.*

Die erste:

وَاَوْحٰى رَبُّكَ اِلَى النَّحْلِ اَنِ اتَّخِذ۪ي مِنَ الْجِبَالِ بُيُوتًا... اِلٰى اٰخِرِ الْاٰيَةِ[2]

---

[1] Wahrlich, Allah wird es nicht vergeben, dass Ihm zur Seite gestellt wird (jemand oder etwas); doch das, was geringer ist als dies, vergibt Er...

[2] Und dein Herr hat der Biene eingegeben: „Baue dir Häuser in den Bergen..." (usw.)

Ja, die Biene ist erschaffungs- und aufgabenmäßig ein solches Wunder der Allmacht, dass die große Sure En-Nahl mit ihrem Namen benannt wurde. Denn, in dem winzigen Kopf jener ganz kleinen „Honig-Maschine" das perfekte Programm ihres bedeutenden Dienstes zu schreiben, in ihrem ganz kleinen Magen die süßeste der Speisen zu legen und zuzubereiten, in ihrem Bajonettchen das Gift, welches die Eigenschaft hat, lebende Glieder zu zerstören und abzutöten, so zu platzieren, dass es jenem ihrem Glied und ihrem Körper keinen Schaden zufügt, erfolgt mit grenzenloser Sorgfalt und Wissenheit, mit höchster Weisheit und Wille und mit genauer Ordnung und Ausgewogenheit; deshalb können zweifellos Dinge wie die Natur und der Zufall, welche unbewusst, ordnungslos und unausgewogen sind, nicht eingreifen und sich nicht einmischen.

Dass nun diese in drei Hinsichten wunderhafte Kunst Gottes und Handlung des Allumsorgers auf der ganzen Erde, bei zahllosen Bienen mit derselben Weisheit, mit derselben Sorgfalt, mit demselben Maß, zu gleicher Zeit, auf die gleiche Weise erscheint und umfasst, beweist offenkundig die Einheit.

Zweiter Vers: Der Vers

(1) وَاِنَّ لَكُمْ فِى الْاَنْعَامِ لَعِبْرَةً نُسْقِيكُمْ مِمَّا فِى بُطُونِهِ مِنْ بَيْنِ فَرْثٍ وَدَمٍ لَبَنًا خَالِصًا سَائِغًا لِلشَّارِبِينَ

ist ein sehr lehrreicher Erlass. Ja, in den Eutern der Muttertiere, welche Milch-Fabriken sind –allen voran bei den Kühen, Kamelen, Ziegen und Schafen–, ohne zwischen Blut und Exkrementen zu beschmutzen und zu trüben, und von diesen ganz und gar verschieden, eine reine, saubere, klare,

---

(1) Wahrlich, auch am Vieh habt ihr eine Lehre. Wir geben euch aus dem, was in ihren Leibern ist –zwischen Exkrementen und Blut–, reine Milch zu trinken, welche denen, die sie trinken, angenehm ist.

nahrhafte, angenehme und weiße Milch zu legen, sowie für ihre Jungen eine von jener Milch noch lieblichere, reizendere, süßere, wertvolle und opferbereite Liebe und Güte in ihren Herzen zu legen, erfordert zweifellos in solchem Maße eine Barmherzigkeit, eine Weisheit, ein Wissen, eine Macht, eine Wahl und eine Sorgfalt, dass diese in keiner Hinsicht eine Handlung von stürmischen Zufällen, durcheinander bringenden Elementen und blinden Kräften sein können.

Dass nun diese derart höchst wunderhafte und weisheitsvolle Kunst des Allumsorgers und Handlung Gottes auf der ganzen Erde, in den Herzen und Eutern unzähliger Muttertiere von hunderttausenden Arten im gleichen Moment, auf die gleiche Weise, mit derselben Weisheit und mit derselben Sorgfalt erscheint, verwaltet, vollbringt und umfasst, beweist offenkundig die Einheit.

Dritter Vers:

[1] وَمِنْ ثَمَرَاتِ النَّخِيلِ وَالْأَعْنَابِ تَتَّخِذُونَ مِنْهُ سَكَرًا وَرِزْقًا حَسَنًا إِنَّ فِي ذَٰلِكَ لَآيَةً لِقَوْمٍ يَعْقِلُونَ

Dieser Vers lenkt die Aufmerksamkeit auf die Dattel und Traube und sagt: „Für diejenigen, die Verstand haben, gibt es bei diesen zwei Früchten im Hinblick auf die Einheitsbezeigung ein großes Zeichen, einen Beweis, ein Zeugnis." Ja, diese zwei Früchte sind sowohl Nahrung und Kost, als auch Frucht und Süßigkeit, ebenso Ursprung vieler wohlschmeckender Speisen; zugleich sind diese Bäume, die auf wasserarmem Land und auf trockener Erde stehen, ein solches Wunder der Allmacht und Erstaunliches der Weisheit, eine solche Helwa-Süßwaren-Fabrik und eine Maschine für

[1] Und von den Früchten der Dattelpalmen und von den Trauben macht ihr euch sowohl Berauschendes, als auch gute Lebensmittel. Wahrlich, darin liegt ein Zeichen für die Leute, die Verstand haben.

honighaltigen Saft und ein so genaues Maß, eine perfekte Ordnung und eine weisheitsvolle und sorgfältige Kunst, dass ein Mensch, der ein Fünkchen Verstand besitzt, gezwungen ist zu sagen: „Derjenige, der sie solcherweise hervorbringt, kann zweifellos (nur) der Herr sein, der diese Schöpfung erschaffen hat."

Denn, z. B.: an dem Zweig dieser fingerbreiten Rebe vor unseren Augen gibt es zwanzig Trauben, und an jeder Traube hunderte Beeren als Behälterchen von süßem Saft. Und der Außenseite jeder Beere eine sehr dünne, schöne, liebliche und farbige Umhüllung aufzusetzen, in ihrem feinen und weichen „Herzen" die hartschaligen und walnusshaften Kerne zu legen –gleichsam als ihr Gedächtnis, ihr Programm und ihre Lebensgeschichte–, in ihrem Inneren eine Süßspeise wie „Paradies-Helwa" und einen Nektar wie „Kewser-Wasser" zuzubereiten, und auf der ganzen Erde bei ihren zahllosen Artgenossen dieselbe Sorgfalt, dieselbe Weisheit, dieselbe Erstaunlichkeit der Kunst zu gleicher Zeit auf dieselbe Weise zu erschaffen, zeigt gewiss offenkundig auf, dass derjenige, der diese Tat vollbringt, der Erschaffer der Schöpfung ist. Und diese Handlung, die eine unendliche Macht und eine grenzenlose Weisheit erfordert, ist nur Seine Handlung.

Ja, in diese sehr genaue Ausgewogenheit, sehr meisterhafte Kunst und sehr weisheitsvolle Ordnung können sich blinde, umherschweifende, ordnungslose, unbewusste, ziellose, übergreifende und durcheinander bringende Kräfte, Naturen und Ursachen nicht einmischen, können nicht die Hand danach ausstrecken. Lediglich beim Behandeltwerden, Empfangen und Schleier-Sein werden sie auf Befehl des Allumsorgers eingesetzt.

Wie die, die Einheitsbezeigung beweisenden drei Feinheiten der drei Wahrheiten also, auf die diese drei Verse hinweisen, bezeugen die grenzenlosen Erscheinungen und

Verwaltungen grenzenloser Handlungen des Allumsorgers übereinstimmend die Einheit eines einzigen Allgegenwärtigen, Alleinbesitzenden Allgewaltigen Herrn.

DRITTE WAHRHEIT: Es ist, dass die Existierenden, insbesondere die Pflanzen und Tiere, bei absoluter Schnelligkeit mit absoluter großer Anzahl und mit absoluter Ordnung,.. bei absoluter Leichtigkeit mit höchster Kunstschönheit, Geschicklichkeit, Makellosigkeit und Ordnung,.. und bei absoluter Fülle und absoluter Vermischung mit äußerst großem Wert und mit genauer Sonderung geschaffen werden.

Ja, trotz äußerst großer Anzahl (dennoch) höchste Schnelligkeit,.. ebenso: obwohl höchst künstlerisch und meisterhaft und mit Sorgfalt und Ordnung, dennoch äußerst leicht und bequem,.. sowie trotz größter Fülle und Vermischung sehr wertvoll und unterschiedlich zu schaffen –ohne beschmiert zu werden, zu beschmieren und zu trüben–, ist allein nur mit einer solchen Allmacht eines einzigen, alleinbesitzenden Herrn möglich, welcher nichts schwer fällt.

Und für jene Allmacht müssen die Gestirne so einfach, bequem und leicht sein wie die Atome, das Größte so wie das Kleinste, eine Art mit zahllosen Individuen so wie ein einziges Individuum, ein gewaltiges und umfassendes Ganzes so wie ein besonderer und geringer Teil, die Belebung und Wiedererweckung der riesigen Erde so wie ein Baum, und die Erbauung eines riesengroßen Baums (muss) so (einfach, bequem und leicht sein) wie ein nagelkleiner Kern – auf dass sie diese vor unseren Augen vollbrachten Handlungen durchführen kann.

Nun also: indem (erst) dieses bedeutende Geheimnis dieser Stufe der Einheitsbezeugung, dieser dritten Wahrheit und des Wortes der Einheitsbezeugung –d. h., dass ein sehr gro-

ßes Ganzes (so leicht) wie ein ganz kleiner Teil wird, und dass sehr Vieles und sehr Weniges sich nicht unterscheidet–, ebenso diese ihre erstaunliche Weisheit, dieses ihr gewaltiges Mysterium, dieses ihr durch den Verstand nicht erfassbares Rätsel, die wichtigste Grundlage des Islam, eine sehr tiefgründige Quelle für den Glauben und ein sehr großes Fundament der Einheitsbezeugung (–indem erst sie–) dargelegt, gelöst und entdeckt werden, löst sich das Mysterium des Kur'âns und begreift man das verborgenste, unbekannte und die Philosophie vor seinem Verstehen unfähig lassende Rätsel der Erschaffung der Schöpfung.

Meinem Erbarmungsvollen Schöpfer sei hunderttausend Mal entsprechend der Anzahl der Buchstaben der Risalet'ün-Nur Dank und Lobpreis: die Risalet'ün-Nur hat dieses erstaunliche Mysterium und dieses außergewöhnliche Rätsel gelöst, entdeckt und bewiesen. Und insbesondere bei der Behandlung des وَهُوَ عَلٰى كُلِّ شَيْءٍ قَدِيرٌ[1] gegen Ende des „zwanzigsten Briefes", sowie bei der Behandlung „der Handelnde ist (dazu) imstande" des „neunundzwanzigsten Wortes" über die Auferstehung, und bei dem Beweis der Allmacht Gottes unter den اَللّٰهُ اَكْبَرُ[2]-Stufen des neunundzwanzigsten arabischen Glanzlichtes" wurde es mit sicheren Argumenten bewiesen – in dem Grade, wie zwei mal zwei vier ist.

Deshalb habe ich –außer die Erklärung ihnen zu überlassen– es gewollt, gleichsam als eine Liste, die Grundlagen und Beweise, welche dieses Geheimnis lösen, kurz gefasst darzulegen und als dreizehn Stufen auf „dreizehn Geheimnisse" hinzuweisen. Das erste und zweite Geheimnis schrieb ich auf, doch haben bedauerlicherweise zwei starke Hinder-

---

[1] Und Er ist allmächtig.

[2] Allahüekber.

nisse, materiell wie geistig, mich vorläufig auf das Übrigbleibende verzichten lassen.

Erstes Geheimnis: Wenn etwas wesenseigen ist, kann sein Gegensatz diesem nicht widerfahren; denn es würde ein „Zusammenkommen zweier Gegensätze" bedeuten – und das ist unmöglich.

Aufgrund dieses Geheimnisses also: Da nun die Allmacht Gottes wesenseigen und das zwangsläufige Erfordernis des Heiligsten Herrn ist, ist es zweifellos nicht möglich, dass die Unfähigkeit, welche der Gegensatz jener Allmacht ist, jenem Allmächtigen Herrn widerfährt.

Und da nun das Vorhandensein von Stufen bei einer Sache durch das Eingreifen ihres Gegensatzes in ihr erfolgt –z. B.: die Stufen des Lichtes wie stark und schwach treten ein durch das Eingreifen der Finsternis, die Grade der Wärme wie hoch und gering durch die Einmischung der Kälte, und die Maße der Kraft wie groß und klein durch das Entgegenwirken und Verhindern des Widerstands–, dann gibt es zweifellos bei jener wesenseigenen Allmacht keine Stufen. Die gesamten Dinge schafft sie so (leicht) wie ein einziges Ding. Und da es nun bei jener wesenseigenen Allmacht keine Stufen gibt und Schwäche und Mangelhaftigkeit nicht sein können, kann zweifellos kein Hindernis ihr entgegenwirken und kein Schaffen ihr schwer fallen.

Und da ihr nun nichts schwer fällt, kann sie zweifellos die Größte Auferstehung so leicht schaffen wie einen Frühling, einen Frühling so einfach wie einen Baum, einen Baum so mühelos wie eine Blume, kann genauso eine Blume so kunstvoll erschaffen wie einen Baum, einen Baum so wunderhaft wie einen Frühling und einen Frühling so umfangreich und erstaunlich wie eine Auferstehung – und erschafft sie auch vor unseren Augen.

In der Risale-i Nur wurde es mit vielen sicheren und starken Argumenten bewiesen: Wenn die Einheit und Einheitsbezeigung nicht wären, würde eine Blume so wie ein Baum, sogar noch mühevoller werden, und ein Baum so wie ein Frühling, sogar noch schwieriger, würden sie zugleich wert- und kunstmäßig ganz und gar herabfallen; und ein Lebewesen, das jetzt innerhalb einer Minute hervorgebracht wird, würde erst in einem Jahr, ja sogar gar nicht hervorgebracht werden.

Aufgrund dieses erwähnten Geheimnisses ist es also: Diese Früchte, Blumen, Bäume und Tierchen, die trotz größter Fülle und Vielzahl äußerst wertvoll, und trotz höchster Schnelle und Leichtigkeit äußerst kunstvoll entstehen, treten wohlgeordnet hervor, treten ihren Dienst an, machen und beenden ihre Preisungen, betrauen ihre Samen an ihrer Stelle als Vertreter und gehen.

Zweites Geheimnis: So wie ja aus dem Geheimnis des Lichtcharakters, der Transparenz und des Gehorsams, und mit einer Erscheinung der wesenseigenen Allmacht eine einzige Sonne einem einzigen Spiegel einen lichterfüllten Widerschein verleiht, so kann sie auch unzähligen Spiegeln, glänzenden Dingen und Tropfen –aufgrund der weitreichenden Aktivität jener unbegrenzten Allmacht– ihren licht- und wärmeerfüllten genauen Widerschein auf Befehl Gottes leicht verleihen; wenig oder viel ist gleich, hat keinen Unterschied.

Und wenn (z. B.) ein einziges Wort ausgesprochen wird: so wie jenes einzige Wort aufgrund der grenzenlosen Ausgedehntheit der grenzenlosen Stetigen Erschaffung in das Ohr eines einzigen Menschen mühelos hereingeht, so geht es auch mit der Erlaubnis des Allumsorgers in den Kopf von einer Million Ohren mühelos hinein – ob tausende (Zu)Hörer, oder ein einziger: es ist gleich, unterscheidet sich nicht.

Auch so wie ein einziges „Licht" wie das Auge, oder ein einziges lichthafte Seelenwesen wie z. B. Gabriel –aufgrund der vollkommenen Ausgedehntheit der Aktivität des Allumsorgers innerhalb der Manifestation der Allbarmherzigkeit– zu einer einzigen Stelle leicht schaut und geht und sich an einer einzigen Stelle befindet, so befinden sie sich auch und schauen und gehen mit der Allmacht Gottes leicht zu tausenden Stellen,.. wenig oder viel unterscheidet sich nicht.

Genauso auch: Weil die überzeitliche, wesenseigene Allmacht ein feinstes und reinstes „Licht" und das „Licht" aller Lichter ist,.. und weil das Wesen, die Wahrheit und Melekût-Seite der Dinge transparent und spiegelhaft glänzend sind,.. und weil alle Dinge, von den Atomen, Pflanzen, Lebewesen bis hin zu den Gestirnen, Sonnen und Monden der Wirkung jener wesenseigenen Allmacht gegenüber in höchstem Grade gehorsam und gefügig und den Befehlen jener überzeitlichen Allmacht grenzenlos folgsam und ergeben sind, schafft sie zweifellos zahllose Dinge so (leicht) wie ein einziges Ding und ist bei ihnen anwesend. Eine Sache verhindert nicht die andere; groß und klein, viel und wenig, einzelnes und gesamtes ist gleich, keines von ihnen fällt ihr schwer.

Auch so wie es ja im „zehnten" und „neunundzwanzigsten Wort" gesagt wird: (es ist) aufgrund des Geheimnisses der Ordnung, des Wiegens, des Gehorsams gegenüber der Bestimmung und des Befolgens der Befehle:

Ein Kind (z. B.) kann ein so großes Schiff wie hundert Häuser so (leicht) lenken und umherführen, wie es mit seinem Finger auch sein Spielzeug wendet.

Und so wie ein Kommandeur durch einen Marsch-Befehl einen einzigen Soldaten stürmen lässt, so kann er durch jenen einzigen Befehl auch (leicht) eine geordnete und gehorsame Armee zum Sturm führen.

Auch so wie wenn in den zwei Schalen einer sehr großen exakten Waage zwei Berge im Gleichgewicht stünden: so wie eine einzige Walnuss die eine Schale einer anderen Waage, auf deren zwei Schalen zwei Eier stehen, hochhebt und die andere hinunterbringt, so kann jene einzige Walnuss auch mit einem Gesetz der Weisheit (leicht) die eine Schale der anderen großen Waage mit dem Berg zusammen hoch an die Spitze des Berges und den anderen Berg in die Tiefe der Täler hinunterbringen.

Genauso auch: Weil sich in der unbeschränkten, grenzenlosen, „licht"haften, wesenseigenen und immerwährenden Allmacht des Allumsorgers –und mit ihr zusammen– eine grenzenlose Weisheit und höchst genaue Allgerechtigkeit Gottes befinden, welche der Ursprung, die Quelle, der Bewirker und der Ausgangspunkt aller Ordnungen, Systeme und Gleichgewichte sind,.. und weil alles und alle Dinge –ob Einzelnes oder Gesamtes, ob groß oder klein– der Wirkung jener Allmacht gefügig und ihrer Verwaltung folgsam sind, ist es zweifellos, dass sie leicht die Atome dreht und bewegt, genauso auch aus dem Geheimnis der Ordnung der Weisheit leicht die Gestirne lenkt und dreht.

Und so wie Er im Frühling auf einen Befehl leicht eine Fliege belebt, so erweckt Er auch mit demselben Befehl, mit derselben Leichtigkeit aus dem Geheimnis der Weisheit und Ausgewogenheit in Seiner Allmacht (all) die Gruppen aller Insekten, alle Pflanzen und die Armeen der Tierchen auf und führt sie auf das Feld des Lebens.

Und wie einen Baum im Frühling aufzuerwecken und seinen „Knochen" Leben zu geben, so leicht wie jenen Baum belebt Er im Frühling mit jener weisheitsvollen, allgerechten absoluten Allmacht auch die riesige Erdkugel und Erden-Leiche und schafft die Beispiele von hunderttausend Arten von Auferstehungen.

Und so wie Er auf einen Erschaffungs-Befehl die Erdkugel auferweckt, so auch: gemäß der Verfügung

إِنْ كَانَتْ إِلَّا صَيْحَةً وَاحِدَةً فَإِذَا هُمْ جَمِيعٌ لَدَيْنَا مُحْضَرُونَ[1] d. h.: „Alle Menschen und Cinnen werden auf einen einzigen Ruf und Befehl vor Uns auf dem Platz der Auferstehung bereitstehen", ebenso gemäß Seinem Verfügen وَمَا أَمْرُ السَّاعَةِ إِلَّا كَلَمْحِ الْبَصَرِ أَوْ هُوَ أَقْرَبُ[2]

d. h., Er sagt: „Die Sache und Durchführung des Weltuntergangs und der Auferstehung ist so (leicht und kurz) wie das Auge zu schließen und sofort wiederzuöffnen, ist sogar noch kürzer", sowie gemäß dem Vers

مَا خَلْقُكُمْ وَلَا بَعْثُكُمْ إِلَّا كَنَفْسٍ وَاحِدَةٍ[3]

d. h.: „O ihr Menschen! Eure Schaffung und Belebung und eure Auferstehung und Verteilung ist so leicht wie die Belebung einer einzigen Person, es fällt Meiner Allmacht nicht schwer" –gemäß dem Geheimnis dieser drei Verse mit diesen Kurzbedeutungen– bringt Er mit demselben Befehl, mit derselben Leichtigkeit alle Menschen, Cinnen, Tiere, Seelenwesen und Engel auf den Platz der Größten Auferstehung und vor die Gewaltige 'Waage'; eine Sache behindert nicht die andere.

Vom dritten und vierten bis hin zum dreizehnten Geheimnis wurde es gegen meinen Wunsch auf eine spätere Zeit verschoben.

---

[1] Es wird nur ein einziger lauter Ruf sein, und siehe, sie stehen alle sogleich vor Uns.

[2] Die Verwirklichung der Auferstehung ist nur wie ein Augenzucken, sogar noch kürzer.

[3] Eure Erschaffung und eure Auferstehung sind (für Ihn so leicht) wie die eines einzigen Wesens.

VIERTE WAHRHEIT: Es ist, dass die Existenz und das Auftreten der Existierenden in vielen ihren Hinsichten der Einheit wie z. B. in der Gemeinsamkeit, ineinanderliegenden Geschlossenheit, in dem Einander-Ähneln, darin, dass eines jeweils das verkleinerte Abbild bzw. das größere Muster des anderen ist, dass manche das Ganze und die Gesamtheit, andere ihre Teile und Individuen sind, dass sie einander in der Prägung der Fortgestaltung entsprechen, im Ornament der Kunst zueinander in Bezug stehen, dass sie einander helfen und gegenseitig ihre anerschaffenen Aufgaben vervollkommnen,.. (dass sie in vielen solchen Hinsichten) im Grade der Klarheit die Einheitsbezeigung ausrufen und beweisen, dass ihr Künstler alleinbesitzend ist und zeigen, dass die Schöpfung hinsichtlich der Allumsorgung ein die Aufteilung und das Sich-Teilen nicht akzeptierendes Ganzes und Gesamtes bedeutet.

Ja, z. B.: In jedem Frühling die zahllosen Individuen von vierhunderttausend Arten unter den Pflanzen und Tieren gemeinsam, ineinander, im gleichen Moment, auf die gleiche Weise, fehlerfrei, ohne Irrtum, mit vollkommener Weisheit und Kunstschönheit hervorzubringen, zu lenken und zu verpflegen,.. ebenso die zahllosen Individuen der Vögel zu erschaffen –von den Fliegen, welche ihre verkleinerten Abbilder, bis hin zu den Adlern, welche ihre größeren Muster sind–, ihnen die Apparate zu geben, die ihrer Reise und ihrem Leben helfen, sie im Luftraum umherreisen zu lassen und Leben in den Himmel zu bringen, zugleich auf ihrem Antlitz wunderhaft jeweils eine Prägung der Kunst, in ihrem Körper vorsorglich jeweils ein Siegel der Weisheit, und in ihrem Wesen allumsorgend jeweils einen Namenszug der Allgegenwart zu setzen,.. ebenso die Nahrungsatome zur Hilfe der Körperzellen, die Pflanzen zur Hilfe der Tiere, die Tiere zur Unterstützung der Menschen, alle Muttertiere zum Beistand der schwachen Jungen weisheits- und erbarmungsvoll eilen zu lassen und zu schicken,.. ebenso von dem Bereich der Milchstraße, vom Sonnensystem und von den Elementen der Erde bis hin zu den Augenlidern, zu den Blättern der Rosenknospe, zu den Hüllblättern des Maiskolbens und zu den Kernen der Zuckermelone –wie ineinander liegende Kreise, gleichsam als Einzelteil und Gesamtheit– mit derselben Ordnung und Kunstschönheit, mit derselben Handlung und in vollkommener Weisheit zu lenken, beweist zweifellos im Grade der Klarheit:

Derjenige, der diese Handlungen vollzieht, ist alleinbesitzend, ein einziger –Er hat auf allen Dingen Prägungen–, Er ist sowohl in keinem Raum (mit Seiner Person), als auch in jedem Raum gegenwärtig (mit Seinen Namen, Eigenschaften und Handlungen),.. es ist wie bei der Sonne: alle Dinge sind von Ihm entfernt, Er aber ist allen Dingen nahe,.. und so wie überaus große Dinge wie die Milchstraße und das Sonnensystem Ihm nicht schwer fallen, so können auch Körperchen im Blut und Einfälle im Herzen sich vor Ihm nicht verbergen und nicht außerhalb Seiner Verwaltung bleiben.

Auch sind alle Dinge –wie groß und zahlreich sie auch sein mögen, sie sind wie ein ganz kleines und geringes Ding (auch)– leicht für Ihn, sodass Er die Fliege in dem System des Adlers, den Kern nach dem Wesen des Baums, einen Baum in der Gestalt eines Gartens, einen Garten in der Kunst eines Frühlings, und einen Frühling in dem Zustand einer Auferstehung mit Leichtigkeit schafft. Und kunstmäßig sehr wertvolle Dinge gibt und schenkt Er uns für sehr Geringes. Der Preis, den Er verlangt, ist (nur) ein „Bismillâh" und ein „Elhamdülillâh"; d. h. der gefällige Preis jener sehr wertvollen Gaben ist es, zu Beginn „Bismillah-ir-Rahmân-ir-Rahîm" und an ihrem Ende „Elhamdülillâh" zu sagen.

Weil auch diese „vierte Wahrheit" in der Risale-i Nur erklärt und bewiesen wird, begnügen wir uns mit diesem ganz kurzen Hinweis.

Die von unserem Reisenden auf der zweiten Station betrachtete

FÜNFTE WAHRHEIT: Dass sich in der Gesamtheit der Schöpfung, bei ihren Grundpfeilern, ihren Bestandteilen und bei jedem ihrer Existierenden eine vollkommenste Ordnung vorfindet,.. dass die Dinge und Bediensteten, welche der Verwaltung und Führung jenes weiten Landes dienen und Bezug auf seine Gesamtheit haben, jeweils ein Einziges sind,.. dass die in jener prachtvollen Stadt und Ausstellungsstätte verwaltenden Namen und Handlungen ineinander und jeweils eins und einzig sind, das gleiche Wesen haben, überall derselbe Name und dieselbe Handlung vorhanden ist, sie zugleich alle Dinge oder die meisten Dinge umfassen und einschließen,.. und dass die Elemente und Arten, welche der Vorsorge, Aufbelebung und Erbauung jenes schmuckvollen Schlosses dienen, ineinander und jeweils eins sind, ein einziges Wesen haben, überall dasselbe Element und dieselbe Art vorhanden ist, sie zugleich das Antlitz der Erde und ihren größten Teil durch Verbreitung umfassen,.. (all das) erfordert, beweist, bezeugt und zeigt gewiss offenkundig und zwangsläufig:

Der Künstler und Allbetreuer dieser Schöpfung, der Sultan und Allumsorger dieses Landes, und der Besitzer und Erbauer dieses Schlosses ist ein und derselbe, ist einzig, alleinbesitzend, allgegenwärtig; Seines Gleichen und Ähnlichen kann es nicht geben, Wesire und Helfer hat Er nicht; Teilhaber und Gegenkräfte von Ihm kann es nicht geben;

Unfähigkeiten und Mängel hat Er nicht. Ja, die Ordnung ist eine vollständige Einheit, macht einen einzigen Stets Ordnenden notwendig, lässt die Teilhaberschaft, welche zur Auseinandersetzung führt, nicht zu...

Da nun von der Gesamtheit der Schöpfung, von der täglichen wie jährlichen Rotation der Erde bis hin zum Gesicht des Menschen, zum Sinnensystem in seinem Kopf und bis hin zum Umlauf und Fluss der weißen und roten Körperchen im Blut, bei jedem Ding –ob als Einzelnes oder Gesamtes– eine weisheitsvolle und sorgfältige Ordnung vorhanden ist, kann zweifellos außer einem Absolut Allmächtigen und einem Absolut Allweisen nichts (und niemand) mit Vorbedacht und Schöpferkraft die Hand nach irgendetwas ausstrecken und sich darin einmischen. Vielmehr werden sie zum Erscheinungsort (der Gottesnamen) und werden „behandelt".

Und da nun ein Wohlordnen, insbesondere ein Verfolgen von Zwecken und ein In-Ordnung-Versetzen durch Berücksichtigen von Zweckmäßigkeiten nur durch Wissen und Weisheit erfolgt und mit Wille und Wahl vorgenommen wird,.. beweisen und bezeugen zweifellos und auf jeden Fall diese weisheitsvolle Ordnung und diese sichtbaren verschiedensten grenzenlosen Ordnungen der Geschöpfe im Grade der Klarheit: der Schöpfer und Allbetreuer dieser Existierenden ist ein einziger, ist aktiv und frei handelnd; alle Dinge entstehen durch Seine Allmacht, nehmen mit Seinem Willen jeweils eine bestimmte Haltung ein, und setzen sich mit Seiner Wahl eine wohlgeordnete Gestalt auf.

Da nun auch die heizofen-gemäße Lampe (die Sonne) dieses Gästehauses der Welt ein und dieselbe ist, sein tagesverzeichnis-gemäßes Lämpchen (der Mond) ein und dasselbe, sein barmherziger „Schwamm" (die Wolken) ein und derselbe, sein feuerhaltiger „Koch" ein und derselbe, sein lebensspendender „Saft" ein und derselbe, sein fürsorglicher Acker ein und derselbe, eins,.. eins,.. eins,.. bis hin zu vielem tausendundeinem Mal,.. dann bezeugen zweifellos diese vielen Eins offenkundig, dass der Künstler und Besitzer dieses Gästehauses ein und derselbe ist; auch ist Er höchst freigebig und gastfreundlich, sodass Er diese Seine hohen und großen Bediensteten zu Dienern für Seine lebenbesitzenden Reisenden macht und für ihre Rast arbeiten lässt.

Da nun auch die überall auf der Welt verwaltenden und ihre Ornamente und Erscheinungen zu sehenden Namen wie z. B. „Allweiser, Erbarmungsvoller, Formgeber, Allbetreuer, Belebender, Allumsorger", und Wirksamkeiten wie z. B. „Weisheit, Barmherzigkeit und Gnade", und Handlungen wie z. B. das „Formen, Lenken und Allumsorgen" ein und dieselben sind,.. überall derselbe Name, dieselbe Handlung, ineinander, sowie in grenzenlosem Grade und umfassend,.. auch vervollkommnen sie solcherweise ihre gegenseitigen Ornamente, dass jene Namen und Handlungen geradezu sich vereinigen und (z. B.) die Allmacht zur reinen Weisheit, und die Barmherzigkeit und Weisheit zur reinen Gnade und Leben(-digkeit) wird –z. B.: sobald bei einem Ding die Verwaltung des Namens Leben-Geber sichtbar wird, sieht man im gleichen Moment, überall, im selben Verfahren (auch) die Verwaltungen vieler (anderer) Namen wie z. B. Schöpfer, Formgeber und Ernährer–,.. zweifellos und gewiss bezeugt es dann offenkundig, dass der Träger jener umfassenden Namen und der Vollzieher der umgebenden Handlungen, welche sich überall in gleicher Form zeigen, ein und derselbe, einzig, alleinbesitzend und allgegenwärtig ist; wir glauben und bestätigen!

Da nun auch die Elemente, welche die Substanzen und Grundstoffe der Kunstwerke sind, umfassen, und eine jede Art unter den Geschöpfen, welche die Einheit aufzeigt und verschiedenste Prägungen trägt, einzig ist und zugleich sich auf die Erde verbreitet und sie besetzt,.. beweist es zweifellos mit Klarheit, dass jene Elemente –mit ihren Bestandteilen– und jene Arten –mit ihren Individuen– Eigentum und Besitz eines einzigen Herrn sind. Und sie sind die Kunstwerke und Bediensteten eines solchen Allmächtigen Alleinbesitzers, der jene gewaltigen, übergreifenden Elemente wie einen höchst gehorsamen Diener und jene sich nach überall auf die Welt verbreitenden Arten wie einen höchst disziplinierten Soldaten einsetzt.

Weil auch diese Wahrheit in der Risalet-ün-Nur bewiesen und erklärt wird, begnügen wir uns hier mit diesem kurzen Hinweis.

Mit der vergnügten Laune durch den Glaubens-Segen und Einheits-Genuss, welche unser Reisende von diesen „fünf Wahrheiten" bekommen hat, fasst er seine Beobachtungen kurz zusammen, bringt seine Gefühle zum Ausdruck und sagt seinem Herzen:

- Schau auf die farbigen Seiten des Schöpfungs-Buches:

- Siehe, was die goldene Feder der Macht geformt hat!

- Nicht ein dunkler Punkt ist verblieben für Besitzer von Auge und Herz;

- Als ob der Herr Seine Zeichen mit Licht niedergeschrieben hätte.

Wisse auch:

- Es sind die Seiten des Schöpfungs-Buches: die grenzenlosen Weiten.

- Es sind die Zeilen der Geschehnisse der Welt: die unzähligen Werke.

- Geschrieben auf der Werkbank des "Lewh-i Mahfûz" der Wahrheit,

- ein körperliches bedeutsames Wort ist in der Schöpfung jedes Existierende.

Höre auch zu:

(1) چُو لَا اِلٰهَ اِلَّا اللّٰهُ بَرَابَرْ مِيزَنَنْد هَرْشَى دَمَادَمْ جُويَدَنْد يَاحَق سَرَاسَرْ گُويَدَنْد يَاحَى

(2) نَعَمْ وَفِى كُلِّ شَىْءٍ لَهُ آيَةٌ تَدُلُّ عَلَى اَنَّهُ وَاحِدٌ *sagend hat mit seinem Herzen auch sein Nefs bestätigt und gesagt: „Ja! In der Tat!"*

Nun also wurde als ein kurzer Hinweis auf die „fünf Wahrheiten der Einheitsbezeigung", welche der Welt-Gast und Schöpfungs-Reisende auf der zweiten Station gesehen hat, *im zweiten Kapitel des ersten Abschnitts bezüglich der zweiten Station* gesagt:

→

---

(1) Denn alle Dinge sagen gemeinsam "Es gibt keinen Gott außer Allah"; immer wieder rezitieren sie "O Hak!", von Anfang bis Ende sagen sie "O Lebender!".

(2) Ja, in allen Dingen sind Zeichen von Ihm, dass Er alleinbesitzend ist.

لَٓا اِلٰهَ اِلَّا اللّٰهُ الْوَاحِدُ الْاَحَدُ الَّذ۪ى دَلَّ عَلٰى وَحْدَتِه۪ ف۪ى وُجُوبِ وُجُودِه۪
مُشَاهَدَةُ حَق۪يقَةِ الْكِبْرِيَٓاءِ وَالْعَظَمَةِ فِى الْكَمَالِ وَالْاِحَاطَةِ .. وَكَذَا
مُشَاهَدَةُ حَق۪يقَةِ ظُهُورِ الْاَفْعَالِ بِالْاِطْلَاقِ وَعَدَمِ النِّهَايَةِ لَاتُقَيِّدُهَا
اِلَّا الْاِرَادَةُ وَالْحِكْمَةُ .. وَكَذَا مُشَاهَدَةُ حَق۪يقَةِ اِيجَادِ الْمَوْجُودَاتِ
بِالْكَثْرَةِ الْمُطْلَقَةِ فِى السُّرْعَةِ الْمُطْلَقَةِ وَخَلْقِ الْمَخْلُوقَاتِ بِالسُّهُولَةِ
الْمُطْلَقَةِ فِى الْاِتْقَانِ الْمُطْلَقِ وَاِبْدَاعِ الْمَصْنُوعَاتِ بِالْمَبْذُولِيَّةِ الْمُطْلَقَةِ
فِى غَايَةِ حُسْنِ الصَّنْعَةِ وَغُلُوِّ الْق۪يمَةِ .. وَكَذَا مُشَاهَدَةُ حَق۪يقَةِ
وُجُودِ الْمَوْجُودَاتِ عَلٰى وَجْهِ الْكُلِّ وَالْكُلِّيَّةِ وَالْمَعِيَّةِ وَالْجَامِعِيَّةِ وَ
التَّدَاخُلِ وَالْمُنَاسَبَةِ .. وَكَذَا مُشَاهَدَةُ حَق۪يقَةِ الْاِنْتِظَامَاتِ
الْعَامَّةِ الْمُنَافِيَةِ لِلشِّرْكَةِ .. وَكَذَا مُشَاهَدَةُ وَحْدَةِ مَدَارَاتِ تَدَاب۪يرِ
الْكَائِنَاتِ الدَّالَّةِ عَلٰى وَحْدَةِ صَانِعِهَا بِالْبَدَاهَةِ .. وَكَذَا وَحْدَةُ
الْاَسْمَٓاءِ وَالْاَفْعَالِ الْمُتَصَرِّفَةِ الْمُح۪يطَةِ .. وَكَذَا وَحْدَةُ الْعَنَاصِرِ
وَالْاَنْوَاعِ الْمُنْتَشِرَةِ الْمُسْتَوْلِيَةِ عَلٰى وَجْهِ الْاَرْضِ

Während jener Schöpfungs-Reisende in den Epochen umherreiste, kam er dann an der Medrese des Müceddid's des zweiten Jahrtausends (n. d. H.), **İmam-ı Rabbânî Ahmed-i Farûkî** *vorbei, trat ein und hörte ihm zu.* **Während jener İmam Unterricht erteilte, sagte er:**

„Das wichtigste Resultat aller (mystischen) Orden ist das Zutagetreten der Glaubenswahrheiten" und „das klare Zutagetreten einer einzigen Glaubensfrage ist besser als tausend Huldwunder und geistige Genüsse".

Auch sagte er: „Früher haben große Persönlichkeiten (vorher)gesagt: 'Von den Theologen und Gelehrten der Religionswissenschaft wird einer kommen und alle Glaubens- und Islamwahrheiten mit verstandesmäßigen Argumenten, mit ganzer Klarheit beweisen.' Ich wünschte, ich wäre es". In der Hoffnung, vielleicht dieser Mann zu sein (Anm.), *lehrte er: „der Glaube und die Einheitsbezeugung sind die Grundlage und Quelle, das Licht und Leben aller menschlicher Vollendungen;.. das Prinzip* تَفَكُّرُ سَاعَةٍ خَيْرٌ مِنْ عِبَادَةِ سَنَةٍ [2] *bezieht sich auf das glaubensbezogene Nachsinnen,.. und die Bedeutung des stillen Gedenkens im Nakşî-Orden ist es, dass es eine der Arten dieses sehr wertvollen Nachsinnes ist."*

Der Reisende hörte es gänzlich, wandte und sagte sich: *Da nun dieser heldenhafte İmam es so sagt,.. da nun die Zunahme der Glaubensstärke um ein Winziges wertvoller ist als ein Batman von Kenntnissen und Vorzüglichkeiten, und süßer als der Honig von hundert geistigen Genüssen,.. und da nun die Einwände und Zweifel von europäischen Philosophen, welche sich seit tausend Jahren gegen den Glauben und den Kur'ân angesammelt haben, einen Weg finden, um über die Gläubigen herzufallen, und die Glaubensgrundpfeiler erschüttern wollen, welche der Schlüssel, Anlass und Grundlage einer ewigen Glückseligkeit, eines beständigen Lebens und eines immerwährenden Paradieses sind,.. müssen wir zweifellos vor alles anderem unseren*

(Anm.): Die Zeit hat bewiesen, dass jener „Mann" nicht ein Mann, sondern die Risale-i Nur ist; die (geistigen) Entdecker haben die Risale-i Nur in der Gestalt ihres unbedeutenden Dolmetschers und Herausgebers (Verfassers) in ihren Entdeckungen beobachtet und „ein Mann" gesagt.

[2] Eine Stunde Nachsinnen ist (manchmal) besser als ein Jahr (freiwilliger Zusatz-)Gottesdienst.

Glauben vom Nachgeahmten zum Nachgeforschten werden lassen und ihn stärken.

In diesem Fall: los, vorwärts! Komm; mit dem Gedanken, diese jeweils bergesstarken neunundzwanzig Glaubensstufen, welche wir gefunden haben, auf dreiunddreißig Stufen zu erhöhen, welche die segenreiche Anzahl der segensreichen Preisungen des (Ritual-)Gebets sind, müssen wir, um noch eine dritte Station dieser Lehrstätte zu sehen, mit dem Schlüssel des بِسْمِ اللّٰهِ الرَّحْمٰنِ الرَّحِيمِ[1] *an die Tür der Verwaltung und Versorgung des Allumsorgers in der Welt der Lebewesen klopfen und sie öffnen.*

So klopfte er gnadeerbittend an die Tür dieser dritten Station, welche ein erstaunlicher Versammlungsort und außergewöhnlicher Mittelpunkt ist, und öffnete sie mit بِسْمِ اللّٰهِ الْفَتَّاحِ[2]. **Es zeigte sich die dritte Station; er trat ein und sah: „vier gewaltige und umfassende Wahrheiten" beleuchten jene Station und zeigen sonnenklar die Einheitsbezeigung auf.**

ERSTE WAHRHEIT: Es ist die Wahrheit der Wohlentfaltung.

Das heißt, dass mit der Manifestation des Namens Wohlentfalter aus einer einfachen Substanz jeweils verschiedene, mannigfaltige, unzählige, wohlgeformte Gestalten gemeinsam, überall, im gleichen Moment, mit derselben Handlung entfaltet werden.

Ja, so wie die fortgestaltende Allmacht in dem Berg- und Gartenland der gesamten Schöpfung den unzähligen jeweils

---

[1] Im Namen Allahs, des Allbarmherzigen, des Erbarmers.

[2] Im Namen Allahs, des Allwohlentfalters (des Öffnenden).

verschiedenen Existierenden, wie Blumen, mit dem Namen Wohlentfalter jedem eine entsprechende wohlgestaltete Form und eine besondere Individualität entfaltet und gegeben hat, hat sie genauso auch, jedoch in noch wunderhafterer Weise, den vierhunderttausend Arten der Lebewesen im Erden-Garten –einer jeden– eine höchst kunst- und weisheitsvolle, maßgerechte und besondere Gestalt gegeben.

Gemäß der Aussage der Verse

(1) يَخْلُقُكُمْ فِي بُطُونِ أُمَّهَاتِكُمْ خَلْقًا مِنْ بَعْدِ خَلْقٍ فِي ظُلُمَاتٍ ثَلَاثٍ
ذَٰلِكُمُ اللَّهُ رَبُّكُمْ لَهُ الْمُلْكُ لَا إِلَٰهَ إِلَّا هُوَ فَأَنَّىٰ تُصْرَفُونَ ۞
إِنَّ اللَّهَ لَا يَخْفَىٰ عَلَيْهِ شَيْءٌ فِي الْأَرْضِ وَلَا فِي السَّمَاءِ ۞ هُوَ الَّذِي يُصَوِّرُكُمْ فِي
الْأَرْحَامِ كَيْفَ يَشَاءُ لَا إِلَٰهَ إِلَّا هُوَ الْعَزِيزُ الْحَكِيمُ ۞

ist der stärkste Beweis der Einheitsbezeigung und das meist erstaunende Wunder der Allmacht, dass Er die Gestalten entfaltet. Weil aufgrund dieser Weisheit die Wahrheit der Wohlentfaltung der Gestalten wiederholt –und auf verschiedene Weise– in der Risalet-ün Nur, und insbesondere auf der sechsten und siebten Stufe im „ersten Kapitel" des „zweiten Abschnitts" dieser Abhandlung bewiesen und erklärt wird, überlassen wir sie ihnen und sagen hier nur folgendes:

Auf Bezeugung und genauer Untersuchung der Botanik und Zoologie gibt es bei dieser Wohlentfaltung der Gestalten eine solche Umfassung, Umschließung und Kunst, dass au-

---

(1) Er erschafft euch in den Schößen eurer Mütter, Schöpfung nach Schöpfung, in drei Finsternissen. Das ist Allah, euer Herr; Sein ist das Reich. Es ist kein Gott außer Ihm. Wie lässt ihr euch also (von Ihm) abwenden? * Wahrlich, vor Allah bleibt nichts verborgen, weder auf der Erde noch im Himmel. * Er ist es, Der euch im Mutterschoß gestaltet, wie Er will. Es ist kein Gott außer Ihm, dem Hochüberlegenen, dem Allweisen.

ßer einem einzigen Allgegenwärtigen Alleinbesitzer und einem Absolut Allmächtigen, der bei allen Dingen alles zu sehen und zu schaffen vermag, nichts (und niemand) der Besitzer dieser in sich fassenden und umgebenden Handlung sein kann. Denn, diese Handlung der Wohlentfaltung der Gestalten macht innerhalb einer grenzenlosen Allmacht, welche sich überall und in jedem Augenblick befindet, eine grenzenlose Weisheit, Sorgfalt und Umfassung notwendig. Und solch eine Allmacht wiederum kann es nur bei einem einzigen Herrn geben, der die gesamte Schöpfung lenkt.

Ja, die Wohlentfaltung, die, wie es die erwähnten Verse verfügen, z. B. bedeutet, in drei Finsternissen in den Schößen aller Mütter die Gestalten der Menschen gesondert, maßgerecht, unterschiedlich, verziert und wohlgeformt, sowie ohne durcheinander zu geraten, falsch zu machen und zu verwechseln aus einfacher Substanz zu entfalten und zu schaffen,.. die Wahrheit dieser Wohlentfaltung der Gestalten, die auf der ganzen Erde mit derselben Allmacht, derselben Weisheit und derselben Kunst die gesamten Menschen, Tiere und Pflanzen umfasst, ist ein sehr starker Beweis der Einsheit. Denn, das Umfassen ist eine Einheit, lässt der Teilhaberschaft keinen Platz... *Und so wie die neunzehn Wahrheiten, welche im „ersten Kapitel" die Wesensnotwendigkeit der Existenz bezeugen, durch ihre Existenz die Existenz ihres Schöpfers beweisen, so bezeugen sie durch ihre Umfassung wiederum die Einheit (Gottes).*

Die von unserem Reisenden auf der dritten Station betrachtete

ZWEITE WAHRHEIT: Es ist die Wahrheit der Allbarmherzigkeit.

Das heißt –wir sehen es mit eigenen Augen–, es gibt jemanden, Er hat für uns das Antlitz der Erde mit tausenden

Geschenken der Allbarmherzigkeit gefüllt, es zu einer Festmahlsstätte gemacht und zu einer Tafel, auf der hunderttausende jeweils verschiedene wohlschmeckende Speisen der Allbarmherzigkeit aufgereiht sind,.. Er hat das Innere der Erde zu einer Vorratskammer gemacht, welche tausende wertvolle Gaben des Erbarmens und der Weisheit fasst,.. und die Erde bei ihrem Jahresumlauf, gleichsam als ein Handelsschiff, wie (zu) eine(r) Art Schiff oder Zug, welcher jedes Jahr aus der Welt des Verborgenen die schönsten der hunderttausend Sorten der nötigen Dinge für die Menschen und für das Leben in sich genommen und aufgeladen hat,.. und den Frühling wiederum schickt Er uns gleichsam als ein Waggon, der unsere Nahrung und Kleidung trägt, lässt uns sehr erbarmungsvoll versorgen. Und damit wir von all jenen Geschenken und Gaben profitieren (können), hat Er uns wiederum hunderte und tausende Appetite, Bedürfnisse, Empfindungen, Gefühle und Sinne gegeben.

Ja, so wie es im „vierten", über den Vers des „Hasbünallahü" handelnden „Lichtstrahl" (Şuâ) erklärt und bewiesen wird, hat Er uns einen solchen Magen gegeben, welcher unzählige Speisen genießt. Und Er hat uns ein solches Leben geschenkt, welches mit seinen Empfindungen –einer Tafel von Gaben gleich– in der riesigen körperlichen Welt von ihren unzähligen Gaben profitiert. Und Er hat uns eine solche Menschlichkeit freundlichst gewährt, welche durch viele ihre Ausrüstungen wie z. B. der Verstand und das Herz sich an den unzähligen Geschenken der materiellen wie geistigen Welt erfreut. Und Er hat uns solch einen Islam mitgeteilt, welcher von den unzähligen Schätzen der Welt des Verborgenen und der Welt der Bezeugung Licht bekommt. Und Er hat uns zu solch einem Glauben rechtgeleitet, welcher von den unbegrenzten Lichtern und Geschenken der Welten des Diesseits und des Jenseits beleuchtet wird und profitieren lässt.

Geradezu ist diese Schöpfung –seitens der Allbarmherzigkeit– ein Schloss, das mit unzähligen erlesenen, erstaunlichen und wertvollen Dingen geschmückt wurde; und die Schlüssel, die alle die unzähligen Truhen und Räumlichkeiten in jenem Schloss öffnen, wurden in die Hand des Menschen gegeben, und die Bedürfnisse und Gefühle, die von ihnen allen profitieren lassen, in seine Veranlagung gelegt.

Nun also ist eine Allbarmherzigkeit, die solcherweise das Diesseits, das Jenseits und alles einschließt, zweifellos die Erscheinung einer Allgegenwart innerhalb des Alleinbesitzens.

Das heißt: So wie das Licht der Sonne, dadurch, dass es all die Dinge vor ihr umfasst, ein Beispiel für das Alleinbesitzen ist, so ist auch ein jedes glänzende und transparente Ding –entsprechend seiner Fähigkeit–, dadurch, dass es sowohl das Licht der Sonne, als auch ihre Wärme, ihre sieben Farben in ihrem Licht und den Reflex ihres Abbilds in sich aufnimmt, ein Beispiel für die Allgegenwart, sodass zweifellos ein Mensch, der jenes umfassende Licht sieht, urteilt: „die Sonne der Erde ist 'alleinbesitzend', ist eine einzige"; und dieser Mensch, der in jedem glänzenden Ding, sogar in den Tropfen das licht- und wärmeerfüllte Abbild der Sonne sieht, weiß über die "Allgegenwart" der Sonne, d. h. über die Sonne selber: „sie befindet sich" –mit ihren Eigenschaften– „bei allen Dingen und in dem Spiegel des 'Herzens' aller Dinge".

Genauso auch: So wie die Tatsache, dass auch die weite Allbarmherzigkeit des Cemîl Allbarmherzigen ähnlich dem Licht alle Dinge umfasst, das Alleinbesitzen jenes Allbarmherzigen, sowie den Umstand aufzeigt, dass Er in keiner Hinsicht Teilhaber hat,.. so beweist auch die Tatsache, dass an allen Dingen –besonders bei jedem Lebewesen und insbesondere beim Menschen– hinter dem Schleier jener umfassenden Allbarmherzigkeit die Lichter der meisten Namen jenes Allbarmherzigen, sowie eine Art Erscheinung Seiner Person vorhanden sind und Er jedem Individuum eine Lebens-Umfassendheit gibt, welche auf die ganze Schöpfung Bezug nehmen und zu ihr in Verbindung stehen lässt, (beweist) die Allgegenwart jenes Allbarmherzigen –dass Er bei allen Dingen gegenwärtig ist–, und dass Er es ist, der die gesamten Angelegenheiten aller Dinge schafft.

Ja, so wie durch das Alleinbesitzen und Umfassen dieser Allbarmherzigkeit der Allbarmherzige in der Gesamtheit der Schöpfung und auf dem Antlitz der Erde die Majestät Seiner Allgewalt aufzeigt, so auch: indem Er auf die Erscheinung der Allgegenwart hin bei jedem Lebewesen, insbesondere beim Menschen die Exemplare Seiner ganzen Gaben bei jenem Individuum zusammenstellt, sie an die Anlagen und Apparate jenes Lebewesens anbringt, ordnet und die gesamte Schöpfung –ohne sich aufzuteilen– jenem einzigen Individuum in gewisser Hinsicht genau wie sein Haus geben lässt, macht Er (so wiederum) die besondere Liebe und Güte Seines Cemâl's bekannt und gibt beim Menschen die Konzentration (all) der Arten Seiner Wohltaten zu verstehen.

Auch so wie ja in jedem der Kerne (z. B.) einer Honigmelone diese Honigmelone sich konzentriert,.. und der Herr, der jenen Kern schafft, ist zweifellos Er, der jene Honigmelone schafft, danach mit dem besonderen Maß Seines Wissens und mit dem, für sie bestimmten Gesetz Seiner Allweisheit jenen Kern von ihr melkt, ansammelt und eine körperliche Form annehmen lässt. Und außer jenem einzigen und alleinbesitzenden Meister jener einzigen Honigmelone kann nichts (und niemand) jenen Kern schaffen; es ist unmöglich, dass es ihn schafft.

Genauso auch: weil mit der Erscheinung der Allbarmherzigkeit die Schöpfung gleichsam ein Baum bzw. ein Garten, die Erde eine Frucht bzw. eine Honigmelone, und ein Lebewesen bzw. der Mensch ein Kern bedeutet, muss zweifellos der Schöpfer und Allumsorger eines ganz kleinen Lebewesens der Erschaffer der gesamten Erde und der Schöpfung sein.

Kurz: So wie ja der Umstand, auf die Wahrheit der umfassenden Wohlentfaltung hin die wohlgeformten Gestalten der Existierenden aus einfacher Substanz zu schaffen und zu entfalten, die Einheit offenkundig beweist, so auch: indem die Wahrheit der alles umfassenden Allbarmherzigkeit alle zum Vorschein kommenden und das weltliche Leben beginnenden Lebewesen –insbesondere die neu ankommenden– mit vollkommener Ordnung versorgt, die für sie nötigen Dinge zu Hilfe bringt und kein einziges von ihnen vergisst, sowie dadurch, dass dieselbe Allbarmherzigkeit überall, in jedem Augenblick ein jedes Individuum erreicht, beweist sie offenkundig sowohl die Einheit, als auch innerhalb der Einheit die Allgegenwart.

Weil sich in der Risale-i Nur der Name Allweiser und der Name Erbarmer manifestieren und an vielen Stellen der Risale-i Nur die Feinheiten und Erscheinungen der Wahrheit der Allbarmherzigkeit erklärt und bewiesen werden, weisen wir an dieser Stelle mit diesem Tropfen auf jenes Meer hin und fassen diese sehr lange Sache kurz.

Die von unserem Reisenden auf der dritten Station betrachtete

DRITTE WAHRHEIT: Es ist die Wahrheit der Allbetreuung und Lenkung.

Das heißt, es ist die Wahrheit, die sehr gigantischen und schnellen Himmelskörper, die sehr übergreifenden und durcheinander bringenden Elemente und die sehr bedürftigen schwachen Geschöpfe der Erde mit vollkommener Ordnung und Ausgewogenheit zu lenken, einander behilflich zu machen, harmonisch zu verwalten und zu betreuen und diese riesige Schöpfung wie zu einem perfekten Land, zu einer prachtvollen Stadt und zu einem schmuckvollen Schloss zu machen.

Nun also werden wir die großen Bereiche dieser bezwingenden und barmherzigen Lenkung belassend lediglich eine im Frühling auf der Erde erfolgende einzige Seite und Phase jener Lenkung –weil die Risale-i Nur sie in ihren bedeutenden Abhandlungen wie z. B. im „zehnten Wort" erklärt und beweist, (nur) eine kurze Form von ihr– durch ein Gleichnis aufzeigen, folgenderweise:

Wenn angenommen z. B. eine erstaunende weltbeherrschende Persönlichkeit aus vierhunderttausend jeweils verschiedenen Völkern und Gruppen eine Armee aufstellte, die Kleidungen der Soldaten jedes Volkes und jeder Gruppe, sowie ihre Waffen, ihr Essen, ihre Anweisungen, ihre Abberufungen und ihre Dienste voneinander gesondert, jeweils unterschiedlich alle jene verschiedenen Ausrüstungen ohne Mängel, Makel, Fehler und Irrtum, zur rechten Zeit, ohne Verspätung, ohne durcheinander zu bringen, vollkommen geordnet und auf äußerst perfekte Weise jener wunderbare Kommandeur gäbe, könnte zweifellos nach jener sehr weitreichenden, verwickelten, sorgfältigen, ausgewogenen, vielfältigen und gerechten Lenkung außer der außergewöhnlichen Macht jenes erstaunenden Kommandeurs keine einzige Ursache die Hand ausstrecken – wenn sie sie ausstreckte, würde sie das Gleichgewicht stören und durcheinander bringen.

Genauso auch sehen wir mit eigenen Augen, dass eine verborgene Hand in jedem Frühling eine aus vierhunderttausend verschiedenen Arten zusammengesetzte prachtvolle Armee hervorbringt und lenkt. Im Herbst, welcher ein Beispiel für den Weltuntergang ist, verabschiedet Er unter jenen vierhunderttausend (Arten) dreihunderttausend Pflanzen- und Tierarten in Form des Sterbens und mit dem Namen des Todes und stellt ihren Dienst ein.

Und im Frühling, welcher ein Beispiel für die Auferstehung und Verteilung ist, schafft Er in wenigen Wochen mit vollkommener Ordnung dreihunderttausend Beispiele der Größten Auferstehung –zeigt uns sogar an einem einzigen Baum vier kleine Auferstehungen, d. h. dem vergangenen Frühling genau entsprechend die Verteilung seiner selbst, seiner Blätter, seiner Blüten und seiner Früchte–, gibt vollkommen geordnet, ohne Irrtum und Fehler, ohne durcheinander zu bringen und eine einzige zu vergessen, von unverhofften Stellen und genau zur rechten Zeit jener sich auf vierhunderttausend Arten belaufenden Armee des Allgepriesenen –jeder Art und jeder Gruppe eigentümlich und entsprechend– ihre jeweils unterschiedlichen Nahrungen, ihre verschiedensten Verteidigungswaffen, ihre jeweils anderen Kleidungen, ihre unterschiedlichen Anweisungen und Abberufungen und all ihre jeweils anderen Ausrüstungen und notwendigen Dinge, beweist somit innerhalb vollkommener Allumsorgung, Herrschaft und Weisheit Seine Einsheit, Allgegenwart, Einzigkeit und Seine grenzenlose Macht und endlose Allbarmherzigkeit, und schreibt so mit dem Stift der Vorbestimmung diesen Erlass der Einheitsbezeigung auf der Erde auf jeder Frühlings-Seite.

Nachdem unser Reisende alleine in einem (einzigen) Frühling eine einzige Seite dieses Erlasses gelesen hat, sagte er zu sich:

Ein Bezwingender Allmächtiger und Allgewaltiger Überwältiger, der solcherweise in jedem Frühling tausende, von der Größten Auferstehung noch erstaunlichere Auferstehungen schafft,.. der Seinen gesamten Propheten tausende Mal versprochen und zugesagt hat, zur Belohnung und Bestrafung die Auferstehung zu schaffen und den Weltuntergang zu bringen –was für Seine Allmacht leichter fällt als ein Frühling–, und der im Kur'ân auf das Stattfinden der Auferstehung tausende Mal hinweist und zudem in tausend Versen von ihm ausdrücklich urteilt, droht und zusagt..: für diejenigen, die das Unrecht begehen, die Auferstehung zu leugnen, was bedeutet, Seine so vielen Verheißungen der Lüge zu bezichtigen, sowie Seine Allmacht zu leugnen, ist die Höllenstrafe reine Gerechtigkeit... so hat er geurteilt und auch sein Nefs gesagt: „Wir glauben".

Die von dem Welt-Reisenden auf der dritten Station betrachtete

VIERTE WAHRHEIT, welche die dreiunddreißigste Stufe ist: Es ist die Wahrheit der Erbarmung und der stetigen Ernährung.

Das heißt, es ist die Wahrheit, dass auf dem Antlitz, im Inneren, in der Luft und den Meeren der gesamten Erde alle die materiellen und den Magen betreffenden, sowie geistigen Nahrungen aller Lebewesen, vor allem der Seelenbesitzer, besonders der unfähigen und schwachen, und insbesondere der Junglebewesen, liebevoll die tausenden von Okka Speisen, welche aus trockener und einfacher Erde und aus leblosen und knochentrockenen Holzstücken zubereitet und insbesondere ihre feinste zwischen Blut und Exkrementen hervorgebracht, sowie aus einem einzigen dirhem-kleinen und knochen-gleichen Kern geschaffen werden, (dass diese Nahrungen) genau zur rechten Zeit, auf regelmäßige Weise, ohne irgendeine zu vergessen oder durcheinander zu bringen vor unseren Augen durch eine verborgene Hand gegeben wird.

Ja, so wie der Vers إِنَّ اللّٰهَ هُوَ الرَّزَّاقُ ذُو الْقُوَّةِ الْمَتِينُ (1) die Versorgung und Ernährung dem Allerhabenen Hak zuspricht und auf Ihn begrenzt, so sichert auch der Vers

(2) وَمَا مِنْ دَآبَّةٍ فِي الْاَرْضِ اِلَّا عَلَى اللّٰهِ رِزْقُهَا وَيَعْلَمُ مُسْتَقَرَّهَا
وَمُسْتَوْدَعَهَا كُلٌّ فِي كِتَابٍ مُبِينٍ ۝

die Nahrung aller Menschen und Tiere zu und bietet die Gewähr des Allumsorgers; und für die Nahrung der unfähigen schwachen Hilflosen ohne Macht, die sich die Nahrung nicht beschaffen können, für ihre Gewähr von unvermuteten Stellen, sogar aus dem Verborgenen, sogar aus dem Nichts –z. B. für die Tierchen in der Tiefe der Meere aus dem Nichts, für alle Junglebewesen von unvermuteten Stellen, und für alle Tiere in jedem Frühling geradezu nur aus dem Verborgenen– bürgt der Vers

(3) وَكَاَيِّنْ مِنْ دَآبَّةٍ لَا تَحْمِلُ رِزْقَهَا اللّٰهُ يَرْزُقُهَا وَاِيَّاكُمْ وَهُوَ السَّمِيعُ الْعَلِيمُ

---

(1) Wahrlich, Allah allein ist der Versorger, der Starke, der Feste.

(2) Und es gibt kein Lebewesen auf der Erde, dessen Versorgung nicht Allah obliegt. Und Er kennt seine jeglichen Zustände und Orte. Alles ist im Kitâb-ı Mübîn (verzeichnet).

(3) Und wie viele Lebewesen gibt es, die nicht ihre eigene Versorgung tragen. Allah versorgt sie und euch. Und Er ist der Allhörende, der Allwissende.

mit der Tat, und sie wird ihnen augenscheinlich gegeben, sodass er auch den ursachengesinnten Menschen beweist und kundtut, dass hinter dem Schleier der Ursachen wiederum Er (ihnen die Nahrung) gibt; genauso zeigen auch sehr viele (andere) Kur'ânverse, sowie zahllose Zeugen aus der Schöpfung übereinstimmend auf, dass jedes Lebewesen (nur) durch das Erbarmen eines einzigen Allgewaltigen Stets Ernährenden versorgt wird.

Ja, dass die, eine Art Nahrung verlangenden Bäume, da sie macht- und willenlos sind, gottvertrauend auf ihren Plätzen sitzen und dabei ihre Nahrungen zu ihnen herbeieilen,.. dass die Rationen der unfähigen Junglebewesen aus staunenerregenden Behälterchen in ihr Mund fließt, und dass die Milch versiegt, nachdem jene Junglebewesen etwas Kraft und ein klein wenig freien Willen bekommen,.. und dass insbesondere den kleinen Kindern bei Menschen die Liebe und Güte ihrer Mütter als Helfer mitgegeben wird, beweist offenkundig: die erlaubte Nahrung ist nicht proportional zur Fähigkeit und zum freien Willen, kommt vielmehr je nach der, Gottvertrauen gebenden Schwäche und Unfähigkeit.

Dass die Fähigkeit, der freie Wille und die Klugheit –welche die Habsucht erwecken, was zumeist Schaden verursacht– (z. B.) manche großen Literaten bis hin zu einer Art Bettelei bringt,.. dass das gottvertrauensähnliche Unvermögen vieler unklugen, rauhen und einfachen Menschen sie zum Reichtum führt, und dass

(1) كَمْ عَالِمٍ عَالِمٍ أَعْيَتْ مَذَاهِبُهُ وَجَاهِلٍ جَاهِلٍ تَلْقَاهُ مَرْزُوقًا

(1) Wie viele Gebildete gibt es, deren Erwerbsquelle unzureichend ist, und wie viele Ungebildete, denen reichlich Nahrung gegeben wird.

zum Sprichwort geworden ist, beweist: die erlaubte Nahrung wird nicht mit der Kraft der Fähigkeit und des freien Willens erworben und gefunden, wird vielmehr durch eine Allbarmherzigkeit gegeben, die sein Arbeiten und Bestreben annimmt, und von einer Liebe und Güte huldvoll gewährt, die seine Bedürftigkeit bemitleidet.

Doch gibt es der Nahrung zweierlei:

Die eine: Es ist die wahre und anerschaffene Nahrung zum Weiterleben, welche durch den Allumsorger zugesichert ist. Sogar ist sie so ordnungsmäßig, dass die im Körper in Form von Fett und anderem aufgespeicherte anerschaffene Nahrung jedenfalls mehr als zwanzig Tage ohne zu essen weiterleben lässt und ihn am Leben erhält. Also sterben diejenigen, die noch vor diesen zwanzig bis dreißig Tagen – bevor ihre im Körper aufgespeicherte anerschaffene Nahrung aufgebraucht wird– scheinbar aus Hungersnot [1] ableben, nicht wegen Nahrungsmangel, sondern wegen einer Krankheit, die von schlechter Angewohnheit und vom Aufhören mit der Gewohnheit herrührt.

Die zweite Art Nahrung: Es ist die uneigentliche und unechte Nahrung, die durch Angewohnheit, Verschwendung und Missbrauch zur Sucht und wie zur Notwendigkeit geworden ist. Diese Art aber ist durch den Allumsorger nicht zugesichert, hängt vielmehr von der Huld ab: manchmal gibt Er sie, manchmal nicht.

Bei dieser zweiten Nahrung ist glücklich derjenige, der die erlaubte Arbeit mit Sparsamkeit und Genügsamkeit, welche

---

[1] *(Anm. d. Ü.)*: Sterbefälle durch Hungersnöte, die von Gewalt, Unterdrückungen u. ä. herrühren, sind etwas anderes; die Menschen werden ja in diesem kurzen vergänglichen Leben geprüft und die meisten ihrer größeren Verbrechen –allen voran der Unglaube– im eigentlichen ewigen Leben im Jenseits bestraft.

Glück und Genuss verschaffen, als eine Art Gottesdienst und praktisches Bittgebet für die Nahrung versteht, Dank sagend und empfindend jene Huld annimmt und so sein Leben glücklich verbringt.

Und unglückselig ist derjenige, der durch Verschwendung und Habsucht, welche Übel, Schaden und Kummer verursachen, die erlaubte Arbeit unterlässt, „an alle möglichen Türen klopft" und faul, ungerecht und sich beklagend und beschwerend sein Leben verbringt, sogar totschlägt.

So wie der Magen eine Nahrung verlangt, so verlangen auch die Feinsinne und Sinnesorgane des Menschen wie z. B. das Herz, die Seele, der Verstand, die Augen, die Ohren und der Mund vom Erbarmungsvollen Stets Ernährenden ihre Nahrung und nehmen sie dankend entgegen. Jedem von ihnen wird seine gesonderte, ihm angemessene, ihn erfreuende und vergnügende Nahrung aus dem Schatz der Allbarmherzigkeit huldvoll gewährt. Um ihnen sogar noch weitreichender Nahrungen zu geben, hat der Erbarmungsvolle Stets Ernährende einen jeden jener Feinsinne wie die Augen und Ohren, das Herz, das Vorstellungsvermögen und den Verstand in der Bedeutung jeweils eines Schlüssels des Schatzes Seiner Allbarmherzigkeit erschaffen. So wie z. B. die Augen ein Schlüssel der kostbaren Edelstein-Schätze auf dem Antlitz der Schöpfung sind –wie der Schönheit und des Cemâl's–, so werden auch die anderen –eine jede– zum Schlüssel jeweils einer Welt, und er profitiert durch den Glauben...

Wir kommen wieder zur Sache.

So wie der Allweise Allmächtige Herr, der diese Schöpfung erschaffen hat, aus der Schöpfung das Leben als eine umfassende Essenz erschafft und Seine ganzen Absichten und die Erscheinungen Seiner Namen in ihm konzentriert, so macht Er auch in der Welt des Lebens wiederum die Nahrung zu einem in sich fassenden Mittelpunkt von Handlungen, erschafft bei den Lebewesen die Notwendigkeit zum Appetit und den Nahrungsgenuss und lässt so mit ständiger und umfassender Danksagung, Dankempfindung und Liebe –was eine wichtigste Absicht und Weisheit der Erschaffung der Schöpfung ist– Seinem Allumsorgen und (Sich-)Beliebt-Machen entgegnen.

Zum Beispiel: So wie Er alle Gegenden des sehr weitreichenden Landes des Allumsorgers, insbesondere durch Engel und Seelenwesen die Himmel und durch die Seelen die Welt des Verborgenen aufbelebt, so auch die materielle Welt, insbesondere die Luft und die Erde: mit der Weisheit, jederzeit alle ihre Gegenden durch das Dasein von Seelenbesitzern, insbesondere von (Klassen von) Vögeln und Vögelchen (Insekten) aufzubeleben und zu beseelen, setzt Er die Tiere und Menschen durch Treiben hinter Nahrung in Bewegung – der Nahrungsbedarf und -genuss als ein sehr starker Antrieb (dienend)–, rettet sie so vor Faulheit und Untätigkeit und führt sie umher – was eine Weisheit der Handlungen der Allumsorgung ist. Wenn keine wichtigen Weisheiten wie diese gewesen wären, hätte Er, so wie Er die Nahrungen der Bäume zu ihnen herbeilaufen lässt, auch die festgelegten Rationen der Tiere mühelos zu ihnen ihre anerschaffenen Bedürfnisse herbeilaufen lassen.

Wenn man, um die Cemâl's der Namen Erbarmungsvoller und Stets Ernährender und ihre Bezeugung der Einsheit gänzlich zu sehen, Augen hätte, die das Antlitz der Erde auf einmal zu umfassen und zu betrachten vermögen, würde man sehen, eine wie liebliche Schönheit und wie süße Cemâl sich in der Erscheinung der Liebe und Güte des Erbarmungsvollen Stets Ernährenden befinden, der den Scharen der Tiere, deren Nahrungen am Ende des Winters fast aufgebraucht sind, als eine Hilfe aus dem Verborgenen und ein Geschenk des Allbarmherzigen nur aus dem verborgenen Schatz der Allbarmherzigkeit sehr wohlschmeckende, äußerst viele und höchst unterschiedliche Speisen und Gaben schickt, welche den Pflanzen „in die Hände gegeben", an die Spitzen der Bäume „gelegt" und an die Brüste der Mütter (aller Lebewesen) „angehängt" werden; und daraus würde man verstehen:

Derjenige, der einen einzigen Apfel schafft und einem Menschen als eine wahre Nahrung beschenkend gibt: es kann nur ein solcher Herr ihn schaffen und geben, der die Jahreszeiten, die Nächte und Tage wechselt, die Erdkugel wie ein Handelsschiff umherführt und die Erträgnisse der Jahreszeiten mit ihr für Seine bedürftigen Gäste auf der Erde herbringt. Denn weil die auf jenem Apfel befindliche Prägung der Erschaffung, Siegel der Weisheit, Namenszug des Samediyet und Stempel der Allbarmherzigkeit (auch) auf allen Äpfeln und übrigen Früchten und auf allen Pflanzen und Tieren vorhanden sind, muss der wahre Besitzer und Künstler jenes einzigen Apfels zweifellos und auf jeden Fall der Allgewaltige Besitzer und Cemîl Schöpfer der gesamten Erdbewohner sein, welche jenes Apfels Entsprechenden, Artgenossen und Mitgeschöpfe sind, sowie der riesigen Erde, welche sein Garten, ebenso seines Baumes, welcher seine Fabrik, und seiner Jahreszeit, welche seine Werkbank, sowie (muss der Besitzer und Schöpfer) des Frühlings und Sommers (sein), welche sein Ausbildungsort ist – anders kann es nicht sein.

Also ist eine jede Frucht ein solcher Stempel der Einheit: sie gibt den Schreiber und Künstler der Erde, welche ihr „Baum", und des Schöpfungs-Buches, welches ihr „Garten" ist, bekannt, zeigt Seine Einheit auf und weist darauf hin, dass der Erlass der Einsheit entsprechend der Anzahl der Früchte gestempelt wurde.

Weil sich in der Risâlet-ün-Nur der Name Erbarmer und der Name Allweiser manifestieren und die Risâlet-ün-Nur viele Glanzlichter und viele Geheimnisse dieser Wahrheit der

Erbarmung in vielen Teilen von ihr darlegt und beweist, wurden sie ihnen überlassen und wurde sich aufgrund meines ungünstigen Zustands mit diesem kurzen Hinweis aus diesem sehr großen Schatz begnügt.

Nun also sagt unser Reisende: Elhamdülillâh! Ich habe „dreiunddreißig Wahrheiten" gesehen und zugehört, welche die Wesensnotwendigkeit-der-Existenz und die Einheit meines Schöpfers und Besitzers bezeugen, den ich überall gesucht und bei allen Dingen erfragt habe. Eine jede Wahrheit ist so glanzvoll wie die Sonne, belässt keine Finsternis, ist so mächtig wie ein Berg und wird nicht erschüttert. Und eine jede bezeugt durch ihre Erweisung höchst entschieden Seine Existenz und durch ihr Umfassen äußerst klar Seine Einheit. Und sie beweisen in sich auch stark die übrigen Glaubensgrundpfeiler; und zugleich steigert die Einigkeit und Übereinstimmung der gesamten Wahrheiten unseren Glauben vom Nachgeahmten zum Nachgeforschten, vom Nachgeforschten zur erwiesenen Gewissheit, von der erwiesenen Gewissheit zur erschauten Gewissheit und von der erschauten Gewissheit zur vollerlebten Gewissheit.

(1) اَلْحَمْدُ لِلّٰهِ هٰذَا مِنْ فَضْلِ رَبِّي

اَلْحَمْدُ لِلّٰهِ الَّذ۪ي هَدٰينَا لِهٰذَا وَمَا كُنَّا لِنَهْتَدِيَ لَوْلَٓا اَنْ هَدٰينَا اللّٰهُ

لَقَدْ جَٓاءَتْ رُسُلُ رَبِّنَا بِالْحَقِّ

(1) Alles Lob und Dank sei Allah; dies ist von der Güte meines Herrn. * Alles Lob und Dank gebührt Allah, Der uns zu diesem geleitet hat! Wir hätten den Weg nicht zu finden vermocht, wenn Allah uns nicht geleitet hätte. Die Gesandten unseres Herrn haben in der Tat die Wahrheit gebracht.

Nun also wurde als ein ganz kurzer Hinweis auf die Glaubenslichter, welche dieser äußerst wissbegierige Reisende von den vier gewaltigen Wahrheiten bekommen hat, die er auf dieser dritten Station betrachtete, *im „zweiten Kapitel" des „ersten Abschnitts" über die Wahrheiten der dritten Station* folgendes gesagt:

لَا اِلٰهَ اِلَّا اللّٰهُ الْوَاحِدُ الْاَحَدُ الَّذٖى دَلَّ عَلٰى وَحْدَتِهٖ فٖى وُجُوبِ وُجُودِهٖ مُشَاهَدَةُ عَظَمَةِ اِحَاطَةِ حَقٖيقَةِ الْفَتَّاحِيَّةِ بِفَتْحِ الصُّوَرِ لِاَرْبَعِ مِائَةِ اَلْفِ نَوْعٍ مِنْ ذَوِى الْحَيَاةِ الْمُكَمَّلَةِ بِلَا قُصُورٍ بِشَهَادَةِ فَنِّ النَّبَاتِ وَالْحَيَوَانِ .. وَكَذَا مُشَاهَدَةُ عَظَمَةِ اِحَاطَةِ حَقٖيقَةِ الرَّحْمَانِيَّةِ الْوَاسِعَةِ الْمُنْتَظَمَةِ بِلَا نُقْصَانٍ بِالْمُشَاهَدَةِ وَالْعِيَانِ .. وَكَذَا مُشَاهَدَةُ عَظَمَةِ حَقٖيقَةِ الْاِدَارَةِ الْمُحٖيطَةِ لِجَمٖيعِ ذَوِى الْحَيَاةِ وَالْمُنْتَظَمَةِ بِلَا اَخْطَاءٍ وَلَا نُقْصَانٍ .. وَكَذَا مُشَاهَدَةُ عَظَمَةِ اِحَاطَةِ حَقٖيقَةِ الرَّحٖيمِيَّةِ وَالْاِعَاشَةِ الشَّامِلَةِ لِكُلِّ الْمُرْتَزِقٖينَ الْمُقَنَّنَةِ فٖى كُلِّ وَقْتِ الْحَاجَةِ بِلَا سَهْوٍ وَلَا نِسْيَانٍ ۞ جَلَّ جَلَالُ رَزَّاقِهَا الرَّحْمٰنِ الرَّحٖيمِ الْحَنَّانِ الْمَنَّانِ وَعَمَّ نَوَالُهُ وَشَمِلَ اِحْسَانُهُ وَلَا اِلٰهَ اِلَّا هُوَ

[1] سُبْحَانَكَ لَا عِلْمَ لَنَا اِلَّا مَا عَلَّمْتَنَا اِنَّكَ اَنْتَ الْعَلٖيمُ الْحَكٖيمُ

---

[1] Gepriesen seist Du. Wir haben kein Wissen außer dem, was Du uns gelehrt hast; wahrlich, Du bist der Allwissende, der Allweise.

* O Herr! Um des Bismillâhir-Rahmân'ir-Rahîm (*) willen – o Allah, o Allbarmherziger, o Erbarmer! Schenke unserem Herrn Muhammed und allen seinen Angehörigen und Gefährten Barmherzigkeiten entsprechend (des Ergebnisses) der Anzahl der gesamten Buchstaben der Risale-i Nur, multipliziert mit der Anzahl der Âşire's (**) der Minuten unseres gesamten Lebens im Diesseits und Jenseits, und all das zusammen multipliziert mit der Anzahl der gesamten Atome meines Körpers in meinem gesamten Leben. Vergebe mir und denjenigen, die mir bei der Verbreitung der Risale-i Nur und bei ihrer Schreibung in Treue helfen –um einer jeden die-

⟶

يارب بحق بسم الله الرحمن الرحيم يا الله يا رحمن يا رحيم (*)
صل وسلم على سيدنا محمد وعلى آله واصحابه اجمعين بعدد جميع حروف رسائل
النور المضروب تلك الحروف في عاشرات دقائق جميع عمرنا في الدنيا والآخرة
مع ضرب مجموعها في ذرات وجودي في مدة حياتي واغفر لي ولمن يعينني في
نشر رسائل النور وكتابتها بصداقة بكل صلاة منها ولآبائنا ولساداتنا و
شيوخنا ولأخواتنا واخواننا ولطلبة رسالة النور الصادقين وبالخاصة لمن
يكتب ويستنسخ هذه الرسالة برحمتك يا ارحم الراحمين آمين.
وآخر دعويهم ان الحمد لله رب العالمين

* * *

ser Barmherzigkeiten zuliebe–, sowie unseren Vätern, Würdenträgern, hohen Persönlichkeiten, unseren Schwestern und Brüdern, den treuen Risale-i Nur-Schülern, und insbesondere denjenigen, die diese Abhandlung geschrieben, eine Abschrift von ihr angefertigt haben – Deiner Allbarmherzigkeit zuliebe, o Erbarmungsvollster aller Erbarmer, âmîn. * Und der Abschluss ihres Bittgebets ist: Alles Lob und Dank sei Allah, dem Herrn aller Welten.

(*) (Anm. d. Ü.): Im Namen Allahs, des Allbarmherzigen, des Erbarmers.

(**) (Anm. d. Ü.): Innerhalb einer Minute gibt es 60^9 Âşire's.

Zur Beachtung

Weil im Umkreis dieses Landes, welches der Entstehungsort dieser Abhandlung ist, die übrigen Abhandlungen der Risale-i Nur nicht vorhanden sind und sie ohne eigenen Willen hier verfasst wurde, **wurden in Abhandlungen wie in (diesem) „Größten Zeichen" in Form einer scheinbaren Wiederholung manche wichtigen Sacherhalte anderer „Worte" und „Glanzlichter" vorgebracht. Und mit der Weisheit, dass eine jede für die (Nur)-Schüler** in der hiesigen Gegend **jeweils wie zu einer kleinen Risalet'ün-Nur wird, wurde sie derart geschrieben lassen**.

Die erste Reinschrift dieses Manuskripts erfolgte durch eine gesegnete Persönlichkeit. Obgleich diese Persönlichkeit von der Übereinstimmung nichts wusste, **haben wir** in dem Exemplar, welches er schrieb, **eine, des Eintrags würdige folgende liebliche und bedeutsame Übereinstimmung gesehen, nämlich:**

An den Anfängen der Zeilen dieses Exemplars wurden 666 Elif's geschrieben (alle in der gesamten Abhandlung übereinander stehend, ohne dass der Schreiber es selber merkte). Dieser Umstand aber zeigt durch die ganz genaue Übereinstimmung und Entsprechung mit der Anzahl 666, welche der cifir- und ebced-mäßige Zahlenwert des Namens „Ayet'ül-Kübrâ" (Größtes Zeichen) ist, welchen seine Erhabenheit İmam-ı Ali (Radiyallahu Anh) dieser besonderen Abhandlung gab, die Würdigkeit dieser Abhandlung für diesen Namen... Auch haben wir aufgefasst, dass dessen Übereinstimmung mit drei Reihen unter den vier Reihen des 6666 wiederum, welches die Anzahl der Kur'ânverse ist, ein Hinweis darauf ist, dass diese Abhandlung ein Glanzlicht der (Kur'ân-)Verse ist.

Said Nursî

Dieser Tage hörte ich in einem geistigen Gespräch einer Frage und Antwort zu; lasst mich euch eine Zusammenfassung davon darlegen:

Jemand sagte: *„Die große Konzentration und umfängliche Ausrüstung der Risale-i Nur für den Glauben und die Einheitsbezeigung wächst immer mehr an. Und obwohl ein Hundertstel dessen genügt, einen eigensinnigsten Gottlosen zum Schweigen zu bringen, warum konzentriert sie dermaßen lebhaft noch erneut?"*

Man antwortete ihm: „Die Risale-i Nur repariert nicht nur eine geringe Zerstörung und ein kleines Haus, repariert vielmehr eine umfängliche Zerstörung und ein umfassendes Bollwerk, welches den Islam in sich fasst und berghohe Steine hat. Und sie versucht nicht nur ein bestimmtes Herz und ein besonderes Gewissen zu bessern, versucht vielmehr, die Herzen und Gedanken der Allgemeinheit –welche durch, seit tausend Jahren angeschaffte und angesammelte Unheil stiftende Mittel furchtbar geschädigt wurden–, sowie das Gewissen der Allgemeinheit, welches durch den Bruch der islamischen Grundlagen, Richtungen und Zeichen –die Stütze aller, und insbesondere der einfachen Gläubigen– begonnen hat, zerstört zu werden, (versucht,) durch die Unnachahmlichkeit des Kur'âns ihre weitreichenden Wunden durch die Heilmittel des Kur'âns und des Glaubens zu heilen.

Gewiss müssen für solche umfänglichen und furchtbaren Zerstörungen, Schäden und Wunden im Grade vollerlebter Gewissheit bergesmächtige Beweise, Ausrüstungen, sowie in der Eigentümlichkeit von tausend Heilmitteln erprobte Mittel und zahllose Abhilfen vorhanden sein, wobei in dieser Zeit die Risale-i Nur, welche aus dem geistigen Wunder des Unnachahmlichen Kur'âns hervorgegangen ist, diese Aufgabe erfüllt und zugleich auf den endlosen Stufen des Glaubens Aufstiege und Entfaltungen veranlasst."... So ging ein langes Gespräch vonstatten, und ich habe es gänzlich gehört, habe unzählig gedankt – ich fasse mich kurz.

Said Nursî

Ein Lobendes Geleitwort

- Das Werk ist dieses Werk eines Geistesmächtigen,

- Es ist hier dieses Genie, auf welches alle Epochen warteten.

- Alle diese „Nur“ sind die segensreichen Lichter der Menschenwelt;

- Ohne Zweifel! Es ist die Manifestation des Hak, welche in diesen Wahrheiten glänzt.

- O unser Meister! Von Deinem Segen hingerissen, durch Dein „Nur“ verwundert sind gänzlich alle Menschen.

- Auch die Klugen, die durch Deine Werke den rechten Weg fanden, sagen: „Nicht möglich ist es, sie zu bemängeln!“

- Durch die Güte des Hak finden die Leser dieser „Nur“ eine ganz neue lichterfüllte Welt.

- Es ist ohne Zweifel nur Allah, der Wellen aus Lichter in den Herzen erschafft…

Ihr Schüler
HÜSREV

Dieses lobende Geleitwort unseres Ağabey[1] in tiefster Seele bestätigend sagen wir:

- Es verhindert das Aufkommen von Zweifeln und Einflüsterungen.
- Es erfährt die Bewunderung durch Wissenschaften und Philosophien.
- Nicht ein dunkler Punkt ist verblieben für Besitzer von Auge und Verstand.
- Es veranlasst Segen und Aufstiege.
- Es erfährt die Würdigung des Ordens und der Wahrheit.
- Nicht ein dunkler Punkt ist verblieben für Besitzer von Auge und Herz.

Von den Nur-Schülern

Tahirî, Zübeyr, Ceylân, Bayram, Abdulmuhsin

---

[1] (Anm. d. Ü.): Achtungsvolle Anrede unter Glaubensbrüdern, sowie auch eine Anrede für ältere leibliche Brüder.

EINE FRAGE und ANTWORT

Es hat sich eine Gelegenheit ergeben, eine äußerst bedeutende Antwort, die auf eine sehr wichtige Frage gegeben wurde, hier aufzuschreiben. Denn vor vierzig Jahren sprach der Alte Said in dieser seiner Lektion mit einer Vorahnung so, als ob er die außergewöhnlichen Unterweisungen und Wirkungen der Risale-i Nur gesehen hätte. Deshalb werden wir jene Frage und Antwort aufschreiben, folgenderweise:

Viele haben sowohl mich, als auch manche meiner „Nur"-Brüder gefragt und fragen: *„Warum unterliegt die Risale-i Nur gegen so vielen Gegnern und entgegen den hartnäckigen Philosophen und den Leuten des Irrwegs nicht? Dadurch, dass diese die Verbreitung von Millionen wertvollen wahrhaftigen Glaubens- und Islam-Büchern in gewissem Grade verhindern, sowie durch die Genüsse der Sittenlosigkeit und des irdischen Lebens versagen sie vielen hilflosen Jugendlichen und Menschen die Glaubenswahrheiten. Doch obwohl sie mit den stärksten Angriffen, unmenschlichsten Behandlungen, meisten Lügen und mit der Propaganda gegen sie versuchen, die Risale-i Nur zu zerschlagen und die Menschen von ihr zurückschrecken und abbringen zu lassen: was ist die Weisheit der Verbreitung der Risale-i Nur auf eine bei keinem Werk gesehene Weise, sogar dessen, dass die sechshunderttausend zumeist handgeschriebenen Exemplare ihrer Abhandlungen mit vollkommener Begeisterung insgeheim verbreitet werden, und dass sie sich im In- und Ausland mit vollkommener Begeisterung lesen lässt? Was ist der Grund dafür?"*

Entgegen vielen Fragen mit diesem Inhalt sagen wir als Antwort:

So wie die Risale-i Nur, die mit dem Geheimnis der Unnachahmlichkeit des Allweisen Kur'âns eine wahre Exegese von ihm ist, in dieser Welt eine geistige Hölle auf dem Irrweg zeigt, so beweist sie auch, dass sich im Glauben in dieser Welt ein geistiges Paradies befindet. In den Sünden, Schlechtigkeiten und verbotenen Genüssen zeigt sie geistige schmerzvolle Leiden und beweist, dass sich in den guten Taten, schönen Eigenschaften und im Vollzug der Religionswahrheiten paradieshafte geistige Genüsse befinden. In dieser Hinsicht rettet sie unter den Sittenlosen und Irregehenden diejenigen, die bei Vernunft sind.

Denn in dieser Zeit gibt es zwei schreckliche Zustände:

Der erste:

Weil die menschlichen Gefühle, die die Folge nicht sehen und einen Dirhem gegenwärtigen Genuss einem späteren Genuss von einem Batman vorziehen, den Verstand und Geist überwunden haben, ist die einzige Lösung für die Errettung der Sittenlosen vor ihrer Sittenlosigkeit die, in ihrem Genuss selber den Schmerz zu zeigen und ihr Gefühl zu besiegen. Und vor der Gefahr, in dieser Zeit –auf Hinweis des Verses يَسْتَحِبُّونَ الْحَيٰوةَ الدُّنْيَا [1]– die irdischen zerbrechlichen Glasscherben den diamanthaften Wohltaten und Genüssen des Jenseits zu bevorzugen, obwohl man sie kennt, und den Irregehenden aufgrund jener Weltenliebe und jenes Geheimnisses zu folgen, obgleich man ein Gläubiger ist, ist die einzige Lösung der Errettung dadurch möglich, dass man so-

[1] Es sind jene, die das Leben des Diesseits (dem des Jenseits) vorziehen.

gar auf der Welt die Höllenqualen und -leiden zeigt – wobei die Risale-i Nur auf diesem Weg geht.

Andernfalls: entgegen der in dieser Zeit herrschenden Hartnäckigkeit des absoluten Unglaubens, des Irrwegs, welcher (durch Missbrauch) aus der Wissenschaft auftaucht, und der Besessenheit in der Sittenlosigkeit kann nach Bekanntmachung des Allerhabenen Hak und durch Beweisen der Existenz der Hölle –durch die Methode, mit ihrer Strafe die Menschen von Schlechtigkeiten und üblen Taten abzubringen– einer von zehn, vielleicht sogar von zwanzig eine Lehre ziehen. Und nachdem er eine Lehre gezogen hat, könnte er sagen „der Allerhabene Hak ist Vielverzeihend und Erbarmungsvoll, auch ist die Hölle sehr entfernt" und könnte wieder seine Sittenlosigkeit fortsetzen. Sein Herz und seine Seele würden von seinen Gefühlen besiegt werden.

Indem also die Risale-i Nur durch die meisten ihrer Abwägungen die irdischen leidvollen und abschreckenden Folgen des Unglaubens und Irrwegs zeigt, flößt sie selbst den hartnäckigsten und nefs-besessenen Menschen eine Abscheu gegen jene unheilvollen, unerlaubten Genüsse und Sittenlosigkeiten ein und führt die Vernünftigen zur Reue.

Unter jenen Abwägungen lassen die kurzen Abwägungen im sechsten, siebten und achten Wort, und die lange Abwägung im dritten Kapitel des zweiunddreißigsten Wortes selbst den liederlichsten und irregehenden Menschen abschrecken, lassen ihn ihre Unterweisung anerkennen.

Zum Beispiel: auf die Zustände, die ich in dem „Vers des ‚Nur'"[1] durch eine erschienene Reise als Wahrheiten gesehen habe, werden wir äußerst kurz hinweisen. Wer ihre Ein-

[1] (Anm. d. Ü.): Dies ist der Vers (24:35) im Kur'ân.

zelheiten wünscht, soll auf das Ende der „Prägung aus dem Verborgenen“ (Sikke-i Gaybiye) schauen.

Unter anderem: Als ich in jener erschienenen Reise die Welt der Nahrung bedürfenden Tiere sah, schaute ich mit der materialistischen Philosophie: ihre unzähligen Bedürfnisse und ihr starker Hunger, dazu ihre Schwäche und Hilflosigkeit zeigten mir jene Welt der Lebewesen als sehr betrüblich und leidvoll. Weil ich mit dem Auge der Leute des Irrwegs und der Gottvergessenheit geschaut hatte, wehklagte ich.

Auf einmal sah ich durch die Weisheit des Kur'âns und das Fernglas des Glaubens: Der Name „Allbarmherziger“ ging am Himmel des „Stets-Ernährenden“ wie eine glanzvolle Sonne auf. Die Welt jener hungrigen, hilflosen Lebewesen vergoldete er mit dem Licht der Gnade.

Dann sah ich in der Welt der Tiere, innerhalb einer traurigen, leidvollen und jeden zur Rührung und Bemitleidung führenden Finsternis, in der die Jungtiere in Schwäche, Hilflosigkeit und Bedürftigkeit zappeln, *eine andere Welt.* Dazu, dass ich mit dem Blick der Leute des Irrwegs schaute, sagte ich „o weh!“.

Auf einmal gab mir der Glaube eine Brille, und ich sah: Der Name Erbarmer ging am Himmel der Liebe und Güte auf. Er wandelte dermaßen schön und lieblich jene schmerzliche Welt in eine freudige Welt um und belichtete sie, dass er meine Tränen, die von Klage, Bemitleidung und Trauer herrührten, zu Tropfen umänderte, die durch die Genüsse der Freude und des Dankes kamen.

Dann zeigte sich mir wie eine Filmleinwand die Welt der Menschen. Ich schaute durch das Fernglas der Leute des Irrwegs. Ich sah jene Welt so finster und schrecklich, dass ich aus tiefstem Herzen wehklagte und „o weh!“ sagte. Denn trotz der, sich in die Ewigkeit erstreckenden Wünsche und

Hoffnungen der Menschen,.. ihrer Vorstellungen und Gedanken, die die Schöpfung umfassen,.. ihrer Bemühungen und erschaffenen Veranlagungen, die die ewige Beständigkeit, die ewige Glückseligkeit und das Paradies höchst ernstlich verlangen,.. ihrer erschaffenen Empfindungen, denen keine Grenzen gesetzt und die frei belassen wurden,.. ihrer Bedürfnisse, welche unzähligen Zielen zugewandt sind,.. und ihrer unzähligen Plagen und Feinden, deren Angriffen sie trotz ihrer Schwäche und Hilflosigkeit ausgesetzt sind,.. (trotz alledem) ist es, dass sie bei einem äußerst betrübten Lebensunterhalt dafür, um eine äußerst kurze Lebensdauer und jeden Tag und jede Stunde unter der Angst des Todes ein äußerst turbulentes Leben zu verbringen, und im Erleiden der Plage der stetigen Vernichtung und Trennung – was ein leidvollster und schrecklichster Zustand für das Herz und Gewissen ist– auf das Grab und den Friedhof schauen, die für die Leute der Gottvergessenheit in der Gestalt einer Tür der ewigen Finsternis erscheinen. Ich sah, dass sie jeweils einzeln und Gruppe für Gruppe in jene Grube der Finsternis geworfen werden.

Als in dem Moment also, in dem ich die Menschenwelt in dieser Finsternis sah, mein Herz, meine Seele, mein Verstand und zugleich alle meine menschlichen Feinsinne, sogar alle die Atome meines Körpers mit Wehklage zu weinen bereit waren, zerbrachen auf einmal die vom Kur'ân kommende Erleuchtung und Glaubensstärke jene Brille des Irrwegs, gaben meinem Kopf ein Auge, und ich sah: Der Name Allgerechter des Allerhabenen Hak ging am Himmel des Allweisen, Sein Name Allbarmherziger am Himmel des Freigebigen, Sein Name Erbarmer am Himmel –d. h. in der Bedeutung– des Vielverzeihenden, Sein Name Bâis am Himmel des Wâris, Sein Name Belebender am Himmel des Allwohltäters, Sein Name Allumsorger am Himmel des Besitzers wie jeweils eine Sonne auf. Die Gesamtheit jener finsteren Menschenwelt, in der sich viele Welten befinden, belichteten sie auf einmal und ließen sie aufleben. Indem sie die höllischen Zustände verstreuten und aus der lichtvollen Welt des Jenseits Fenster öffneten, warfen sie Lichter in jene verwahrloste Menschenwelt. Ich sagte „entsprechend der Anzahl der Atome der Schöpfung Elhamdülillâh, Eşşükrülillâh“ und sah mit erschauter Gewissheit: in dem Glauben gibt es ein geistiges Paradies und auf dem Irrweg eine geistige Hölle selbst auf dieser Welt, wusste es mit Bestimmtheit.

Dann zeigte sich die Welt der Erdkugel. In meiner erschienenen Reise zeigten meiner Vorstellung die finsteren theoretischen Grundsätze der(jenigen) Philosophie, die der Religion nicht gehorcht, eine schreckliche Welt. Auf der sehr bejahrten und sehr alten Erdkugel –die mit ihrer siebzigfach von der Kanonenkugel noch schnelleren Bewegung eine Strecke von fünfundzwanzigtausend Jahren[1] in einem Jahr bereist und umkreist, jederzeit zum Zusammenbruch und Zerfall bereit ist und im Innern bebt– zeigte sich mir der Zustand der hilflosen Menschen, die auf diesem furchteinflößenden Schiff in der grenzenlosen Leere der Schöpfung reisen, in sehr grauenvoller Finsternis. Mir wurde schwindlig und schwarz vor den Augen. Ich schlug die Brille der Philosophie zu Boden, zerbrach sie.

Auf einmal schaute ich mit einem Auge, welches durch die Weisheit des Kur'âns und Glaubens beleuchtet war und sah: Die Namen des Schöpfers der Erde und der Himmel „Allmächtiger, Allwissender, Allumsorger, Allah, Allumsorger der Himmel und der Erde und Beherrscher der Sonne und des Mondes“ gingen am Himmel der Barmherzigkeit, Gewaltigkeit und der Allumsorgung wie eine Sonne auf. Sie belichteten jene finstere, grauenvolle, schreckliche Welt derart,

[1] (Anm. d. Ü.): Mit Fußmarsch gemeint.

dass in jenem Zustand mein gläubiges Auge die Erdkugel als ein höchst wohlgeordnetes, gefügiges, perfektes, angenehmes, sicheres und mit der Nahrung von jedem ausgestattetes Reiseschiff und in der Bedeutung eines für einen Ausflug, ein Vergnügen und einen Handel bereiteten Schiffs, Flugzeugs und Zuges sah, um die Seelenbesitzer um die Sonne in dem Land des Allumsorgers umherzuführen und die Erträgnisse des Sommers, Frühlings und Herbstes denen zu bringen, die Nahrung verlangen. Ich sagte „Elhamdülillâhi alâ ni'met'il îmân[1] entsprechend der Anzahl der Atome der Erdkugel".

Analog dazu wurde also in der Risale-i Nur mit sehr vielen Abwägungen bewiesen: Die Leute der Sittenlosigkeit und des Irrwegs erleiden auch in dieser Welt in einer geistigen Hölle Qualen, und die Leute des Glaubens und der Rechtschaffenheit können auch in dieser Welt in einem geistigen Paradies mit dem „Magen" des Islam und der Menschlichkeit und durch die Manifestationen und Erscheinungen des Glaubens geistige Paradiesgenüsse kosten, entsprechend der Stufe ihres Glaubens sogar von ihnen profitieren... Doch die Strömungen dieser stürmischen Zeit, die die Empfindung narkotisieren und den Blick der Menschen in die Gegend zerstreuen und „ertränken", haben eine narkoseartige Betäubung verursacht, sodass die Leute des Irrwegs ihre geistige Qual vorübergehend nicht ganz fühlen können. Auch die Leute der Rechtleitung überkommt eine Gottvergessenheit, sie können ihre wahre Freude nicht ganz würdigen.

Der zweite schreckliche Zustand in dieser Epoche: Früher waren Irrwege, die vom absoluten Unglauben und (durch Missbrauch) von der Wissenschaft herrühren, und die Widersetzlichkeit, die vom starrsinnigen Unglauben herrührt,

---

[1] „Alles Lob und Dank sei Allah für die Gabe des Glaubens."

im Vergleich zu dieser Zeit sehr gering. Deshalb genügten zu jenen Zeiten die Unterweisungen und Beweise der früheren Wahrheitsgelehrten des Islam gänzlich. Sie behoben den bezweifelten Unglauben rasch. Weil der Glaube an Allah allgemein vorherrschte, konnten viele durch Erkennenlassen Allahs und durch Erinnern an die Strafe der Hölle von Sittenlosigkeit und Irrwegen ablassen.

Heute aber: Anstelle eines einzigen absoluten Ungläubigen in einem Land zu früher kann jetzt in einer kleinen Stadt hundert gefunden werden. Im Vergleich zu denen, die früher mit Wissenschaft und Kenntnis den Irrweg einschlugen und sich mit Hartnäckigkeit und Eigensinn den Glaubenswahrheiten entgegenstellten, sind es jetzt hundertfach mehr geworden. Weil diese eigensinnigen Halsstarrigen sich mit einem Stolz im Grade der Pharaonie und mit ihrem ungeheuren Irrweg heftig den Glaubenswahrheiten widersetzen, ist gegen sie gewiss eine heilige Wahrheit notwendig, die „atombombenhaft" ihre Fundamente auf dieser Welt zertrümmert, auf dass sie ihre Übergriffe stoppt und manche von ihnen zum Glauben bringt.

Nun also; dem Allerhabenen Hak sei unzähliger Dank: als ein Heilmittel genau für die Wunde dieser Zeit schlägt die Risale-i Nur –ein geistiges Wunder des Unnachahmlichen Kur'âns und seine Glanzlichter– mit sehr vielen Abwägungen (sogar) die hartnäckigsten Störrischen mit dem diamantenen Schwert des Kur'âns zurück. Und entsprechend der Anzahl der Atome der Schöpfung zeigt sie die Zeugnisse und Beweise für die Einsheit Gottes und für die Wahrheiten des Glaubens auf, sodass sie seit fünfundzwanzig Jahren den heftigsten Angriffen nicht unterlag und sie besiegte und noch besiegt.

Ja, die Risale-i Nur, ihre Abwägungen zwischen dem Glauben und Unglauben und ihre Vergleiche zwischen dem rechten Weg und Irrweg beweisen diese erwähnten Wahrhei-

ten augenscheinlich. Wenn z. B. zu den Beweisen und Glanzlichtern der zwei Kapitel des zweiundzwanzigsten Wortes, dem ersten Kapitel des zweiunddreißigsten Wortes, den Fenstern des dreiunddreißigsten Briefes[1] und zu den elf Beweisen des Stab Mosis die übrigen Abwägungen herangezogen werden und genau hingesehen wird, erweist sich, dass das, was in dieser Zeit den absoluten Unglauben und die Hartnäckigkeit des störrischen Irrwegs zurückschlägt und bricht, die Wahrheit des Kur'âns ist, die in der Risale-i Nur offenbar wird.

İnşâallah: So wie in der „Zusammenstellung der Mysterien" (Tılsımlar Mecmuası) diejenigen Teile, welche die wichtigen Mysterien der Religion und die Rätsel der Erschaffung der Schöpfung klären, in jener Zusammenstellung gesammelt wurden, genauso auch: derartige Teile des „Nur", die die Hölle der Leute des Irrwegs auch in dieser Welt und die Paradiesgenüsse der Leute des rechten Weges in dieser Welt zeigen, und die zeigen, dass der Glaube ein geistiger Kern des Paradieses und der Unglaube wiederum ein Samenkorn der bitteren Früchte der Hölle ist, werden in ganz kurzer Form als eine kleine Zusammenstellung geschrieben und inşâallah herausgegeben.

Said Nursî

---

[1] (Anm. d. Ü.): Der „33. Brief" ist zugleich auch das „33. Wort".

Es sind die folgenden „vier Punkte“ des ersten Abschnitts des „23. Wortes“, welches ein Beweis dafür ist, dass im Glauben sogar auf Erden ein Paradieskern vorhanden ist.

بِسْمِ اللّٰهِ الرَّحْمٰنِ الرَّحِيمِ

[1] لَقَدْ خَلَقْنَا الْاِنْسَانَ فٖي اَحْسَنِ تَقْوٖيمٍ ۝ ثُمَّ رَدَدْنَاهُ اَسْفَلَ سَافِلٖينَ
اِلَّا الَّذٖينَ اٰمَنُوا وَعَمِلُوا الصَّالِحَاتِ

ERSTER ABSCHNITT

Unter tausenden Schönheiten des Glaubens werden wir nur fünf in „fünf Punkten“ darlegen [*].

ERSTER PUNKT: Der Mensch steigt durch das Licht des Glaubens auf die höchste Stufe auf, bekommt einen, des Paradieses würdigen Wert. Und durch die Finsternis des Unglaubens fällt er auf das Niedrigste

---

[1] Im Namen Allahs, des Allbarmherzigen, des Erbarmers.

Wahrlich, Wir haben den Menschen in schönster Vollendung erschaffen. * Alsdann haben Wir ihn in die Niedrigste der Niedrigen herabgesetzt; * ausgenommen diejenigen, die glauben und Gutes tun.

(*): Dieses Wort besteht aus zwei Abschnitten; hier wurden im Zusammenhang mit dieser Stelle nur vier Punkte des ersten Abschnitts des 23. Wortes geschrieben.

der Niedrigen, gerät in einen Zustand, dass er der Hölle zugehört. Denn der Glaube setzt den Menschen zum Allgewaltigen Künstler in Beziehung – der Glaube ist eine Zugehörigkeit. Folglich bekommt der Mensch in Anbetracht der Kunst Gottes und der Ornamente der Namen des Allumsorgers einen Wert, welche durch den Glauben beim Menschen in Erscheinung treten.

Der Unglaube bricht jene Verbindung ab. Durch jenen Abbruch verbirgt sich die Kunst des Allumsorgers; seinen Wert wiederum gibt es nur hinsichtlich der Materie. Weil die Materie aber sowohl vergänglich, als auch entschwindend und ein vorübergehendes tierisches Leben ist, ist ihr Wert wie nichtig.

Dieses Geheimnis werden wir durch ein Gleichnis darlegen. Zum Beispiel: So wie ja unter den Künsten der Menschen der Wert der Materie und der Wert der Kunst jeweils unterschiedlich sind. Manchmal sind sie gleich, manchmal ist die Materie wertvoller, manchmal ist es, dass an einer Materie wie einem Eisen von fünf Kuruş eine Kunst von fünf Lira vorhanden ist. Obwohl manchmal sogar eine antike Kunst einen Wert von einer Million bekommt, kostest ihre Materie auch nicht Mal fünf Kuruş. Solch eine antike Kunst also, wenn auf den Markt der Antiquitätenhändler gegangen und sie zu ihrem staunenerregenden und sehr alten talentierten Künstler in Beziehung setzend, jenen Künstler erwähnend und mit jener Kunst ausgestellt würde, würde für einen Preis von einer Million verkauft werden. Wenn auf den Markt der Schrotthändler hingegangen würde, könnte sie für den Preis von einem fünf Kuruş werten Eisen gekauft werden.

Nun also ist der Mensch eine solche antike Kunst des Allerhabenen Hak. Und er ist ein feinstes und zartestes Wunder seiner Allmacht, wobei Er den Menschen in der Weise erschaffen hat, dass er die Erscheinung all Seiner Namen erfährt, ihre Ornamente bezeigt und ein verkleinertes Abbild der Schöpfung ist.

Wenn das Licht des Glaubens in ihn eintritt, können alle bedeutsamen Ornamente auf ihm durch jenes Licht gelesen werden. Jener Gläubige liest sie mit Bewusstsein und lässt sie durch jene Zugehörigkeit lesen. Das heißt mit Bedeutungen wie „ich bin das Kunstwerk und Geschöpf des Allgewaltigen Künstlers, erfahre seine Allbarmherzigkeit und Güte“ tritt die Kunst des Allumsorgers beim Menschen in Erscheinung.

Das bedeutet, der Glaube, der aus der Zugehörigkeit zu seinem Künstler besteht, lässt alle Werke der Kunst beim Menschen erkennen. Der Wert des Menschen ist entsprechend jener Kunst des Allumsorgers und in Anbetracht des Spiegel(sein)s für den Samed. In diesem Fall wird dieser unbedeutende Mensch in Anbetracht dessen zu einem Angeredeten Gottes über allen Geschöpfen und zu einem, des Paradieses würdigen Gast des Herrn.

Wenn der, aus dem Abbruch der Zugehörigkeit bestehende Unglaube in den Menschen eintritt, fallen dann alle jene bedeutsamen Ornamente der Gottesnamen ins Dunkel, können nicht gelesen werden. Denn wenn der Künstler vergessen wird, kann man auch die geistigen Aspekte, die auf den Künstler gerichtet sind, nicht verstehen; sie werden geradezu „auf den Kopf gestellt“. Die meisten jener bedeutsamen hohen Künste und geistigen erhabenen Ornamente verbergen sich. Ein Teil aber, der übrig bleibt und sichtbar ist, wird den niederen Ursachen, der Natur und dem Zufall zugeschrieben und verfällt schließlich. Während eine jede jeweils ein glanzvoller Diamant ist, werden sie zu jeweils einem matten Glas. Ihre Bedeutung ist nur auf die tierhafte Materie ausgerichtet. Der Zweck der Materie und ihre Frucht jedoch ist es –wie gesagt–, in einem Zustand, in dem er in einem ganz kurzen Leben der unfähigste, bedürftigste und betrübteste der Lebewesen ist, lediglich ein unbedeutendes Leben zu verbringen; schließlich zerfällt sie dahin. Nun also zerstört der Unglaube solcherweise das menschliche Wesen, verwandelt es vom Diamanten zur Kohle.

ZWEITER PUNKT: So wie der Glaube ein Licht ist, den Menschen beleuchtet und alle die Briefe des Samed, welche auf ihm geschrieben werden, lesen lässt, so beleuchtet er auch ebenso die Schöpfung, errettet die vergangene und künftige Zeit vor dem Dunkeln.

Dieses Geheimnis werden wir mit einem Gleichnis darlegen, welches ich in einem Erlebnis in Bezug auf ein Geheimnis des ehrwürdigen Verses

اَللّٰهُ وَلِيُّ الَّذ۪ينَ اٰمَنُوا يُخْرِجُهُمْ مِنَ الظُّلُمَاتِ اِلَى النُّورِ [1]

gesehen habe; folgenderweise:

In einem erschienenen Erlebnis sah ich: Es gab zwei hohe Berge, die einander gegenüber standen. Darüber war eine ungeheure Brücke errichtet. Unter der Brücke war ein sehr tiefes Tal. Ich befand mich auf der Brücke, und die Welt hatte überall eine volle und dichte Finsternis umgeben. Ich schaute zu meiner Rechten, sah in einer endlosen Finsternis einen überaus großen Friedhof, d. h. bildete es mir ein. Ich schaute zu meiner Linken, es war, als erblickte ich, dass sich in schrecklichen Wellen der Finsternis gewaltige Stürme, Turbulenzen und Unglücke bereit hielten. Ich schaute unter die Brücke, dachte, einen sehr tiefen Abgrund gesehen zu haben.

Gegen diese schrecklichen Finsternisse hatte ich eine schwache Taschenlampe; ich benutzte sie. Ich schaute mit

---

[1] Allah ist der Beschützer derjenigen, die glauben. Er führt sie aus den Finsternissen ins Licht.

ihrem mangelhaften Licht, es zeigte sich mir eine sehr schreckliche Situation. Es zeigten sich sogar an dem Ausgangspunkt der Brücke, sowie um sie herum, solche ungeheuren Riesenschlangen, Löwen und reißenden Wildtiere, dass ich sagte „hätte ich doch diese Taschenlampe nicht gehabt, hätte diese Schrecken nicht gesehen“. Wo ich die Taschenlampe auch hinwandte, bekam ich solche Schrecken. Ich sagte: „O Weh! Diese Lampe ist ein Unheil für mich“. Daher wurde ich wütend, schlug jene Taschenlampe zu Boden und zerbrach sie. Als ob ich durch ihren Bruch den Schalter einer die Welt beleuchtenden großen Lampe berührt hätte, löste sich mit einem Mal die Finsternis auf. Alles füllte sich mit dem Licht jener Lampe, es zeigte die Wahrheit aller Dinge.

Ich sah: Die Brücke, die ich gesehen hatte, war ein Weg durch eine Ebene an einem wohlgepflegten Ort. Ich bemerkte, dass der überaus große Friedhof, den ich zu meiner Rechten sah, von Anfang bis Ende schöne grüne Gärten und unter der Führung von ehrwürdigen Menschen Anbetungs-, Dienst-, Unterhaltungs- und Rezitationsgesellschaften waren. Ich sah schemenhaft, dass die Abgründe und Berggipfel, die ich zu meiner Linken für stürmisch und turbulent hielt, hinter schmuckvollen, lieblichen und reizenden Bergen ein gewaltiger Festmahls-, ein schöner Betrachtungs- und ein hoher Ausflugsort waren. Und ich sah, dass jene Geschöpfe, die ich für ungeheure reißende Wildtiere und Riesenschlagen hielt, Haustiere waren wie zahme Kamele, Ochsen, Schafe und Ziegen. Ich sagte اَلْحَمْدُ لِلّٰهِ عَلٰى نُورِ الْاِيمَانِ [1], las den ehrwürdi-

[1] Alles Lob und Dank sei Allah für das Licht des Glaubens.

gen Vers اَللّٰهُ وَلِيُّ الَّذِينَ اٰمَنُوا يُخْرِجُهُمْ مِنَ الظُّلُمَاتِ اِلَى النُّورِ [1], erwachte aus jenem Erlebnis.

Nun also sind jene zwei Berge der Beginn und das Ende des Lebens – d. h. die irdische Welt und das Zwischenreich. Die Brücke aber ist der Lebensweg. Die rechte Seite aber ist die Vergangenheit, die linke die Zukunft. Die Taschenlampe aber ist der menschliche Egoismus, welcher selbstsüchtig ist, dem eigenen Wissen vertraut und auf die himmlische Offenbarung nicht hört. Die Dinge aber, die für reißende Wildtiere gehalten wurden, sind die Geschehnisse der Welt und ihre beachtlichen Geschöpfe.

Nun also ähnelt der Mensch, der seinem Egoismus vertraut, in die Finsternis der Gottvergessenheit fällt und von der Finsternis des Irrwegs befallen wird, in jenem Erlebnis meinem vorherigen Zustand, wobei er mit jenen mangelhaften und irrwegsbesudelten Kenntnissen, die wie eine Taschenlampe sind, die vergangene Zeit in der Gestalt eines überaus großen Friedhofs und in einer nichtexistenz-bringenden Finsternis sieht. Die Zukunft zeigen sie als einen furchterregenden Ort – höchst stürmisch und an den Zufall gebunden. Auch tun sie die Geschehnisse und Existierenden, deren ein jedes jeweils ein gefügiger Bediensteter eines Erbarmungsvollen Allweisen ist, wie jeweils ein schädliches Wildtier dar, lassen das Urteil erfahren

[2] وَالَّذِينَ كَفَرُوا اَوْلِيَاؤُهُمُ الطَّاغُوتُ يُخْرِجُونَهُمْ مِنَ النُّورِ اِلَى الظُّلُمَاتِ

---

[1] Allah ist der Beschützer derjenigen, die glauben. Er führt sie aus den Finsternissen ins Licht.

[2] Diejenigen aber, die ungläubig sind, deren Freunde sind die Tağût's. Diese führen sie aus dem Licht in die Finsternisse.

Wenn die Rechtleitung Gottes zu Hilfe kommt, der Glaube in sein Herz gelangt, die Pharaonie des Nefs gebrochen wird und er auf das Buch Allahs hört, wird er in jenem Erlebnis meinem zweiten Zustand ähneln. Dann nimmt die Schöpfung sogleich eine Tageshelle an, füllt sich mit dem Licht Gottes; die Welt liest den Vers اَللّٰهُ نُورُ السَّمٰوَاتِ وَالْاَرْضِ[1].

Dann ist die vergangene Zeit kein überaus großer Friedhof, vielmehr sieht er mit dem Herzensauge, dass die Gemeinschaften der reinen Seelen, die in jeder ihrer Epoche unter der Führung eines Propheten oder Gottesfreundes die Aufgabe der Dienstbarkeit erfüllen, nach Vollendung ihres Lebensdienstes „Allahu Ekber“ sagend zu erhabenen Stufen emporfliegen und sich auf die Seite der Zukunft begeben... Er schaut zu seiner Linken und bemerkt durch jenes Glaubenslicht aus der Ferne hinter manchen berghaften zwischenreichlichen wie jenseitigen Umwälzungen ein Festmahl des Allbarmherzigen, welches in den Glückseligkeitsschlössern in den Gärten des Paradieses bereitet ist... Geschehnisse wie den Sturm, das Erdbeben und die Pest weiß er als jeweils einen gefügigen Bediensteten. Geschehnisse wie den Frühlingssturm und den Regen sieht er äußerlich als streng, geistig jedoch als vielen lieblichen Weisheiten dienlich. Sogar den Tod sieht er als die Einleitung des ewigen Lebens und das Grab als die Tür zur ewigen Glückseligkeit. Leite noch weiter die übrigen Aspekte ab, wende die Wahrheit auf das Gleichnis an...

DRITTER PUNKT: Der Glaube ist sowohl „Licht“, als auch Kraft. Ja, ein Mensch, der den wahren Glauben erlangt, kann der (ganzen) Schöpfung die Stirn bieten, kann

---

[1] Allah ist das Licht der Himmel und der Erde.

sich je nach der Stärke des Glaubens vom Druck der Geschehnisse befreien. Er sagt „Tewekkeltü al'Allah"[1], fährt im Lebensschiff in voller Sicherheit zwischen den berghohen Wellen der Geschehnisse. Alle seine Lasten vertraut er der Hand der Allmacht des Absolut Allmächtigen an, geht ruhig von der Welt, erholt sich im Zwischenreich, kann dann, um in die ewige Glückseligkeit einzugehen, zum Paradies hinfliegen... Andernfalls, wenn er nicht auf Gott vertraut, ziehen ihn die Lasten der Welt nicht zu seinem Flug, sondern zum Niedrigsten der Niedrigen. Also erfordert der Glaube die Einheitsbezeugung, die Einheitsbezeugung die Ergebung, die Ergebung das Gottvertrauen und das Gottvertrauen die Glückseligkeit beider Welten.

Aber verstehe es nicht falsch! Gottvertrauen heißt nicht, die Ursachen ganz und gar zurückzuweisen, besteht vielmehr daraus, die Ursachen als den Schleier (vor) der Allmachtshand zu wissen und einzuhalten, das Herangehen an die Ursachen wiederum als eine Art praktisches Bittgebet zu betrachten, die Verursachten nur vom Allerhabenen Hak zu erbitten und die Resultate als von Ihm zu erkennen und Ihm dankbar zu sein.

Das Beispiel des auf Gott Vertrauenden und des Nichtvertrauenden ähnelt der folgenden Geschichte:

Einmal beluden zwei Leute ihr Rücken und Kopf mit schweren Lasten, stiegen, nachdem sie eine Fahrkarte lösten, auf ein großes Schiff. Der eine legte seine Last, sobald er eintrat, auf das Schiff, setzte sich darauf und blickte sich um. Der andere –weil er sowohl dumm, als auch eingebildet war– legt seine Last nicht ab.

Man sagte ihm: „Leg deine schwere Last auf das Schiff und mache es dir bequem." Er sagte: „Nein, ich lege sie

[1] „Ich vertraue auf Allah".

nicht, vielleicht kommt sie abhanden. Ich bin stark, werde meinen Besitz auf meinem Rücken und Kopf beschützen“... Wiederum sagte man ihm: „Dieses verlässliche Schiff des Sultans, das uns und euch trägt, ist noch mächtiger, kann noch besser beschützen. Vielleicht wird es dir schwindelig und du fällst samt deiner Last ins Meer. Auch wird deine Kraft immer mehr nachlassen. Dieser dein gekrümmter Rücken und dein unvernünftiger Kopf werden diese immer schwerer werdenden Lasten nicht tragen können. Und der Kapitän wird, wenn er dich in diesem Zustand sieht, entweder sagen ‘er ist irrsinnig’ und dich verweisen, oder er wird verfügen ‘er ist boshaft, er bringt unser Schiff in Verdacht und verspottet uns; er soll eingesperrt werden’. Auch wirst du zum Gespött aller Leute. Denn mit deinem Hochmut, der in den Augen der Aufmerksamen die Schwäche zeigt, mit deinem Stolz, der die Unfähigkeit zeigt, und mit deiner Vortäuschung, die die Scheinheiligkeit und Schmach zeigt, hast du dich vor den Leuten lächerlich gemacht; jeder lacht über dich.“

Daraufhin kam jener Hilflose zur Vernunft; er legte seine Last auf den Boden, setzte sich darauf und sagte: „Oh, Allah möge Wohlgefallen an dir haben; ich habe mich vor Anstrengung, Einsperrung und vor Erniedrigung errettet.“

Nun also, o Mensch, der du kein Vertrauen zu Gott hast! Komm auch du wie dieser Mann zur Vernunft und vertraue auf Gott, damit du dich vor dem Betteln bei der gesamten Schöpfung, vor dem Zittern bei jedem Ereignis, vor der Aufspielerei, der Erniedrigung, dem jenseitigen Unheil und vor der Einsperrung durch weltliche Peinigungen errettest!

VIERTER PUNKT: Der Glaube macht den Menschen zum Menschen, ja den Menschen sogar zum Sultan. Folglich ist die eigentliche Aufgabe des Menschen

Glaube und Bittgebet. Der Unglaube macht den Menschen zu einem höchst unfähigen wilden Tier.

Unter den tausenden Beweisen dieser Angelegenheit ist alleine der Unterscheid dabei, wie Tiere und Menschen auf die Welt kommen, ein klarer Beweis und sicheres Argument für diese Angelegenheit.

Ja, dass die Menschlichkeit durch den Glauben zur Menschlichkeit wird, wird durch den Unterscheid dabei aufgezeigt, wie Menschen und Tiere auf die Welt kommen. Denn, wenn ein Tier auf die Welt kommt, kommt es –so, als ob es sich in einer anderen Welt geradezu vervollkommnet hätte– seiner Veranlagung entsprechend vollkommen her, d. h. wird hergeschickt. Entweder in zwei Stunden, oder in zwei Tagen, oder in zwei Monaten erlernt es alle seine Lebensbedingungen, seine Beziehung zur Schöpfung und seine Lebensgesetze, erwirbt eine Gewandtheit. Die Lebensbefähigung und praktische Gewandtheit, welche der Mensch in zwanzig Jahren erlangt, erwirbt ein Tier wie z. B. der Sperling und die Biene in zwanzig Tagen, d. h. sie wird ihm eingegeben. Das bedeutet, die eigentliche Aufgabe des Tieres ist nicht, sich durch Lernen zu vervollkommnen, nicht durch Gewinnen von Erkenntnissen aufzusteigen und nicht durch Bezeigen seiner Unfähigkeit Hilfe zu erbitten und zu beten. Vielmehr ist seine Aufgabe, sich seiner Veranlagung entsprechend zu betätigen, zu handeln, ist eine praktische Dienstbarkeit.

Der Mensch aber ist bei seinem Zur-Welt-Kommen darauf angewiesen, alles zu erlernen, kennt die Lebensgesetze nicht, kann sogar in zwanzig Jahren die Lebensbedingungen nicht vollständig lernen, ist vielmehr darauf angewiesen, sie bis zum Ende seines Lebens zu erlernen. Auch wird er in einem höchst unfähigen und schwachen Zustand auf die Welt geschickt und vermag, sich erst in ein-zwei Jahren aufzurichten, hält erst in fünfzehn Jahren Schaden und Nutzen auseinander und kann erst mit Hilfe des menschlichen Lebens seine Nutzen erlangen und sich vor Schäden hüten.

Also ist die anerschaffene Aufgabe des Menschen das Sich-Vervollkommnen durch Lernen und die Dienstbarkeit mit Bittgebet. Das heißt: zu wissen „mit wessen Barmherzigkeit werde ich so weisheitsvoll geleitet? Mit wessen Freigebigkeit werde ich so liebevoll allumsorgt? Mit wessen Huld werde ich so zärtlich versorgt und betreut?“, sowie für seine Bedürfnisse, deren nur eine unter tausend er nicht zu befriedigen vermag, zum „Abhelfer der Bedürfnisse“ in der Sprache der Unfähigkeit und Bedürftigkeit zu flehen, zu erbitten und zu erbeten – d. h. mit den Flügeln der Unfähigkeit und Bedürftigkeit auf die hohe Stufe der Dienstbarkeit hinzufliegen.

Also ist der Mensch in diese Welt gekommen, um sich durch Wissen und Bittgebet zu vervollkommnen. In Anbetracht des Wesens und der Veranlagung ist alles von Wissen abhängig; und die Grundlage, Quelle, das Licht und die Seele aller wahren Wissenschaften ist die Gotteserkenntnis, und dessen Grundvoraussetzung wiederum der Glaube an Allah.

Weil der Mensch auch in seiner grenzenlosen Unfähigkeit von endlosen großen Unglücken befallen und dem Angriff unzähliger Feinde ausgesetzt, sowie in seiner grenzenlosen Bedürftigkeit von endlosen Bedürfnissen ergriffen und auf endlose Wünsche angewiesen ist, ist seine anerschaffene eigentliche Aufgabe nach dem Glauben das Bittgebet; das Bittgebet wiederum ist die Grundlage der Dienstbarkeit.

So wie ja ein Kind zum Erzielen eines Vorhabens und Wunsches, welche er nicht erreicht, entweder weint, oder erbittet –d. h. er betet entweder in Taten oder in Worten in der Sprache seiner Unfähigkeit, erlangt seine Absicht–, so auch ist der Mensch in der Welt der gesamten Lebewesen gleichsam ein liebenswürdiges, zartes und verwöhntes Kind. Vor der Gegenwart des Allbarmherzigen und Erbarmers muss er entweder in seiner Schwäche und Unfähigkeit weinen, oder in seiner Bedürftigkeit und seinem Bedarf von Gott erflehen, damit seine Absichten ihm gefügig werden, oder er den Dank fürs Gefügigmachen entrichtet... Andernfalls, wie ein dummes und ungezogenes Kind zu sagen „Ich mache mit eigener Kraft diese nicht unterwerfbaren Dinge, die tausendfach stärker sind als ich, mir gefügig, mache sie mir mit meiner Intelligenz und Maßnahme gehorsam" und so in Undank abzuirren, ist sowohl der eigentlichen Veranlagung der Menschlichkeit zuwider, als auch verdient er eine schwere Strafe.

Aus dem dritten Kapitel des „zweiunddreißigsten Wortes“

Zweiter Abschnitt des Zweiten Punktes

Als der Stellvertreter der Irregehenden gar nichts mehr finden kann, um sich daran festzuhalten und seinen Irrweg darauf zu bauen, und zum Verstummen gebracht wurde, sagt er folgendes:

„Weil ich die Glückseligkeit der Welt, den Genuss des Lebens, den Fortschritt der Zivilisation und die Vollkommenheit der Kunst nach meiner Ansicht darin weiß, an das Jenseits nicht zu denken, Allah nicht (an-)zuerkennen, sowie in der Weltenliebe, der Freiheit und im Selbstvertrauen, habe ich die meisten der Menschen mit Hilfe des Teufels auf diesen Weg geführt und tue das noch.“

Antwort: *Wir wiederum sagen im Namen des Kur'âns: O hilfloser Mensch! Nimm Vernunft an. Höre nicht auf den Stellvertreter der Irregehenden. Wenn du auf ihn hörst, wirst du einen dermaßen großen Schaden davontragen, dass die Seele, der Verstand und das Herz sich bei dem (bloßen) Gedanken davor grauen.* **Es liegen zwei Wege vor dir:**

Der eine: Es ist der unheilvolle Weg, den der Stellvertreter der Irregehenden zeigt.

Der andere: Es ist der beseligte Weg, den der Allweise Kur'ân beschreibt.

Nun hast du sehr viele Abwägungen jener zwei Wege in vielen „Worten“, insbesondere in den „Kleinen Worten“ gesehen und verstanden. Jetzt siehe und

verstehe abermals im Zusammenhang mit dieser Stelle eine unter tausend ihrer Abwägungen, folgenderweise:

Der Weg der Beigesellung, des Irrwegs, des Großsündigens und der Sittenlosigkeit lässt den Menschen grenzenlos verfallen, belädt seinen schwachen und unfähigen Rücken in zahllosen Leiden mit einer unendlich schweren Last. Denn wenn der Mensch den Allerhabenen Hak nicht (an-)erkennt und nicht auf ihn vertraut, wird der Mensch dann wie ein vergängliches Tier, das höchst unfähig, schwach, äußerst bedürftig, arm, zahllosen Unglücken ausgesetzt, leidvoll und bekümmert ist, leidet ständig immer mehr durch die Trennung von allen, die er liebt und mit denen er eine Verbundenheit hat, lässt schließlich alle seine zurückgebliebenen Freunde in schmerzvoller Trennung zurück und geht einsam in die Finsternis des Grabes.

Auch kämpft er in seiner Lebenszeit mit sehr beschränkter Wahl, kleiner Fähigkeit, kurzem Leben, weniger Lebenszeit und mit schwachem Geist nutzlos gegen endlose Leiden und Hoffnungen und bemüht sich ergebnislos ganz umsonst um den Erwerb unzähliger Wünsche und Absichten.

Auch lädt er, obwohl er nicht (Mal) den eigenen Körper auf sich nehmen kann, die Last der riesigen Welt auf seinen hilflosen Rücken und Kopf, erleidet die Höllenqual, noch bevor er in die Hölle kommt.

Ja, um dieses schmerzliche Leid und diese schreckliche geistige Qual nicht zu fühlen, fühlen sie die Irregehenden von der Art einer Narkose durch die Trunkenheit der Gottvergessenheit vorübergehend nicht. Doch zu der Zeit, da er sie fühlen wird –wenn er dem Grab nahe ist–, fühlt er sie mit einem Mal. Denn wenn er nicht Diener des Allerhabenen Hak wird, wird er sich als Herr seiner selbst denken. Jedoch vermag er in dieser stürmischen Welt mit jener beschränkten

Wahl und jener kleinen Fähigkeit nicht (Mal) den eigenen Körper zu verwalten. Mit der, für sein Leben schädlichen Mikrobe angefangen, bis hin zum Erdbeben sieht er tausende Gruppen von Feinden im Zustand eines Angriffs gegen sein Leben. In einem schmerzvollen Schrecken der Angst schaut er jederzeit auf die Grabestür, die sich ihm als ungeheuer zeigt.

Auch belästigen ihn in diesem Zustand ständig die Ängste der Welt und der Zustand des Menschen, da er angesichts der Menschlichkeit mit dem Menschengeschlecht und mit der Welt in Beziehung steht, sich die Welt und den Menschen nicht unter der Verwaltung eines Allweisen, Allwissenden, Allmächtigen, Erbarmungsvollen und Freigebigen Herrn vorstellt und sie dem Zufall und der Natur überlässt. Außer dem eigenen Schmerz erleidet er auch den Schmerz der Menschen. Die Erdbeben der Welt, ihre Pest, Katastrophen, Not und Dürren, ihre Vergänglichkeit und Vernichtung quälen ihn in Form eines höchst belästigenden und finsteren Unglücks für ihn.

Auch ist ein Mensch in dieser Lage der Barmherzigkeit und des Mitleids nicht würdig. Denn er bringt sich selber in diesen fruchtbaren Zustand. So wie es im „achten Wort" bei dem Vergleich des Zustands zweier Brüder, die in einen Brunnen stiegen, gesagt wird:

So wie ja ein Mensch, wenn er sich in einem schönen Garten, bei einem schönen Festmahl, unter guten Freunden mit einem anständigen, lieblichen, sittsamen, schönen und erlaubten Genuss und Vergnügen nicht begnügte und für einen unerlaubten und schmutzigen Genuss einen widerwärtigen und unreinen Wein tränke, sich berauschte und sich mitten im Winter an einem schmutzigen Ort und sogar unter reißenden Wildtieren vorstellte, zitterte und herumschriee, (so wie er ja) der Barmherzigkeit nicht würdig wäre. Denn seine sittsamen und gesegneten Freunde stellt er sich als reißende Wildtiere vor, beleidigt sie. Auch denkt er sich die wohlschmeckenden Speisen und sauberen Gefäße bei dem Festmahl als schmutzige, ekelhafte Steine, beginnt, sie zu zerschlagen. Auch stellt er sich die geschätzten Bücher und bedeutsamen Briefe in der Gesellschaft als sinnlose und gewöhnliche Ornamente vor, zerreißt sie und wirft sie zu Boden, u. dgl...

So wie ja eine solche Person keine Barmherzigkeit, vielmehr eine Ohrfeige verdiente, so auch: weil er infolge der, von seiner üblen Wahl herrührenden Trunkenheit des Unglaubens und der Torheit der Abirrung dieses Welten-Gästehaus des Allweisen Künstlers wähnt, dass es Spielzeug des Zufalls und der Natur sei,.. den Umstand, dass die Kunstwerke, welche die Erscheinung der Namen Gottes erneuern, auf das Enden ihrer Aufgaben durch das Vergehen der Zeit hin in die Welt des Verborgenen hinübergehen, sich als Verfall und Hinrichtung vorstellt,.. die Laute der Lobpreisungen sich einbildet, dass sie Wehgeschreie der Vernichtung und der ewigen Trennung seien,.. diese Seiten der Existierenden, welche Briefe des Samed sind, sich als bedeutungslos und chaotisch denkt,.. die Grabestür, welche einen Weg zur Welt der Barmherzigkeit öffnet, sich als ein Eingang zur Finsternis der Nichtexistenz vorstellt,.. sowie die Todesstunde –während sie eine Einladung zum Zusammenkommen mit den wahren Freunden ist– sich als ein An-der-Reihe-Sein bei der Trennung von allen Freunden denkt, lässt er sich selbst sowohl in einer furchtbaren schmerzvollen Qual, als auch ist er –weil er sowohl die Existierenden, als auch die Namen des Allerhabenen Hak, sowie Seine Briefe leugnet, verachtet und beleidigt– der Barmherzigkeit und des Mitleids nicht würdig, verdient genauso auch eine schwere Strafe, ist in keiner Hinsicht der Barmherzigkeit würdig.

Nun also, o ihr unseligen Irregehenden und Sittenlosen! Welche eure Vervollkommnung, welche eure Wissenschaft, welche eure Vollkommenheit, welche eure Zivilisation und welche euer Fortschritt vermag diesem schrecklichen Verfall und dieser erdrückenden Hoffnungslosigkeit zu entgegnen? Wo könnt ihr den wahren Trost finden, auf den die Seele des Menschen in größter Bedürftigkeit angewiesen ist?

Und welche eure Natur, welche eure Ursachen, welche euer Teilhaber, welche eure Entdeckung, welche euer Volk und welcher euer falscher Angebeteter –auf denen ihr vertraut, eure ganzen Hoffnungen setzt und die Werke Gottes und die Wohltaten des Allumsorgers zurückführt– kann euch aus der Finsternis des Todes erretten, die nach eurer Auffassung eine ewige Vernichtung ist, euch über die Grenze des Grabes, über die Grenze des Zwischenreichs, über die Grenze des Versammlungsortes und über die Sırat-Brücke sicher hinüberbringen und die ewige Glückseligkeit erfahren lassen? Doch seid ihr, weil ihr die Grabestür nicht verschließt, absolut die Reisenden dieses Weges. Ein solcher Reisender kann sich auf solch Einen verlassen, bei dem all diese gewaltigen Sphären und weiten Grenzen unter Seinem Befehl und Seiner Verwaltung stehen.

Auch –o ihr unseligen Irregehenden und Gottvergessenen– verbüßt ihr ebenso gemäß der Regel „die Folge einer unerlaubten Liebe ist es, mitleidslos Strafe zu finden" zu Recht eure Strafe, weil ihr die in eurer Veranlagung vorhandene und für das Wesen, die Eigenschaften und die Namen des Allerhabenen Hak zu benutzende Fähigkeit der Liebe und der Erkenntnis und die Apparate des Dankes und der Anbetung auf unerlaubte Weise für euer Nefs und für die Welt benutzt. Denn die Liebe, die dem Allerhabenen Hak zugehört, habt ihr eurem Nefs gegeben; ihr erleidet das endlose Unheil eures Nefs, welches euer Geliebter ist. Denn eine wahre Ruhe gibt ihr diesem eurem Geliebten nicht. Auch vertraut ihr ihn mit Gottvertrauen nicht dem Absolut Allmächtigen an, der der wahre Geliebte ist, erleidet ständig Schmerzen.

Auch habt ihr die Liebe, die den Namen und Eigenschaften des Allerhabenen Hak zugehört, der Welt gegeben und habt die Werke Seiner Kunst unter den Ursachen der Welt aufgeteilt, erleidet dessen Unheil. Denn manche jener eurer unzähligen Geliebten kehren euch, ohne „Gott beschütze dich" zu sagen, den Rücken und lassen euch zurück. Manche kennen euch gar nicht; auch wenn sie euch kennen, lieben sie euch nicht; auch wenn sie euch lieben, nützt das euch nichts. Ihr erleidet ständig durch die zahllosen Trennungen und die hoffnungslosen Vernichtungen ohne Wiederkehr Qualen.

Das also ist das wahre Gesicht und das Wesen der Dinge, welche die Irregehenden Glück des Lebens, Vervollkommnungen des Menschen, Schönheiten der Zivilisation und Genuss der Freiheit nennen. Sittenlosigkeit und Trunkenheit sind ein Schleier, lassen vorübergehend nicht fühlen. Sage „Pfui ihrem Verstand!"...

Was jedoch den lichterfüllten Weg des Kur'âns anbetrifft: *Alle die Wunden, welche die Irregehenden haben, heilt er mit den Wahrheiten des Glaubens; alle die Finsternisse auf dem vorherigen Weg zerstreut er; und alle die Türen des Irrwegs und des Verderbens verschließt er, folgenderweise:*

Die Schwäche und Unfähigkeit und die Armut und Bedürftigkeit des Menschen heilt er mit dem Vertrauen auf einen Erbarmungsvollen Allmächtigen. Die Last des Lebens und des Körpers vertraut er Seiner Allmacht und Allbarmherzigkeit an, lädt sie nicht ihm auf, lässt ihn vielmehr einen bequemen Rang finden, wie dass er selber auf jenes sein Leben und Nefs stiege. Er teilt mit, dass er nicht „ein sprechendes Tier" ist, sondern ein wahrer Mensch und ein genehmer Gast des Allbarmherzigen. Indem er zeigt, dass die Welt ein Gästehaus des Allbarmherzigen ist und wissen lässt, dass die Existierenden auf der Welt die Spiegel der Namen Gottes und die Kunstwerke wiederum jederzeit sich erneuernde Briefe des Samed sind, heilt er gründlich die Wunden des Menschen, welche von dem Zugrundegehen der Welt, von der Vernichtung der Dinge und von der Liebe zum Vergänglichen herrühren, und errettet ihn aus den Finsternissen der irrigen Annahmen.

Auch zeigt er den Tod und die Todesstunde als die Einleitung der Zusammenkunft und Unterhaltung mit den geliebten Freunden, die in die Welt des Zwischenreichs gegangen und in der Welt der Beständigkeit sind. So heilt er die Wunden des Todes, welchen die Irregehenden nach ihrer Ansicht als eine ewige Trennung von all ihren geliebten Freunden betrachten, und beweist, dass jene Trennung die Begegnung selbst ist.

Und indem er beweist, dass das Grab eine Tür ist, die sich zur Welt der Barmherzigkeit, zur Stätte der Glückseligkeit, zum Gartenland der Paradiese und zum Lichterland des Allbarmherzigen öffnet, behebt er die schrecklichste Angst der Menschen und zeigt, dass die schmerzvollste, traurigste und beklemmendste Reise zum Zwischenreich eine angenehmste, gefälligste und erfreulichste Reise ist. Mit dem Grab verschließt er das Maul der Riesenschlange, öffnet die Tür zu einem schönen Garten – d. h., er zeigt, dass das Grab nicht das Maul einer Riesenschlange ist, sondern eine Tür, die sich zum Gartenland der Barmherzigkeit öffnet.

Auch sagt er dem Gläubigen: „Wenn deine Wahl begrenzt ist, überlass deine Sache dem allbeherrschenden Willen deines Herrn. Wenn deine Fähigkeit gering ist, vertraue auf die Allmacht des Absolut Allmächtigen. Wenn dein Leben wenig ist, denke an das beständige Leben. Wenn deine Lebenszeit kurz ist: du hast eine ewige Lebenszeit, mach dir keine Sorgen. Wenn dein Geist schwach ist, trete unter die Sonne des Kur'âns; schau mit dem Licht des Glaubens, und anstelle deines Geistes, der (wie) ein Leuchtkäfer ist, wird ein jeder Kur'ânvers dir wie jeweils ein Stern Licht spenden.

Und wenn du zahllose Hoffnungen und Leiden hast: es erwartet dich ein endloser Jenseitslohn und eine grenzenlose Barmherzigkeit. Und wenn du zahllose Wünsche und Absichten hast: gerate nicht in Bedrängnis, indem du an sie denkst; sie finden in dieser Welt keinen Platz, ihr Ort ist ein anderes Land, und auch der, der sie gibt, ist ein anderer".

Auch sagt er: „O Mensch! Du bist nicht Herr deiner selbst. Du bist der Diener eines Allgewaltigen Herrn, eines Allmächtigen, dessen Macht endlos, eines Erbarmungsvollen, dessen Barmherzigkeit grenzenlos ist. Mach dir folglich keine Mühe, indem du dein Leben dir selbst auflädst; denn derjenige, der das Leben gibt, ist Er, und auch der es verwaltet, ist Er.

Auch ist die Welt ja nicht ohne Besitzer; mach dir keine Sorgen, indem du dir die Last der Welt auflädst und an ihre Ängste denkst; denn ihr Besitzer ist Allweise, Allwissend, und du bist ein Gast, mische dich nicht unnötig ein und bringe nicht in Unordnung!

Auch sind die Existierenden wie z. B. die Menschen und Tiere nicht sich selbst überlassen, sondern bedienstete Befehlsempfänger, sind in der Berücksichtigung eines Erbarmungsvollen Allweisen. Bereite deiner Seele keine Schmerzen, indem du an ihre Leiden und Anstrengungen denkst, und behaupte nicht mehr Mitleid als die Allbarmherzigkeit ihres Erbarmungsvollen Schöpfers.

Auch sind die Zügel all der Dinge von der Mikrobe bis hin zur Pest, zu Katastrophen, Dürren und Erdbeben, welche dir die Haltung einer Feindseligkeit zeigen, in der Hand jenes Allweisen Erbarmers. Er ist Allweise, macht nichts Sinnloses;

Er ist Erbarmungsvoll, Sein Erbarmen ist reichlich, bei jeder Seiner Tat gibt es eine Art Huld."

Auch sagt er: „Diese Welt ist zwar vergänglich, doch bringt sie die nötigen Dinge einer ewigen Welt hervor. Sie ist zwar entschwindend, vorübergehend, doch zeitigt sie beständige Früchte, zeigt die Erscheinungen der beständigen Namen eines beständigen Herrn. Und es sind zwar ihrer Freuden wenige und ihrer Leiden viele, doch sind die Liebenswürdigkeiten des Erbarmungsvollen Allbarmherzigen unvergängliche wahre Freuden. Die Leiden wiederum bringen hinsichtlich der Jenseitslöhne geistige Freuden hervor."

Da nun der erlaubte Bereich für all die Genüsse, Freuden und Vergnügungen der Seele, des Herzens und des Nefs genügt, trete nicht ein in den unerlaubten Bereich! Denn ein Genuss in jenem Bereich hat manchmal tausend Leiden; auch verursacht er, die Liebenswürdigkeiten des Allbarmherzigen zu verlieren, welche wahre und immerwährende Genüsse sind.

Auch lässt der Irrweg –wie im Vorigen dargelegt– den Menschen dermaßen in das Niedrigste der Niedrigen hinabstürzen, dass während keine einzige Zivilisation, keine einzige Philosophie dafür einen Ausweg zu finden und aus jenem tiefen Schacht der Finsternis kein einziger menschlicher Fortschritt, keine einzige wissenschaftliche Vollendung den Menschen herauszuholen vermag, der Allweise Kur'ân durch Glaube und rechtschaffene Taten aus dem Sturz in jenes Niedrigste der Niedrigen den Menschen zur höchsten (Paradies-)Stufe hochbringt; er beweist mit sicheren Nachweisen, dass er hochgebracht wird. Und jenen tiefen Schacht füllt er mit den Stufen von geistigen Aufstiegen und mit den Anlagen der seelischen Vervollkommnungen.

Auch erleichtert und vereinfacht er in höchstem Maße die lange, stürmische und turbulente Reise der Menschen in

Richtung der Ewigkeit. Er zeigt die Mittel, die eine Strecke von tausend, sogar fünfzigtausend Jahren an einem Tag zurücklegen lassen... Und indem er den Allgewaltigen Herrn bekannt macht, der der Sultan der Überzeitlichkeit und Ewigkeit ist, gibt er dem Menschen die Stellung eines beauftragten Dieners von Ihm und eines bediensteten Gastes. Sowohl im Gästehaus der Welt, als auch auf den zwischenreichlichen wie jenseitigen Stationen sichert er seine Reise in vollkommener Mühelosigkeit.

So wie ja ein rechtschaffener Beamter eines Padişahs im Bereich seines Landes, sowie über die Grenzen aller Provinzen leicht und mit schnellen Verkehrsmitteln wie Flugzeug, Schiff und Zug reist und hinüberfährt, so auch überquert ein Mensch, der zum Überzeitlichen Sultan durch den Glauben in Zugehörigkeit tritt und mit rechtschaffenen Taten Ihm gehorcht, in der Schnelle eines Blitzes und Paradiespferdes die Stationen dieses Gästehauses der Welt, die Bereiche der Welt des Zwischenreiches und der Welt des Versammlungsortes, u. dgl. die Grenzen all der Welten nach dem Grab, findet dann die ewige Glückseligkeit. Und diese Wahrheit beweist er absolut und zeigt sie den Asfiya's und Gottesfreunden.

Auch sagt die Wahrheit des Kur'âns noch: „O Gläubiger! Wende die grenzenlose Veranlagung der Liebe in dir nicht deinem gemeinen, fehlerhaften, sehr üblen und dir schadenden Gebieterischen Nefs zu. Nimm ihn nicht für einen Geliebten und seine Begierden nicht als Angebeteten. Nimm mit jener grenzenlosen Veranlagung der Liebe in dir vielmehr einen Herrn für einen Geliebten und Angebeteten, der einer grenzenlosen Liebe würdig ist, sowie dir endlose Wohltaten zu erweisen vermag, dich in der Zukunft endlos beglückt, alle Persönlichkeiten mit Seinen Wohltaten beglückt, welche dich berühren und du durch ihr Glück beglückt wirst, sowie grenzenlose Vollkommenheiten besitzt und Besitzer eines grenzenlos heiligen, erhabenen, reinen, makellosen, fehlerfreien und unvergänglichen Cemâls ist, und alle dessen Namen unendlich schön sind, in all dessen Namen sehr viele Lichter der Schönheit und des Cemâls vorhanden sind, bei dem das Paradies mit seinen gesamten Schönheiten und Gaben das Cemâl Seiner Allbarmherzigkeit und die Allbarmherzigkeit Seines Cemâls zeigt, sowie alle lieblichen und geliebten Lieblichkeiten, Cemâls, Schönheiten und Vollkommenheiten auf Seine Cemâl und Vollkommenheit hinweisen, sie beweisen und ein Anzeichen für sie sind!"

Auch sagt er: „O Mensch! Wende deine Veranlagung der Liebe, die Seinen Namen und Eigenschaften zugehört, nicht den übrigen Existierenden ohne Fortbestand zu, verteile sie nicht nutzlos unter den Geschöpfen. Denn die Werke und Geschöpfe sind vergänglich. Jedoch sind die Schönen Namen, deren Ornamente und Erscheinungen bei jenen Werken und kunstvollen Schöpfungen zu sehen sind, beständig und immerwährend. Und bei jedem der Namen und Eigenschaften gibt es tausende Stufen der Wohltat und Cemâl und tausende Ebenen der Vollkommenheit und Liebe. Schau (z. B.) nur auf den Namen Allbarmherziger: das Paradies ist (bloß) eine seiner Erscheinungen, die ewige Glückseligkeit eines seiner Glanzlichter und alle Nahrungen und Gaben auf der Welt einer seiner Tropfen."

Achte nun also auf

(1) لَقَدْ خَلَقْنَا الْاِنْسَانَ فٖٓي اَحْسَنِ تَقْوٖيمٍ ۞ ثُمَّ رَدَدْنَاهُ اَسْفَلَ سَافِلٖينَ ۞
اِلَّا الَّذٖينَ اٰمَنُوا وَعَمِلُوا الصَّالِحَاتِ ۞

---

(1) Wahrlich, Wir haben den Menschen in schönster Vollendung erschaffen. * Alsdann haben Wir ihn in die Niedrigste der Niedrigen herabgesetzt; * ausgenommen diejenigen, die glauben und Gutes tun.

welcher auf das lebens- und aufgabenbezogene Wesen der Irregehenden und der Gläubigen hinweist, sowie auf den Vers فَمَا بَكَتْ عَلَيْهِمُ السَّمَاءُ وَالْأَرْضُ [1]*, welcher auf ihr Resultat und Ende hinweist: wie erhaben und wunderhaft sie diesen Vergleich, den wir dargelegt haben, zum Ausdruck bringen!*

Erster Vers: Weil im „elften Wort" die Wahrheit, welche dieser Vers unnachahmlich und prägnant zum Ausdruck bringt, ausführlich dargelegt wird, überlassen wir sie ihm.

Zweiter Vers: Wir werden nur mit einem kleinen Hinweis aufzeigen, eine wie erhabene Wahrheit er zum Ausdruck bringt, folgenderweise:

Dieser Vers verfügt mit der gegebenen Bedeutung folgendes: „Wegen des Sterbens der Irregehenden weinen die Himmel und die Erde nicht über sie."

Mit der entgegengesetzten Bedeutung zeigt er: „Wegen des Scheidens der Gläubigen aus der Welt weinen die Himmel und die Erde über sie." Das heißt: Da die Irregehenden die Aufgaben der Himmel und der Erde leugnen, ihre Bedeutungen nicht kennen, ihren Wert herabsetzen, ihren Künstler nicht (an-)erkennen und sie beleidigen und sich feindselig gegen sie zeigen, werden dann die Himmel und die Erde sicherlich nicht nur nicht über sie weinen, sie vielmehr verabscheuen und sich wegen ihres Krepierens freuen.

Mit der entgegengesetzten Bedeutung sagt er: „Die Himmel und die Erde weinen wegen des Sterbens der Gläubigen über sie". Denn die Gläubigen kennen die Aufgaben der Himmel und der Erde, bestätigen ihre wahren Wahrheiten, verstehen durch den Glauben die Bedeutungen, welche sie zum Ausdruck bringen, sagen „wie schön sind sie geschaffen, wie schön dienen sie", messen ihnen den würdigen Wert bei

---

[1] Und der Himmel und die Erde weinten nicht über sie.

und erweisen ihnen die Ehre und lieben für Gott sie und die Namen, für die sie Spiegel sind. Aus diesem Geheimnis ist es also, dass die Himmel und die Erde sich über das Ableben der Gläubigen so betrüben, als ob sie weinten.

EIN LOBENDES GELEITWORT

Ein Teil aus dem Brief, den der in die Gnade Gottes eingegangene Lehrer Hasan Feyzi anlässlich dessen schrieb, dass die Exemplare des „Größten Zeichens“ den Laden, in dem sie sich befanden, vor einem schrecklichen Brand in Emirdağı retteten.

بِاسْمِهِ سُبْحَانَهُ[1]

(…)

Die Risale-i Nur löscht jedes Feuer und jeden Brand: das Feuer der Verschwendung bei den Menschen mit dem Licht der „Abhandlung über die Sparsamkeit“, das Krankheits-„Feuer“ der unglücklichen Kranken, die in Fieber und Flammen schmerzen erleiden, mit dem Lebens- und Heilwasser, das aus dem Brunnen mit „fünfundzwanzig Heilmitteln“ sprudelt, welcher aus den Lichtern der „Abhandlung für Kranke“ fließt, das schreckliche Feuer des Brandes der Wahn und Einbildung, der Einflüsterung und Sorge, und der Angst und Besorgnis, welche das Herz, den Kopf und alle Glieder und Nerven befallen und erschüttern, mit dem Licht und Segen der „Abhandlung über die Einflüsterung“, und das glühende Feuer der Krankheiten der Scheinheiligkeit und Frömmelei und des Hochmuts und Stolzes mit der Hilfe und Gnade der „Abhandlung über die Aufrichtigkeit“… die Schleifung der Festung der Anmaßung und des Seins (Ich-Denkens) und der Gewalt und Dreistheit aber ist durch die Rechtweisung des „dreißigsten Wortes“ namens „Ich“ und des „sechsten Wortes“ möglich.

---

[1] In Seinem Namen; gepriesen sei Er.

Die blinden, betäubten und abirrenden Leute wiederum, die aus der engen Schlucht der Materie und Atome der Natur nicht herauskommen können, können nur die mächtigen, starken, weitreichenden, ausgewogenen, glanzvollen und bewussten Hände der Abhandlungen der Risale-i Nur namens „die Natur" und „die Atome und Materien" herausholen.

So wie zur Löschung des Feuers der Todesangst der Bejahrten, sowie ihrer irrigen Vorstellungen und ihrer Leiden die Tröstung und Hilfe, Salbe und Heilmittel und der Segen und Glanz der so benannten Abhandlung genügt, so sind auch gegen das Zwischenreich und die schmerzvolle und große Flamme und Strafe des Zwischenreichs die mit Lebenswasser gefüllten Abhandlungen namens „die Unnachahmlichkeit des Kur'âns", „die Wunder Muhammeds (A.S.-M.)" und „der Glaube an das Jenseits" jeweils ein großes Becken.

Und so wie gegen das Feuer all der Beigesellungen auf der Erde das gewaltige Licht des segensreichen Werkes namens „das Größte Zeichen = Stab Mosis" dazu ausreicht, es zu löschen, so sehen wir auch, dass gegen jene finster rauchenden „roten Flammen", die sich heute auf den Horizonten der Welt ausbreiten und jetzt beginnen, die islamische Welt zu bedrohen, diese „Nur" erstarkt und anwächst, und glauben aufrichtig, dass sie das Unheil und Feuer jener schrecklichen „Roten" löschen wird.

Kurz: Das Studium der Risale-i Nur und ihr geistiger stetiger Segen reicht dazu, das Feuer des Gebieterischen Nefs zu löschen, die aufsässigen und ungehorsamen Eigenschaften abzutöten und die blutgierigen und auseinander reißenden äußeren wie geistigen Truppen zu besiegen. Die Risale-i Nur ist sowieso dazu beauftragt, dieses Unheil und Übel und diese Brände zu löschen; und wir sagen, dass sie dafür entstanden und hergekommen ist.

Wir verlassen uns abermals darauf, wie mutig, wie wohlgefällig und geliebt dieses gesegnete und glückliche, tapfere und vornehme Volk bei Gott ist –auf Hinweis des فَسَوْفَ يَأْتِى اللّٰهُ بِقَوْمٍ[1] hin–, welches aus diesem segensreichen Land hervorgeht, das eine Wiege von Heiligen, Gottesfreunden, Märtyrern und Eroberern ist.

Bei denen, die sich die Risale-i Nur zu eigen machen, beginnen die Habgier und Wut zu entschwinden, die Finsternis und Genusssucht lösen sich auf, das Feuer des Unwissens und Unheils erlischt, der „Natur"-Schlaf verkürzt sich, der Schlaf der Gottvergessenheit wird behoben, finstere, scheußliche, schlechte und träge Blute bessern sich, der Atem und das Herz kommen in Gang, die Blutgefäße werden zu „Lichtkanälen", die Erdenliebe und die Neigung zu allem außer Gott werden nicht mehr bleiben, das „Ich" und „Du" löst sich auf, die „siebzigtausend" benannten Schleier beginnen, sich aufzuheben, und der „Berg des Seins", durchbohrt zu werden, es kommen Rufe aus اِرْجِعِى اِلٰى رَبِّكِ[2], der Weg für die Ankunft (bei Gott) wird frei, es werden Wohlgerüche verbreitet, er wird mit فَادْخُلِى فِى عِبَادِى[3] beauftragt und mit dem Ehrenzeichen وَادْخُلِى جَنَّتِى[4] belohnt.

اَرِنَا يَا مَنْ اَطْفَى النَّارَ بِنُورِهِ ۝ وَيَا مَنْ صَلَّى عَلٰى حَبِيبِهِ[5]

---

[1] Allah wird ein Volk bringen...

[2] Kehre zurück zu deinem Herrn...

[3] Schließ dich Meinen Dienern an.

[4] Und tritt ein in Mein Paradies.

[5] Zeige Dich uns, o, der Du mit Deinem Licht das Feuer löschst und o, der Du für seine Hochgeliebten Barmherzigkeit erbittest.

(...)

Eine Essenz ist die Risalet'ün-Nur: sie ist eine Tafel des „O Bewahrer“, eine Seite des „Mâşâallah“, ein Exemplar des „Bârekallah“, eine Mutterbrust für die Kleinkinder, gegen den Brand eine „Lichtspritze“, für den Leiderfüllten ein Rezept der Weisheit, für den Betrachter ein Spiegel der Lehre, für die Muslime ein Stempel der Prophetenschaft, für den Schuldigen eine Urkunde der Rettung, für den Weglosen ein Weg der Rechtleitung, für die Einsamen eine Schutzversicherung, für den Schätzesammler ein Reichtum des Immerwährens, für denjenigen ohne Haus ein Heim der Ewigkeit, für den Leugner ein Hieb zur Reue, für den Ungläubigen ein Galgen der Gerechtigkeit, für den (Gottes-)Kenner eine Unterhaltung der Heiligkeit, für den (Gott-)Verliebten ein Schloss des Zusammenseins...

Im Namen aller Nur-Schüler
von Denizli und Umgebung
HASAN FEYZI
(Gottes Barmherzigkeit über ihn
für immer und ewig)

Die Verteidigungsrede Ceylân's An die Große Strafkammer von Afyon:

Zu dem, dass die Staatsanwaltschaft maßlos übertreibt und wegen meines Dienstes für meinen Meister und für die Risale-i Nur, was ich mit Stolz eingestehe, mich wie einen großen Diplomaten und einen intriganten Mann zeigt und bei der angeblichen Schuld, die den „Nur“ zugeschrieben wird, mir einen großen Anteil gibt, sage ich folgendes:

Mit meinem Meister Bediüzzaman, bei dem ich durch das Lesen seiner religiösen, glaubensbezogenen und moralischen Werke dermaßen lerne, dass ich dafür ohne Zögern mein Leben aufopfern würde, habe ich eine enge Verbundenheit. Doch ist diese Verbundenheit nicht, wie die Staatsanwaltschaft sagt, schädlich für das Vaterland und Volk und keine Aufhetzung der Menschen gegen den Staat, vielmehr eine nicht auflösbare Verbundenheit auf dem Wege, vor der ewigen Hinrichtung des Grabes, vor der sich kein Mensch zu erretten vermag, mich selber, sowie den Glauben meiner Religionsbrüder zu erretten, die wie ich in dieser gefährlichen Zeit darauf angewiesen sind, ihren Glauben zu retten, ihren Charakter zu bessern und für das Vaterland und Volk zu jeweils einem nützlichen Glied zu werden – (diese Verbundenheit) wird sich nicht auflösen.

Ich bin sein Gefolgsmann, habe seine Dienste mit Stolz versehen. Während dieser ganzen Zeit bin ich bei ihm für nichts anderes Zeuge geworden als nur für seine hohen Charaktereigenschaften. Dafür, dass er auf der höchsten Stufe der Bescheidenheit steht, sind die hunderttausenden „Nur“-

Exemplare[1], sowie die hunderttausenden aufrichtigen Nur-Schüler, die durch ihre Lesung ihren Glauben erretten, Zeugen.

Mein gesegneter Meister sieht sich als ein Nur-Schüler wie wir und sagt es auch so. Das kann man aus vielen seinen Briefen, die Sie bei sich haben, insbesondere aus der „Abhandlung über die Aufrichtigkeit" im Band des „Stab Mosis" leicht ersehen. Obwohl er in seinen Abhandlungen und Briefen wiederholt erwähnt „immerwährende, sonnenhafte und diamantgleiche Wahrheiten stützt man nicht auf sterbliche Menschen, und sterbliche Menschen können auf jene kostbaren Wahrheiten keinen Anspruch machen", (trotzdem) die Ruhmredigkeit dieser Persönlichkeit anzunehmen, ist überhaupt nicht die Sache eines gesunden Verstands. Denn wenn Sie all die Abhandlungen und Briefe mit Vernunft und Aufmerksamkeit lesen, werden auch Sie zu der sicheren Überzeugung kommen, dass dieser geehrte überaus große Gelehrte der Zeit ein Religionsgelehrter ist, wie man seinesgleichen seit Jahrhunderten nicht antreffen kann, ein Glaubenserretter, wie man seinem Ähnlichen nicht begegnet, und in einer Zeit, in der die rotglühenden Funken des Bolschewismus unsere Vordächer befallen wollen, ein Patriot, der für das Vaterland und Volk mehr Nutzen und Segen veranlasst als eine Armee. Ich bedauere, dass ich nicht noch früher Schüler eines solchen Werkes und des geehrten Meisters geworden bin, der dieses Werk verfasst hat.

Geehrter Gerichtshof! Damit nun von der Risale-i Nur, deren zahllose Nutzen ich an mir selber erprobt habe, solche Vaterlandskinder wie ich lernen, habe ich in Eskişehir auf eine offizielle Genehmigung hin mit dem Gedanken eines hei-

[1] (Anm. d. Ü.): Das heißt, handschriftlich vervielfältigte Exemplare.

ligen nationalen Dienstes den „Wegweiser für die Jugend“ drucken lassen. Wir fragen Sie: Obwohl der Dienst eines Hilflosen wie mich für die Risale-i Nur, die eine wahre und nicht widerlegbare Exegese des Kur'âns ist, und folglich für den Glauben, mit Gratulation und Würdigung aufgenommen werden sollte und der Ermutigung bedarf, wie sehr ist es der Bedeutung der Gerechtigkeit entgegengesetzt, dass wir derart unangenehm behandelt werden?

Ich ersuche Ihr gerechtes Gericht, dass Sie ein Urteil für die Freiheit der Nur-Abhandlungen fällen, welche die Nahrung unserer Seele, der Anlass für unsere Errettung und der Schlüssel unserer ewigen Glückseligkeit sind, und erkläre, dass wenn die oben erwähnten und aufgezählten Sachverhalte nach Ihrer Ansicht eine strafbare Handlung darstellen, ich (sogar) Ihre schwerste Strafe, die Sie mir auferlegen, mit Wohlgefallen aus ganzem Herzen akzeptieren werde.

CEYLÂN ÇALIŞKAN
In Untersuchungshaft
in der Strafanstalt von Afyon

ANHANG

(zur Übersetzung)

[1] بِاسْمِهِ سُبْحَانَهُ وَاِنْ مِنْ شَيْءٍ اِلَّا يُسَبِّحُ بِحَمْدِهِ

Ein wichtiges Nachwort

Zuerst sei unserem Erbarmungsvollen Herrn, der sich uns durch Seine Gesandten, Seine heiligen Bücher und durch die gesamten Bestandteile in der Schöpfung, vom Kleinsten bis zum Größten, bekannt und beliebt macht und als die wichtigste Gegenleistung überhaupt Seine Erkenntnis und den Glauben an Ihn verlangt, *unendlicher und unbegrenzter Dank und Preis*, dass Er uns mit Seiner Güte die Übersetzung dieser Abhandlungen aus dem weltweit bekannten und beliebten Gesamtwerk des erhabenen Meisters Bediüzzaman huldvoll gewährt hat...

Und dem Ehrwürdigen Propheten, dessen Aufgaben und Ziele als Gottesgesandter sich vor allem und mit größter Wichtigkeit auf solche Glaubenswahrheiten konzentrieren, ebenso seinen Angehörigen und Gefährten, sowie all den anderen Propheten und allen rechtschaffenen Dienern Gottes seien *endlose, unzählige Barmherzigkeiten und Frieden...*

---

[1] In Seinem Namen; gepriesen sei Er. Und es gibt nichts, was Ihn mit Lob und Dank nicht preist.

Als Nachwort möchten wir kurz folgendes zu der Übersetzung anmerken:

Weil in dem Bereich des Religiösen –wie in anderen Fachsprachen auch– viele Begriffe eine genau definierte Bedeutung haben, waren bei der Übersetzung manche, anfangs vielleicht ungewöhnlich erscheinenden *deutschen Begriffe, sogar die Originalwörter selber* notwendig; diese einerseits, und *andererseits der Versuch, den erhabenen und bedeutungsvollen Stil des großen Meisters wort- und satzgetreu beizubehalten, waren unbedingt erforderlich,* damit „um der Kleidung willen nicht vom Körper", d. h. um des Ausdrucks willen nicht von der Bedeutung geschnitten wurde und somit auch der Kontext und der logische Aufbau darin verständlich blieben. Jedoch stören diese Originalwörter und Fachbegriffe nicht das Verständnis und den Verlauf des Textes, außerdem werden sie *im Anhang des Buches* nach alphabetischer Reihenfolge *erklärt.*

Auch sollte beachtet werden: „Die Risale-i Nur verläuft im Gegensatz zu anderen Büchern anfangs verschleiert, entfaltet sich dann immer mehr". Außerdem nehmen solche Glaubenswahrheiten bei wiederholtem Studium eine gewohnte und vertraute Form an; sie sollten auch oft wiederholt werden –wenigstens in den freien Zeiten, und wenn auch nur fünf bis zehn Minuten–, um nämlich den Glauben immer aufzufrischen, so wie es der Ehrwürdige Prophet (A.S.M.) verfügt, und somit je nach eigenen Bemühungen und Fähigkeiten stetige Fortschritte in den endlosen Stufen des Glaubens zu erzielen, was ja bekanntlich der eigentliche Sinn und Zweck des Lebens ist.

Demzufolge sollte man diese lebenswichtigen Wissenschaften der Gotteserkenntnis „nicht wie eine Zeitung lesen", sondern ihre Bedeutungen eingehend, aufrichtig und nachsinnend durchstudieren. „Außer für den Verstand sind sie auch die Nahrung des Herzens, der Seele und der vielen an-

deren Feinsinne des Menschen", und als die Exegesen und Beweise der Glaubenswahrheiten gehören sie zu derjenigen zweiten Art von Wissenschaften, die als geistige Nahrung auch bei ständiger Wiederholung keinen Überdruss hervorrufen.

Ein anderer unbedingt zu erklärender Punkt sind: die Kurzbedeutungen, die wir bei der Übersetzung als Fußnoten zu den Kur'ânversen hinzugefügt haben.

Diesbezüglich sei mit großer Wichtigkeit hingewiesen auf die folgenden Blumen aus dem weiten paradiesischen Garten des Risale-i Nur Gesamtwerks:

Zunächst einmal „(...) haben das ‚fünfundzwanzigste Wort' und das Ende des ‚neunzehnten Briefes' –die unter hunderten Zeugnissen der Resâil'in-Nur ein einziges Zeugnis von ihr für den Kur'ân sind– die Tatsache, dass der Kur'ân in vierzig Hinsichten ein (unnachahmliches) Wunder ist, derart bewiesen, dass wer sie gesehen hat, ihre Beweise bewundert, gewürdigt und viel gelobt hat... Den Aspekt der Unnachahmlichkeit des Kur'âns, sowie die Hinsicht, zu beweisen, dass er wahres Gotteswort ist, der Risalet'in-Nur überlassend (...)" (Şuâlar)

„Da der Kur'ân nun das Wort Allahs ist und die ganze Menschheit anspricht und unterrichtet –die aufgereiht ist in jeweils verschiedene Schichten, welche auf und hinter den ganzen Jahrhunderten sitzen–, und ebenso als das Wort des Allgewaltigen Erschaffers dieser Schöpfung von der höchsten Stufe der Allumsorgung kommt und mit diesen Angeredeten in tausenden verschiedenen Schichten spricht und die sämtlichen Fragen und Notwendigkeiten aller beantwortet, sind dann zweifellos seine Bedeutungen umfassend und allgemein; sie sind nicht wie die Rede der Menschen beschränkt auf eine besondere Zeit, auf eine bestimmte Gruppe und auf eine kleine Bedeutung. Einem jeden der –in tausenden verschiedenen Schichten befindlichen– Gedanken, Intelligenzen,

Herzen und Seelen aller Cinnen und Menschen geben und verteilen sie die entsprechenden Nahrungen...“ (İşârât-ül İ’caz)

„Die erste: Es sind die Wahrheitsgelehrten und die Erforscher. Sie sagen: ‚Der Kur’ân ist ein unerschöpflicher Schatz. Ein jedes Jahrhundert fügt sich seinen klaren Darlegungen und Bestimmungen und akzeptiert sie, nimmt zugleich als Ergänzung seinen Anteil auch an seinen verborgenen Wahrheiten, berührt nicht den verborgen gebliebenen Anteil anderer.‘ Ja, das bedeutet, je mehr die Zeit fortschreitet, um so mehr entfalten sich die Wahrheiten des Allweisen Kur’âns. Es heißt jedoch keineswegs –Gott behüte– Zweifel anzubringen an den äußeren (offenkundigen) Wahrheiten des Kur’âns, welche die rechtschaffenen Vorderen erklärt haben. Denn, diesen muss man glauben. Diese sind klare Darlegungen, sind definitiv, sind der eigentliche Sinn und das Fundament. Der Kur’ân teilt durch die Verfügung عَرَبِيٌّ مُبِينٌ[1] mit, dass seine Bedeutung klar ist. Vom Anfang bis zum Ende hat die Anrede Gottes jene Bedeutungen zum Gegenstand, bekräftigt sie und bringt sie zum Grade der Klarheit. Jene klaren Bedeutungen nicht zu akzeptieren, würde –Allah bewahre– darauf hinauslaufen, den Hocherhabenen Hak zu leugnen und das Verständnis des Erhabenen Gesandten gering zu schätzen. Die klaren Bedeutungen wurden also aufeinanderfolgend aus der Quelle des Gesandtentums entnommen. İbni Cerîr-i Taberi hat sogar die ganzen Bedeutungen des Kur’âns anhand von sicher überlieferten Zeugnissen aufeinanderfolgend zurückgeführt auf die Quelle des Gesandtentums und hat auf diese Weise seine bedeutende und große Kur’ânexegese geschrieben.“ (Mektûbat)

---

[1] Eine deutliche arabische Sprache.

„Weil der Allweise Kur'ân von der Überzeitlichen Rede kommt und alle Menschenschichten in allen Epochen anspricht, gibt es in seiner Bedeutung eine Umfassendheit und eine erstaunliche Allgemeinbezogenheit. Er ist nicht wie der Verstand und die Sprache des Menschen in der Weise beschränkt, in einem Moment nur eine Sache bedenken und nur ein Wort sagen zu können; ähnlich dem Auge, das einen umfassenden Blick besitzt, ist auch die Überzeitliche Rede eine Rede Gottes in einer Umfassendheit, die alle Zeiten und alle Menschengruppen berücksichtigt. Zweifellos ist dann seine Bedeutung nicht wie das Menschenwort beschränkt auf eine kleine Bedeutung und auf eine besondere Absicht. Aus diesem Grund sind die Bedeutungen, welche in allen Exegesen zu sehen sind, und welche die Exegeten mit Ebenen wie „Klarheit, Hinweis, Andeutung, Wink, Anspiegelung" dargelegt haben, (sind jene Bedeutungen) –mit der Bedingung, dass sie den Regeln des Arabischen, den Prinzipien der Satzlehre und den Prinzipien der Religion nicht entgegengesetzt sind– von jenem Wort direkt gemeint und beabsichtigt." (İşârât-ül İ'caz)

„So wie der Unnachahmliche Kur'ân mit seinen Begriffen und mit seiner klaren Bedeutung Wahrheiten zum Ausdruck bringt, drückt er genauso auch mit seinen Stilen und mit seinen verschiedenen Bedeutungen viele hinweisende Sinngehalte aus. Ein jeder Vers hat viele Bedeutungsebenen. Weil der Kur'ân aus umfassendem Wissen kommt, können alle Bedeutungen beabsichtigt sein. Er beschränkt sich nicht auf ein-zwei Bedeutungen wie die Wörter, die mit dem beschränkten Gedanken und eigenen Willen des Menschen entstehen.

Aufgrund dieses Geheimnisses also wurden unzählige Wahrheiten der Verse des Kur'âns von den Exegeten erklärt. Er hat noch viele Wahrheiten, welche die Exegeten nicht erklärt haben. Und insbesondere bei seinen Buchstaben, sowie

–abgesehen von seiner klaren Bedeutung– bei seinen Hinweisen gibt es viele wichtige Wissenschaften.“ (Lem'alar)

„Die Umfassendheit der arabischen Sprache, die eine syntaktische Sprache ist, und die Unnachahmlichkeit der Kur'ânwörter sind solcherart, dass ihre Übersetzung nicht möglich ist. Ich kann sogar sagen ‘es ist unmöglich’. Wer Zweifel hat, soll sich an das ‚fünfundzwanzigste Wort’ über die Unnachahmlichkeit wenden. Das aber, was man ‘Übersetzungen’ nennt, sind äußerst kurzgefasste und mangelhafte Bedeutungen. Ist es nicht ein himmelweiter Unterschied zwischen solchen Kurzbedeutungen und den wahren Bedeutungen der Verse, die lebendig sind und sich in vielen Hinsichten verzweigt haben?“ (Mektûbat)

„(...) Ist wohl die wahre Übersetzung der Verse, die solcherweise sind, möglich? Zweifellos nicht! Bestenfalls wird es entweder eine kurze, oberflächliche Bedeutung, oder man muss für jeden Satz des Verses eine Erklärung von fünf-sechs Zeilen schreiben.

Zum Beispiel ist ‘Elhamdülillâh’ ein Satz des Kur'âns. Seine kürzeste Bedeutung –das, was die Regeln der Syntax und der Lehre von Vergleich und Metapher erfordern– ist die Folgende:

كُلُّ فَرْدٍ مِنْ اَفْرَادِ الْحَمْدِ مِنْ اَيِّ حَامِدٍ صَدَرَ وَعَلَى اَيِّ مَحْمُودٍ وَقَعَ مِنَ الْاَزَلِ
اِلَى الْاَبَدِ خَاصٌّ وَمُسْتَحَقٌّ لِلذَّاتِ الْوَاجِبِ الْوُجُودِ الْمُسَمَّى بِاللّٰهِ

Das heißt: ‘Wie viel Lob und Dank es gibt, von wem sie kommen und zu wem sie auch gerichtet sein mögen –von Ewigkeit zu Ewigkeit–, sind eigen und würdig jenem Wesensnotwendig Existierenden Herrn, den man Allah nennt’. Nun also, (die Bedeutung) ‘wie viel Lob und Dank es gibt’ ergibt sich aus dem ‘verallgemeinernden El’. Die Einschränkung ‘von wem sie auch kommen’ aber: Weil ‘Hamd’ ein Verbalsubstantiv ist und sein Subjekt ausgelassen wurde, drückt er an solchen Stellen die Allgemeinheit aus. Und weil er, wenn das Objekt ausgelassen wird, an der Stelle der Anrede wieder die Gesamtheit und Allgemeinheit zum Ausdruck bringt, drückt er die Einschränkung aus 'zu wem sie auch gerichtet sind'. Die Einschränkung 'von Ewigkeit zu Ewigkeit' aber: Weil die Regel des Übergangs vom verbalen Satz zum nominalen Satz die Beständigkeit und Fortdauer zeigt, drückt er diese Bedeutung aus. Die Bedeutung 'eigen und würdig' wird durch das 'ziehende Lâm' in 'Lillâh' ausgedrückt. Denn: Jenes 'Lâm' ist für die Zueignung und das Anrecht. Die Einschränkung 'Wesensnotwendig Existierender Herr' aber: Weil die Wesensnotwendigkeit der Existenz das zwangsläufige Erfordernis der Gottheit und eine Bezeichnung zum Nachdenken über den Allgewaltigen Herrn ist, zeigt das Wort 'Allah' –so wie es, in Anbetracht seiner Umfassendheit und dessen, dass es der Größte Name ist, mit der erfordernden Bedeutung auf die übrigen Namen und Eigenschaften hinweist– (zeigt es) mit jener erfordernden Bedeutung auch die Bezeichnung 'Wesensnotwendig Existierender'.

Nun also, wenn eine kürzeste und von den Arabisch-Gelehrten einmütig gebilligte äußere Bedeutung des Satzes 'Elhamdülillâh' solcherweise ist, wie könnte er dann in eine andere Sprache in jener Unnachahmlichkeit und Kraft übersetzt werden? (...)" (Mektûbat)

Die ausführliche Behandlung diesbezüglicher Themen finden Sie im Risale-i Nur Gesamtwerk des erhabenen Meisters. Wir begnügen uns hier mit diesen kurzen Hinweisen und bitten, die genannten Umstände auch bei den von uns hinzugefügten „Kurzbedeutungen" der Kur'ânverse mit zu berücksichtigen – d. h. sie nicht als eine „wahre Übersetzung" zu betrachten, sondern als eine Hilfe. Vielmehr sollte man, um ihren tiefgründigen Sinn erahnen zu können, den Text selber als ihre Erklärungen und Exegesen sorgfältig durchstudieren.

(Zu den Stellen, bei denen der erhabene Meister die Kurzbedeutungen selber anführt, wurde nichts hinzugefügt.)

Zum Abschluss noch folgendes ZUR BEACHTUNG:

– Bei den Prophetennamen haben wir zur Erleichterung zwar die biblischen Namen verwendet, jedoch sind die Propheten-Lehre, sowie die übrigen Glaubensgrundsätze –und auch Fachbegriffe wie z. B. Offenbarung, Glaube, Unglaube, Irrweg, rechter Weg, erlaubt, verboten, Gottesdienst, Gedenken, Frömmigkeit, Gottesfreund, Paradies, Hölle usw.– *immer nach islamischer Definition gemeint!*

– *Bei den Gedichten* haben wir nur auf den Sinn geachtet und nicht versucht, wie im Original zu reimen.

– *Anmerkungen* im Originaltext selber haben wir mit „(Anm.)“ abgekürzt und Anmerkungen des Übersetzers wiederum mit „(Anm. d. Ü.)“.

Wir danken herzlich all den Brüdern und Schwestern, die uns bei Schreib- und anderen notwendigen Arbeiten unterstützt haben, sowie denen, die dies künftig durch Fürbitten tun; der Allbarmherzige Herr möge Wohlgefallen an ihnen haben...

Wir wünschen den Lesern viel Freude beim Studium dieser Werke und erbitten vom Allbarmherzigen Erbarmer für sie und uns die Glückseligkeit beider Welten, sowie das ewig beständige vollkommene Wohlgefallen Seiner selbst und Seines Ehrwürdigen Gesandten (Aleyhissalâtü Wesselâm biadedi zerrati'l-enam)...

In Erwartung Ihrer Fürbitten:

Der Übersetzer

ZUR AUSSPRACHE

(der Originalwörter, die bei der Übersetzung belassen wurden)

Zur größtmöglichen Vereinfachung für die Allgemeinheit haben wir nicht die arabische Umschrift verwendet, sondern die türkische Schreibweise beibehalten, jedoch statt des türkischen „v“ das deutsche „w“ übernommen (außer bei Namen); Fachleute werden die arabischen Schreibweisen sowieso kennen – wir bitten um Verständnis.

c – wie im engl. „**G**ermany“
ç – wie in „**Tsch**ad”
ğ – wie in „G**r**uß” und z. B. im frz. „me**r**ci”
ı – annähernd wie in „komm**e**n” und „werd**e**n”
j – wie in „Oran**g**e” und „Dra**g**ee”
r – ist kein Gaumen-r, sondern ein Zungen-r
s – wie in „Flu**ss**” und „mu**ss**”
ş – wie in „er**sch**einen” und „**sch**auen”
z – wie in „Ro**s**e” und „**S**eele”
â, î, û – lange Vokale
(Sonst entspricht die Aussprache etwa dem Deutschen.)

LISTE DER FACHBEGRIFFE

Obwohl die Fachwörter, die wir bei der Übersetzung gebraucht haben, das Verständnis und den Verlauf des Textes nicht stören –außerdem wird man sich leicht an sie gewöhnen können, und muslimische Leser dürften sie sowieso kennen–, haben wir trotzdem versucht, sie etwas näher zu erklären, um das im Nachwort empfohlene eingehende Studium dieser lebenswichtigen Glaubenswahrheiten zu erleichtern.

Ahmed: Einer der Namen des Ehrwürdigen Gesandten (Seiner Erhabenheit Muhammeds) Aleyhissalâtü Wesselâm.

Aleyhissalâtü Wesselâm: Eine Fürbitte für den Gesandten Gottes; etwa „Allahs 'Barmherzigkeit' und 'Frieden' über ihn". Es ist Sunna, dieses Bittgebet zu sprechen, wenn man den Namen des Ehrwürdigen Gesandten, Seiner Erhabenheit Muhammeds hört. Die große Vielzahl und stetige Wiederholung dieser und anderer Barmherzigkeits-Erbetungen (Salawât) für den Propheten (A.S.-M.) sind sehr angebracht. Denn obwohl der Ehrwürdige Gesandte in endlosem Maße die Barmherzigkeit erfährt, hat er trotzdem Bedarf an endlosem Salawât geäußert, weil er in den endlosen Umständen und Situationen seiner gesamten Religionsgemeinde in endloser Zukunft bis in die Ewigkeit alle ihre Sorgen berücksichtigt, sowie Anteil an all ihrem Glück hat. Also bezieht sich die Barmherzigkeit, die über die Persönlichkeit Ahmed's (A.S.M.) kommt, auf die Bedürfnisse der gesamten Religionsgemeinschaft in ewiger Zeit. Dies wird durch das Wort 'Salât' im Sinne von 'Barmherzigkeit' ausgedrückt.

Mit 'Selâm' wiederum –d. h. etwa 'Friede'– sind folgende Bedeutungen gemeint: Heil-Erbitten für den Propheten, Anerkennung seiner Mission, Gehorsam zu den von ihm gebrachten

Geboten, Ergebenheit; es ist zugleich eine Auffrischung des Treueids, sowie Segenswunsch für sein Gesandtentum.

Aleyhisselâm /(im Pl.: Aleyhimüsselâm): Etwa „Möge über ihn (im Pl.: über sie) Allahs 'Friede' sein".

Allahüekber: Es wird damit ausgedrückt, dass „Allah in jeder Hinsicht am erhabensten, am größten ist". Allah ist (mit all Seinen Namen und Eigenschaften) in jeder Hinsicht größer und erhabener als alles – z. B. mit Seinem Wissen und Seiner Macht, sodass nichts aus Seinem Wissen herausbleiben und der Verfügung Seiner Macht entgehen kann. Also ist Er z. B. größer als die Auferstehung zu bringen, uns vor der Nichtexistenz zu erretten und uns die ewige Glückseligkeit zu gewähren. Er ist größer als jede erstaunliche und unvorstellbare Sache, sodass beispielsweise die Versammlung und Verteilung des gesamten Menschengeschlechts nach der Auferstehung für diese Allmacht so leicht ist wie die Schaffung eines einzigen Individuums.

Alleinbesitzen[1]: Die Erscheinung der Einheit Allahs bei allen Existierenden gleichzeitig. Es heißt, „alle Existierenden gehören Einem Einzigen, hängen von Einem Einzigen ab und sind die Schaffung von Einem Einzigen." Als Name Gottes: 'Alleinbesitzer'.

Allgegenwart[2]: Die Erscheinung der Einheit Allahs bei jedem einzelnen Ding. Das heißt, „dass sich bei jedem Ding die meisten Namen des Schöpfers-aller-Dinge offenbaren. Zum Beispiel zeigt das Licht der Sonne in Anbetracht dessen, dass es die ganze Erdoberfläche umfasst, das Gleichnis des Alleinbesitzens. Und der Umstand, dass in jedem transparenten Teil und in den Wassertropfen sich das Licht der Sonne, ihre Wärme, die sieben Farben in ihrem Licht und eine Art Schatten von ihr befinden, zeigt das Gleichnis der Allgegenwart. Und da bei jedem Ding, insbesondere bei den Lebewesen und vor allem bei jedem Menschen, sich die meisten Namen jenes Künstlers offenbaren, zeigt dies die Allgegenwart." Als Name Gottes: 'Allgegenwärtiger'.

---

(1) „Wahidiyet"; als Name: „Wahid".

(2) „Ehadiyet"; als Name: „Ehad".

Allgepriesener[1]**:** Ein Name Allahs; s. „preisen".

Allgewalt[2]**:** Das Sich-Offenbaren Gottes in unendlicher Größe und Erhabenheit, sowie auch in Gewalt und Zorn. Weil der Schöpfer endlos viele Dinge erschafft, die Beweise für Seine Einsheit sind, oder weil Er hoch und erhaben darüber ist, mit den Sinnen wahrgenommen werden zu können, wird Er als „Allgewaltig" bezeichnet. (Vgl. „Cemâl".)

Allheiliger[3]**:** Ein Name Gottes: „Der über jegliche Fehler, Mängel und Unvollkommenheiten Erhabene; der Reine und Höchst Heilige."

Allumsorgung[4]**:** Die Tatsache, dass Allah zu jeder Zeit, an jedem Ort jedem Geschöpf die von ihm benötigten Dinge gibt, es in jeglicher Hinsicht umsorgt, es vor- und fürsorglich behandelt, ihm den Weg bereitet usw.; es ist der Umstand Seiner Besitzerschaft über sie (im weitesten Sinne). Als Name Gottes: 'Allumsorger', d. h. etwa „Herr, Besitzer".

(A.S.): Abk. für „Aleyhisselâm" (bzw. im Pl.: „Aleyhimüsselâm").

Asfiya: Reine, höchst fromme und vollkommene Persönlichkeiten, die Erben des Propheten (A.S.M.) sind und als Wahrheitsgelehrte sich um die Belebung und Durchführung des Weges und der Ziele des Propheten (A.S.M.) bemühen.

(A.S.M.): Abk. für „Aleyhissalâtü Wesselâm".

Äther: Die nicht sichtbare, jedoch von den Wissenschaftlern anerkannte feine, elastische und strömende Himmelsluft, die in der ganzen Schöpfung ausgebreitet ist und die Zwischenräume alles Existierenden durchdringt.

Auferstehung: „Haşr" heißt „Wiedererweckung und Versammlung der Menschen nach dem Weltuntergang (um nach dem darauffolgenden Großen Gericht Gottes am Jüngsten Tag das

---

(1) „Sübhan".

(2) „Celâl".

(3) „Kuddûs".

(4) „Rububiyet"; als Name: „Rab".

Urteil zu empfangen)"; wir haben es kurz mit „Auferstehung" übersetzt.

Aufrechterhalter[1]: Ein Name Gottes, d. h., „Er ist aus sich selbst heraus bestehend, immerwährend und ewig. Alle Dinge sind von Ihm abhängig, durch Ihn nur bestehen sie fort, bleiben im Dasein und erfahren die Ewigkeit. Wenn von der Schöpfung jene Verbindung der 'Aufrechterhaltung' selbst nur für eine Minute unterbrochen würde, würde die Schöpfung zunichte werden."

'Aushängende' ('die sieben ~n')[2]: Die sieben auserwählten besten Gedichte berühmter arabischer Dichter, die in vorislamischer Zeit in goldener Schrift mit Stolz an die Wand der Kaaba aufgehängt wurden.

Bâis: Ein Name Gottes: „Wiedererwecker; Entsender von Gesandten".

Bârekallah: Etwa „Allah segne es!"

Batman: Ältere Gewichtseinheit (örtlich verschieden zwischen 2 bis 8 Okka, d. h. etwa zwischen 2,5 kg – 10 kg); am häufigsten etwa 8 kg.

Bediüzzaman: „Bediüzzaman" bedeutet etwa „der Einzigartige der Zeit" und ist ein Beiname, den große islamische Persönlichkeiten dem erhabenen Meister bereits im Alter von etwa 16 Jahren schon aufgrund seines in der Geschichte höchst beispiellosen Wissens und seiner Fähigkeiten –zu Recht erstaunt– gegeben haben. Mit außergewöhnlicher Gottesgabe hat er bereits ab seinem 14. Lebensjahr die Würde eines erhabenen Meisters getragen und hat –ausgestattet mit allen Vorzügen– ständig um sich Wissens-Segen und Weisheits-Licht verbreitet. Er hat trotz außergewöhnlicher Schwierigkeiten, Hindernissen und Unmenschlichkeiten, welche ihm imperialistische, sowie religionsfeindliche geheime Komitees bereitet haben, ihre ideellen wie tätlichen und systematischen Angriffe auf die Religion –um die neuen Generationen der Religion zu entfremden– durch seine

---

(1) „Kayyûm".

(2) „Muallekat-ı seb'a".

Gesamtwerke zurückgewiesen und vereitelt, die nämlich entsprechend dem Verständnis und Erfordernis dieser Zeit alle Glaubenswahrheiten des Islam vollständig und ausführlich, mit außergewöhnlichen und noch nie gesehenen Beweisen und Methoden bestätigen und den Glauben der Menschen erretten und vielfach stärken. Somit erwies er dem Islam, dem ganzen Land und der Menschheit bis zum Weltuntergang äußerst erhabene Dienste. (Sein Risale-i Nur Gesamtwerk umfasst 130 kleine wie große Abhandlungen.)

'Beigesellung'[1]**:** Allah irgendetwas oder jemanden beizugesellen; bezeichnet den Polytheismus im weitesten Sinne, umfasst z. B. auch die Zuschreibung der Geschehnisse auf die Natur, die Ursachen usw. (einen Teilhaber von Allah anzunehmen ist eine größte Sünde).

Bismillah: Im Namen, mit Erlaubnis und Kraft Allahs, für Allah.

Cemâl: Die Schönheit Allahs und Sein Sich-Offenbaren in Güte und Wohlwollen.

Cemîl: Ein Name Gottes, etwa: „Besitzer und Träger des 'Cemâl's'".

Cewşen (~-ül Kebîr): Name eines äußerst erhabenen, wichtigen und unübertrefflichen Bittgebets des Ehrwürdigen Gesandten, Seiner Erhabenheit Muhammeds (A.S.M.). Es ist ein außergewöhnliches, beispielloses Bittgebet des Propheten (A.S.M.), das tausend Besonderheiten und Nutzen hat und die Schönen Namen Allahs beinhaltet.

Cinn(~en): Geistige, bewusstseinbesitzende Geschöpfe, die mit äußeren Sinnen normalerweise nicht wahrgenommen werden und verschiedene Gestalten annehmen können. (Die im „29. Wort" erklärten ausführlichen Beweise für die Existenz der Engel und Seelenwesen sind zugleich auch Beweise für die Existenz der Cinnen.)

Derwisch: Eine seit dem fünften Jahrhundert n. d. Hicra für Angehörige eines mystischen Ordens gebrauchte persische Be-

---

(1) „Şirk".

zeichnung in der Bedeutung „Türschwelle“, d. h. im übertragenen Sinne gemeint, dass ein Derwisch –um bestimmte, den Menschen vervollkommnende Charaktere, geistige Ziele und Absichten zu erlangen– jegliche Mühen und Anstrengungen ertragen und auf sich nehmen muss. Die Bedeutung „Bettelmönch“ oder „Bettler“ für solche Ordensangehörigen zu gebrauchen, ist inkorrekt und unberechtigt. Vielmehr ist ein „Derwisch“ der Inbegriff eines „höchst bescheidenen, genügsamen, mit allem zufriedenen“ Menschen, der mit dem Geistlichen und Religiösen glücklich wird.

Dirhem: Ältere Gewichtseinheit von 3,2g. Auch der Name einer alten ar. Silbermünze im Wert von 5 Kuruş, bzw. im Gewicht eines Dirhems.

Einheitsbezeugung(1)**:** Glauben, Verstehen und Wissen, dass überall und bei allen Dingen keine Wirkung und Herrschaft von jemand oder etwas anderem außer Allah besteht und dies wissend zu leben; also „Für-eins-Erklären“ (Gottes), d. h. Aussprechen des Wortes „Lâ ilâhe illallah“.

Einsheit(2)**:** Etwa „Einheit; Beispiellosigkeit“; eine Eigenschaft Allahs, die Bedeutungen ausdrückt wie dass Er darüber erhaben ist, geringer zu werden, sich zu vermehren, sich zu teilen.

Einziger(3)**:** Name Gottes, etwa: „Einer, Einziger, Alleiniger, ohne ein Entsprechendes, ohne ein Gleiches“; als Eigenschaft: „Einzigkeit“.

Elhamdülillâh: Seine äußerst kurze Bedeutung: „Alles Lob und Dank, die es gibt, von Ewigkeit zu Ewigkeit und von wem zu wem auch immer, sind alle Allah eigen.“ (Ein Kur'ânvers, der Glaube, Lob, Dank und Zufriedenheit zum Ausdruck bringt.)

Elif: Der einem kleingeschriebenen Buchstaben „L“ ähnelnde erste Buchstabe des arabischen Alphabets.

---

(1) „Tewhid“.

(2) „Wahdaniyet“.

(3) „Ferd“; als Eigenschaft: „Ferdiyet“.

'Epoche der Glückseligkeit': Bezeichnet die Zeit, in der der Gesandte Gottes, Seine Erhabenheit Muhammed (A.S.M.), als Prophet auf der Welt gewesen ist.

Fatiha: Die erste („eröffnende") Sure des Ehrwürdigen Kur'âns.

Fetret: Der Zeitraum zwischen den Epochen zweier Propheten, in dem die himmlischen Offenbarungen und Bestimmungen eine Unterbrechung erfahren.

Fortgestalter(1): Ein Name Gottes; etwa „Schöpfer" oder „Schöpfer einzigartiger Dinge; der mit außergewöhnlich überragender Kunst Erschaffende", aber insbesondere in der Bedeutung „der die Erschaffung Fortführende" (z. B. durch Spaltung der Samenkörner und Kerne, durch Zellteilungen usw.).

Furkân: Eine Bezeichnung für den Ehrwürdigen Kur'ân, etwa „Unterscheider zwischen dem Wahren und Falschen, dem Guten und Schlechten".

Gabriel: Einer der vier größten Engel; seine Aufgabe ist es, die Offenbarungen Gottes, Seine Bestimmungen und Gesetze an die Propheten zu überbringen. Sämtliche himmlischen Heiligen Bücher und Schriften (in ihrer ursprünglichen, eigentlichen Form) wurden an die Propheten durch ihn überbracht – so auch als die letzte und vollendende Offenbarung der Heilige Kur'ân an Seine Erhabenheit den Propheten Muhammed (A.S.M.).

Gaws: Die Persönlichkeit auf höchster Stufe geistiger Gottesfreundschaft; das Haupt der Gottesfreunde. Der „Größte Gaws" ist ein Name für Seine Erhabenheit Abdulkadir-i Geylânî (K.S.), Gründer des Kadirî-Ordens.

Gottesfreund(2): Große und seltene Persönlichkeiten, die versuchen, nicht ihrem Nefs, sondern stets dem Wohlwollen Gottes zu folgen, die in Gottesdienst, Gehorsam, Frömmigkeit und Askese sehr hohe Stufen und somit eine geistige Nähe zu Gott erreichen und von Ihm um so mehr geliebt werden.

---

(1) „Fâtır".

(2) „Welî"; Pl.: „ewliyâ".

Hadîs: Wort, Anordnung und Handlungsweise des Propheten (A.S.M.), seine „Sunna".

Hadîs (Heiliges ~): Ein heiliges Wort, dessen Sinn dem Propheten (A.S.M.) von Allah geoffenbart oder eingegeben wurde, dessen Begriffe aber er selbst erwähnte, sozusagen ein „außerkur'ânisches Wort Gottes".

Hak: Ein Name Gottes: Der Wahrhaftige; die Absolute Wahrheit und Wirklichkeit; Besitzer aller Rechte und Wahrheiten; Quelle aller Wahrheiten.

Die Wahrheit der Schöpfung, die Wahrheiten alles Existierenden, aller Sachen und Dinge, die Eigenschaften und Künste bei allen Dingen, die Wahrheiten aller Wissenschaften, aller menschlicher Vollendungen und aller Schichten der ehrenwerten Großen der Menschen beruhen auf einem oder vielen Namen Gottes. Die eigentlichen Wahrheiten der Dinge sind die Namen Gottes; das (innere) Wesen der Dinge wiederum sind die Schatten jener Wahrheiten...

Hasbünallah: Kur'ânvers etwa in der Kurzbedeutung „Allah ist uns genügend".

Herzenskern(1)**:** Bezeichnung für den Feinsinn im Herzen, der die Stelle der Wahrnehmung Gottes ist.

Hicra: Auswanderung Seiner Erhabenheit des Propheten (A.S.M.) von Mekka nach Medina (622 n.Chr.), Beginn der islamischen Zeitrechnung.

Himmelfahrt(2)**:** Das Wunder Seiner Erhabenheit des Propheten (A.S.M.), mit Seele und Leib über die gesamte Schöpfung und über alles Existierende hochzusteigen, in die Gegenwart Gottes zu treten und mit Ihm ein allgemeines, umfassendes, erhabenes Gespräch zu führen. Es ist eines seiner größten Wunder. (Die ausführlich beweisende Abhandlung darüber ist das „31. Wort").

Hû: Ein Pronomen in der Bedeutung „Er". Es drückt aus, dass es keinen anderen Gott gibt außer „Ihm", einem einzigen Allah.

---

(1) „Sır".

(2) „Mi'rac".

Huldwunder[1]**:** Eine durch die Huld Gottes gewährte außergewöhnliche Handlung und Tat eines Gottesfreundes, d. h. eines Dieners von Ihm, der sich von gewohnten menschlichen Dingen in gewissem Grade befreien kann und hohe Stufen in der Gottesfreundschaft erreicht.

İmam: Es hat u. a. Bedeutungen wie „Wegweiser; Müctẹhid; geistiger Führer; Führer der Religionsgemeinschaft; aber auch: Vorbeter einer Gemeinde beim Ritualgebet.“

İnşâallah(~u 'teâlâ'): Etwa „So Allah ('der Ḣöchste') erlaubt und zuteil werden lässt“.

İsrâfîl (A.S.): Er ist einer der vier größten Engel und ist damit beauftragt, die „Sûr“ genannte „Posaune“ zu blasen für den Weltuntergang, sowie für die Wiederauferstehung.

Kaaba: Das Gotteshaus, nach dem sich die Gläubigen auf der ganzen Welt bei Verrichtung des Gebetes richten. Es gibt Überlieferungen darüber, dass seine erste Erbauung durch Seine Erhabenheit Adam Aleyhisselâm vorgenommen wurde. Fest steht auf jeden Fall, dass es auf Anordnung Allahs hin von Seiner Erhabenheit Abraham und seinem Sohn Ismael Aleyhimüsselâm erbaut wurde. Es ist das heiligste und wichtigste Gebetshaus auf der Welt, das Gläubige, denen die Pilgerfahrt kanonisch vorgeschrieben ist, bei der Pilgerfahrt besuchen müssen.

Kab-ı Kawseyn: Ein Rang zwischen der Welt der „Möglichkeit“ (d. h. alles Erschaffenem, also der Schöpfung) und der „Welt der Wesensnotwendigkeit“ (Gottes); der Ehrwürdige Gesandte (A.S.M.) trat bei seiner Himmelfahrt in diesen Rang ein und führte mit dem Schöpfer ein allgemeines, umfassendes, erhabenes Gespräch.

Kewser: Paradiesgewässer.

(K.S.): Abk. für „Kuddise Sırruhu“.

Kuddise Sırruhu: Ausdruck der Ehrerbietung für Gottesfreunde, in der Bedeutung „möge sein Herzenskern und seine Wahrheit geschätzt und geehrt werden“. (Siehe a. 'Herzenskern').

---

(1) „Keramet“.

Künstler[1]: Name Gottes in der Bedeutung: „Der Kunstvoll Erschaffende".

Kutup: Führer eines religiösen Pfades. Unter erhabenen und großen Gottesfreunden ist ein „Kutup" ein größter Rechtweiser seiner Zeit (als „Pol"), dem sich sehr viele Muslime anschließen.

Lâ ilâhe illâllah: „Es gibt keinen Gott außer Allah." Im Gegensatz zu den übrigen Eigennamen beinhaltet das Wort „Allah" die Bedeutungen der gesamten Namen und Eigenschaften Gottes, weil es die Person Gottes selber bezeichnet. Demzufolge enthält das Wort „Lâ ilâhe illâllah" so viele Aussagen wie die Anzahl der Schönen Namen, wie z. B. „Es gibt keinen Schöpfer außer Allah; keinen Fortgestalter, keinen Ernährer, keinen Aufrechterhalter außer Allah" usw.

Lewh-i Mahfûz(-u Âzam): Die Aufzeichnung des Lebens aller Dinge durch den Schöpfer; in gewisser Hinsicht eine Bezeichnung für Sein Allwissen.

Mâşâallah: Ausruf der Bewunderung und des Lobes, wörtlich etwa „wie Allah es gewollt hat"; zugleich ein Bittgebet in der Bedeutung „Allah möge bewahren".

Melekût (Auch: Welt des ~): Nicht die materielle, sondern die geistige innere Hinsicht der Dinge, also ihr wahrer Hintergrund; Geheimnisse der Wirksamkeit und Ausübung der absoluten Herrschaft Gottes. Auch eine Bezeichnung für den Bereich geistiger Geschöpfe und die Welt der Seelen.

Mewlewî: Ein Muslim, der dem mystischen Orden Seiner Erhabenheit Mevlâna Celâleddin-i Rumî angehört.

„Möglichkeit(~en)"[2]: Damit ist alles außer Allah selber gemeint. Diese sind nämlich in ihrer Existenz oder Nichtexistenz gleich, also 'möglich'. Allah hingegen ist in Seiner Existenz 'wesensnotwendig', d. h. Seine Nichtexistenz ist unmöglich.

Müceddid: Etwa: „Erneuerer"; Erben des Propheten (A.S.M.), die große Gelehrte und geniale hocherhabene Meister sind und ü-

---

(1) „Sâni'".

(2) „İmkân(~at)".

ber die durch ein authentisches Hadîs überliefert ist, dass sie aufeinanderfolgend jeweils zu Anfang jedes Jahrhunderts (nach der Hicra) gesandt werden, um die religiösen Wahrheiten entsprechend dem Erfordernis der jeweiligen Epoche zu unterrichten.

Müctehid: Höchst fromme (!) und in den Religionswissenschaften tief kompetente geniale Persönlichkeiten, die als wahre Experten rechtliche Fragen durch Ableitung aus Kur'ân und Hadîsen bestimmt haben.

N. d. H.: Abk. für „nach der Hicra“, d. h. der Auswanderung Seiner Erhabenheit des Propheten (A.S.M.) im Jahre 622 n. Chr. von Mekka nach Medina; Beginn der islamischen Zeitrechnung.

Nakşî: Angehöriger des mystischen Ordens, den der große Gottesfreund Şeyh Bahâüddin Nakş-bendî gegründet hat, und der sich am meisten auf das stille Gedenken stützt.

Nefs: Sinnliche Empfindung, die die Quelle der fleischlichen Lust, des Zorns, sowie allgemein der gefühlsmäßigen Wünsche des Körpers ist.

Okka: Ältere Gewichtseinheit, örtlich verschieden; nach dem Şeriatsrecht 40 Dirhem; die meist bekannte ist 400 Dirhem, d. h. 1283g.

Padişah: Großer Herrscher, Sultan; Vertreiber des Übels, Verbesserer.

Pharao: Insbesondere der despotische Gewaltherrscher, der zur Zeit des Propheten Seiner Erhabenheit Moses (A.S.) sich gegen Allah auflehnte, eine Göttlichkeit beanspruchte und nicht an den Propheten Moses (A.S.) glaubte. „Pharaonie“ bedeutet sinnbildlich: „Im Unglauben sich als Herr seiner selbst glaubend starrsinnig sich gegen Gott aufzulehnen und zu versuchen, die Menschen zum Irrweg, zur Gottlosigkeit zu führen“.

Preisen(1)**:** Das heißt etwa: „'Sübhanallah'-Sagen“; siehe 'Sübhanallah'.

---

(1) „Tesbih“.

(R.A.): Abk. für „Radiyallahü anh“ (bzw. für „~anhâ“, „~anhüm“ oder „~anhümâ“).

Radiyallahü anh: „Möge Allah Wohlgefallen an ihm haben!“; eigtl.: „Allah hat Wohlgefallen an ihm“ (bzw. „an ihr“, „an ihnen“ oder „an ihnen beiden“).

Ramadan: Der wichtigste der heiligen Monate; der Fastenmonat, in dem der Ehrwürdige Kur'ân begann, herabgesandt zu werden; vermutlich so benannt, weil er die Sünden des Fastenden vertilgt.

Reue[1]**:** Die begangene(n) Tat(en) aufrichtig bereuen, Allah um Vergebung bitten und den festen Vorsatz fassen, sie nicht wieder zu tun.

Sahâbi(~s)[2]**:** Gefährte(~n) Seiner Erhabenheit des Propheten; sie sind große, ehrenwerte Persönlichkeiten (R.A.), die den Propheten (A.S.M.) als Gläubige gesehen und als Gläubige auch verstorben sind. Sie waren dem Propheten (A.S.M.) und seinem Weg getreu, folgten ihm mit größter Verbundenheit und versuchten, ihm in jeder Hinsicht Folge zu leisten. Sie bemühten sich stets, in ständiger Aufrichtigkeit, Rechtschaffenheit, Treue und Tugend zu leben. Für den Islam zeigten sie alle Opferbereitschaft in höchstem Grade. Innerhalb des Menschengeschlechts sind sie nach den Propheten (A.S.) diejenige große Gruppe, welche die berühmteste hinsichtlich der Intelligenz, des Weitblicks, der Begabung und der Vollkommenheit, sowie die geehrteste und frommste ist.

Salawât: Aus Zufriedenheit und Verbundenheit ausgesprochene Segenswünsche, Bittgebete und Fürbitten für den Propheten (A.S.M.) – siehe „Aleyhissalâtü Wesselâm“. Bezogen auf die gesamten beseelten Geschöpfe auch in der Bedeutung: „Gebete; sämtliche Bittgebete; von Bedarf herrührendes sämtliches Fle-

---

[1] „Tewbe“.

[2] Den Plural einiger weniger Wörter haben wir erleichtert –um die Anzahl der Fachbegriffe möglichst gering zu halten– und z. B. wie hier statt des arabischen „Ashâb“: „Sahâbi's“ verwendet (im Türkischen sind beide Arten gebräuchlich).

hen und Erbitten; Anbetungen und Danksagungen wegen den Gottesgaben" (auch wenn sie dem Allbarmherzigen Schöpfer nur durch Gefühle und andere Anlagen unterbreitet werden).

Samed: Ein Name Allahs, etwa „Besitzer des 'Samediyet's'"; d. h. „der Selber Unabhängige, auf den aber alles und alle angewiesen sind".

Samediyet: Der Umstand, dass auf Allah alles und alle in jedweder Hinsicht angewiesen sind und Seiner bedürfen, Er selbst aber nichts und niemanden bedarf, dass Seine Schätze unerschöpflich sind, und dass Seiner Allmacht nichts schwer fällt.

Secde: Als Ausdruck größter Ehrerbietung ist es ein vorgeschriebenes Sich-Niederwerfen vor der geistigen Gegenwart Allahs im Gebet, um Anbetung, Zufriedenheit, Gehorsam und Dank zu äußern (dabei müssen die Stirn, die Handflächen, die Knie und die Zehen den Boden berühren).

Sıddık(~în): Etwa „die Getreuen"; höchst aufrichtige und immer rechtschaffene Persönlichkeiten, die die Größten in der Treue zu Allah und zu seinem Propheten sind. Menschen, die versuchen, Seiner Erhabenheit Ebubekir (R.A.) nachzufolgen – er ist nämlich der „Größte Getreue"; es ist die allerhöchste Stufe der Gottesfreundschaft.

Sırat(-Brücke): Als der einzige Weg zum Paradies eine über die Hölle errichtete Brücke, die jeder passieren muss, jedoch nicht alle hinüber können.

Sophist(1)**:** Anhänger der Sophistik, d. h. einer altgr. Lehre, die Sein und Wissen leugnet.

Statthalter(2)**:** „Halife" ist einerseits die Bezeichnung für den Führer der Religionsgemeinschaft als Stellvertreter und Nachfolger des Propheten (A.S.M.) bei der Aus- und Durchführung der religiösen Bestimmungen – in diesem Sinne als „Kalif" bezeichnet, andererseits spricht der Kur'ân davon, dass Allah das Menschengeschlecht zum geistigen Statthalter der Erde gemacht

---

(1) „Sofestâî".

(2) „Halife", wörtlich etwa „Nachfolger bzw. Stellvertreter".

und zur Befähigung dieser Statthalterschaft Adam (A.S.) Seine Namen unterrichtet hat. Das heißt, Er hat den Menschen zum umfassenden Spiegel für all Seine Namen gemacht und ihm Anlagen gegeben, die die Inhalte der Schätze Seiner Allbarmherzigkeit erkennen und einschätzen können, und Ausrüstungen, die die Feinheiten der Erscheinungen und Künste all Seiner Namen ermessen können. Deshalb hat Er ihm eine grenzenlose Bedürftigkeit gegeben und ihn grenzenloser Arten von materiellen und geistigen Nahrungen bedürftig gemacht. Demzufolge ist also der Weg, der den Menschen auf die schönste Vollendung erhebt, Dank und Dienstbarkeit.

So wie ein Offizier die gesamten Dienste aller Soldaten in eigenem Namen dem Padişah unterbreitet, so soll auch der Mensch, der mit Gottes Erlaubnis und Kraft einen Offiziersrang über die Geschöpfe innehat, eine Kommandantur über die Tiere und Pflanzen ausübt, und in seiner persönlichen Welt sich selber als „Stellvertreter" für alle ansieht, z. B. im Gebet mit dem ausgesprochenen „wir" in der Fatiha die Gottesdienste und Hilfebitten der gesamten Geschöpfe, sowie im „Et-Tahiyyâtü" all ihre endlosen 'Tahiyyât's', 'Mübarekât's', 'Salawât'e' und 'Tayyibât's' in eigenem Namen dem Allmächtigen Herrn unterbreiten.

„Ja, der Mensch ist zwar selber und in seinem Äußeren belanglos und bedeutet nichts. Aber im Hinblick auf die Aufgabe und den Rang gilt er als ein Zuschauer dieser prachtvollen Schöpfung, eine sprechende Zunge all dieser Existierenden, ein genauer Untersucher dieses Welten-Buches und ein Aufseher und Werkmeister dieser preisenden und betenden Geschöpfe.

Ja, der Mensch wurde auf diese Welt als Gast gesandt. Und dem Menschen sind wichtige Veranlagungen und entsprechend jenen Veranlagungen wichtige Aufgaben anvertraut.

Auch sollte sich der Mensch –um ein Mensch zu werden– ihm entsprechend in gewissem Grade um dieses Ziel bemühen. Diese Ziele aber sind:

Erstens: In dieser Schöpfung die Herrschaft der Allumsorgung Gottes zu bestätigen und die Schönheiten ihrer Vollkommenheiten zu betrachten.

Zweitens: Die wundervollen Ornamente der heiligen Namen Gottes einander zu zeigen und zu verkünden.

Drittens: Die Edelsteine der Namen des Allumsorgers, welche verborgene Schätze sind, mit der Begreif-Waage abzuwägen und sie wertzuschätzen.

Viertens: Die Briefe des Stiftes der Allmacht eingehend zu studieren und nachzusinnen.

Fünftens: Die Feinheiten und Schmucke der Erschaffung zu betrachten und ein brennendes Verlangen nach der Erkenntnis und dem Schauen des Fortgestalters zu zeigen.

Sechstens: Dafür, dass der Allgewaltige Künstler sich mit den Wundern Seiner Kunst bekannt macht und mitteilt, mit Glaube und Erkenntnis zu begegnen.

Siebtens: Dafür, dass der Allgütige Allbarmherzige mit den Zierden der Früchte Seiner Barmherzigkeit sich innig lieben lässt, auf Ihn die Liebe zu konzentrieren und Ihm durch Anbetung Liebe zu zeigen.

Achtens: Dafür, dass der Wahre Allschenker den Menschen mit Genüssen materieller und geistiger Gaben aufzieht, (dafür) mit Handlung, Zustand und Sprache, wenn möglich sogar mit all seinen Gefühlen und Feinsinnen, jenem Wahren Allschenker zu danken und Ihn zu lobpreisen.

Neuntens: Dafür, dass der Absolut Allgewaltige (möge Seine Allgewalt hocherhaben sein) und der Absolute Cemîl (möge Sein Cemâl hochgeehrt sein) in den Erscheinungsorten der Schöpfung und in den Spiegeln der Existierenden Seine Größe und Vollkommenheit, Seine Allgewalt und Sein Cemâl zeigt, Ihm mit Tekbir und Preisung, mit Dienstbarkeit in Bescheidenheit und mit Secde in Staunen und Liebe zu begegnen.

Zehntens: Dafür, dass jener Allbarmherzige den Grad der Weite Seiner Barmherzigkeit, den Grad der Menge Seines Reichtums und innerhalb einer Makellosigkeit und Regelmäßigkeit Seine absolute Freigebigkeit zeigt, in Lobpreis und Verehrung die eigene Bedürftigkeit zu zeigen und (von Ihm) zu erbitten.

Außerdem; dafür, dass Er auf der ganzen Erde die Feinheiten und Kostbarkeiten Seiner Kunst ausstellt, Ihm mit Lob, Bewunderung und Preis zu begegnen. Und dafür, dass Er in diesem Schloss der Schöpfung mit Seinen unnachahmlichen Prägungen, mit Seinen charakteristischen Siegeln, mit Seinen Ihm eigenen Namenszügen und mit Seinen eigentümlichen Erlassen auf all die Existierenden einen Stempel der Einheit aufsetzt, die Zeichen Seiner Einheitsbezeigung stickt und in allen Gegenden die Flagge Seiner Einsheit bekannt macht, mit Bestätigung, mit Glaube und Einheitsbezeugung, mit Begreifen, Bezeugung und Dienstbarkeit zu begegnen.

Nun also, durch solche Aspekte von Gottesdiensten und Nachsinnen wird der Mensch zum wahren Menschen, zeigt er, dass er in schönster Vollendung ist, und wird er durch den Segen des Glaubens zu einem vertrauenswürdigen Statthalter der Erde, der das Anvertraute innehat."

Sübhanallah: Etwa „gepriesen sei Allah", d. h. „Allah ist heilig und rein (von Teilhabern, Mängeln, von Ungerechtigkeit, Unfähigkeit, Unbarmherzigkeit, Bedürftigkeit, Betrug und von sämtlichen Unvollkommenheiten, die Seiner Vollkommenheit, Allgewalt und Seinem Cemâl entgegengesetzt sind)." Es wird z. B. gesagt, um das Staunen und die Verwunderung zum Ausdruck zu bringen, die man vor den Geschöpfen und Werken Gottes empfindet. Es drückt also aus, dass der Schöpfer in Seiner Person und in Seinen Eigenschaften und Handlungen frei von allen Fehlern und Mängeln und über sie erhaben ist.

Sunna: Weg, Gewohnheit; das maßgebliche Vorbild des Propheten (A.S.M.) bei seinem Tun, Sprechen oder Verhalten. Deren Nachahmung hat sehr viele materielle und geistige Vorzüge und bringt große Jenseitslöhne.

Sure: Kur'ân-Kapitel (es gibt 114 „Suren" im Kur'ân).

Şeyh: Etwa: „der Älteste; das Oberhaupt"; als Titel gebraucht besonders für Ordensführer, aber auch für Gelehrte und für Menschen, die sich –insbesondere in religiösen Diensten– hervortun.

Tahiyyât: Die Preisungen und Gottesdienste der gesamten Lebewesen –und ihre Verkündung der Kunstvollkommenheiten des Allgewaltigen Künstlers–, welche sie verrichten, indem sie die

Erschaffungsgebote ausführen und ihren Zweck und die Aufgaben ihres Lebens hervorragend erfüllen Dies sind ihre „Geschenke“ und „Tahiyyât's“, die sie ihrem Schöpfer unterbreiten.

Tayyibât: Die Erscheinungen der überzeitlichen Schönen Namen, deren Cemâl's in der ganzen Schöpfung zu sehen sind; die Vollkommenheiten und Schönheiten der gesamten Schöpfung und der Geschöpfe; der Glaube der gesamten Gläubigen –allen voran der Propheten, Gottesfreunde und Asfiya's, sowie auch der Cinnen, Engel und der Seelenwesen–, von ihrem Glauben herrührend alle ihre (gottesdienstlichen) schönen Worte, Danksagungen, Einheitsbezeugungen, Lobe, Preisungen, die gesamten endlosen guten Werke, Taten, geistige Erträge und Schönheiten.

Tehlil: Den Schöpfer in jeder Hinsicht „für teilhaberlos erklären“ – nämlich mit den heiligen Worten „Lâ ilâhe illâllah“.

Tekbir: Mit den heiligen Worten „Allahüekber“ ausdrücken, dass Allah in jeder Hinsicht am erhabensten, am größten ist; d. h. den Schöpfer „für den Größten erklären“.

‘Thron’ (‘Gewaltiger ~’)[1]**:** Als sozusagen eine Art erhabenes, wertvolles und ehrwürdiges „Gewölbe“ über die gesamte Schöpfung ist es eine Bezeichnung für den umfassendsten gewaltigen Bereich, der über allen Himmeln und über dem Paradies die gesamte Schöpfung und die Welt alles Existierenden einschließt. Manchen Hadîsen bei Buharî und Tirmizî entsprechend befindet sich der Allgewaltige Schöpfer –mit Seiner Person– „über“ diesem Bereich, wobei das für uns selbstverständlich in jeder Hinsicht unvorstellbar ist, weil der Schöpfer nicht materiell ist und somit erhaben über Zeiten und Räume –die Er ja selber geschaffen hat– und gemäß dem Kur'ân sowohl in Seiner Person als auch in Seinen Eigenschaften und Handlungen nichts Ähnliches und Entsprechendes hat. Deshalb ist die Form und Beschaffenheit dieser Art „Grenze“ zwischen dem Schöpfer und Seinen Geschöpfen für uns unbekannt. Das Wesen und die Person Gottes kann und darf man sich sowieso

---

[1] „Arş-ı A'zam“.

nicht vorstellen; nur zu Seinen Handlungen und Taten kann man Vergleiche heranziehen.

So wie ja z. B. die Sonne –den unmöglichen Fall angenommen, sie würde mit Gottes Erlaubnis bei ihren Erscheinungen und Aufgaben, die sie versieht, aus freiem Willen wirken– mit ihren unbeschränkten „Eigenschaften" Licht, Wärme und den sieben Farben überall die ganze Erdhalbkugel umfasst und überall „tätig" ist, sogar wegen ihrer immateriellen Spiegelung sozusagen das Abbild ihrer selbst in jedem polierten glänzenden Ding Gestalt annimmt und sie deshalb „allgegenwärtig" ist. Wenn tausende und Millionen Spiegel ihrem Licht entgegenstünden, würde sich ihre abgebildete Erscheinung in jedem von ihnen selber befinden, ohne sich aufzuteilen – wie (sie sich) in einem einzigen Spiegel auch (befindet). Wenn der Spiegel dazu veranlagt wäre, könnte die Sonne darauf mit ganzer Pracht ihre Werke zeigen. Eine Sache kann die andere Sache nicht behindern. Tausende sind wie eine, und in tausende Stellen tritt sie so leicht ein wie in eine Stelle. Jede Stelle erfährt die Erscheinung jener Sonne so vollständig wie tausende Stellen.

Nun also, wenn das „Licht" der Lichtbesitzer wie z. B. dieser leblosen Sonne, des unfähigen Menschen, oder des bewusstlosen Röntgenstrahls –obwohl sie veränderlich, mangelhaft und neu zustande kommend, also nicht wesenseigen sind– alle ihnen gegenüberliegenden Dinge „sehen" und sie durchdringen, dann kann sich zweifellos vor den Eigenschaften und Namen der 'Überzeitlichen Sonne' (d. h. des Schöpfers), welche 'wesensnotwendig', allumfassend, wesenseigen und „Licht" und „leuchtend" sind, gar nichts verstecken und außerhalb von ihnen bleiben. Wegen dem Geheimnis der Zuwendung der Allgegenwart hat der Schöpfer –unendlich erhabener als in diesem Beispiel– solch eine Erscheinung, dass Er, obwohl Er sich (mit Seiner Person) nirgendwo befindet, überall (mit Seinen Eigenschaften) gegenwärtig und sehend ist. Er ist allen Existierenden näher als diese sich selber. Bei Seiner Zuwendung gibt es kein Sich-Teilen. Im gleichen Moment macht Er überall, mühelos und ohne gegenseitige Erschwerung alles.

Also hat das Sich-Offenbaren der verschiedenen Namen Gottes Erscheinungsformen vom 'Gewaltigen Thron' bis zu den kleinsten Teilchen.

In diesem Sinne bezeichnet man auch alles andere, worauf der Schöpfer Seine Namen offenbart und konzentriert, als 'Thron', d. h. als 'Erscheinungsstelle' – so wie ja auch ein jedes transparente Ding zu einer Art 'Thron' für die Sonne wird. Demzufolge ist alles Existente –seiner Stufe, seinem Grad und Ausmaß entsprechend– jeweils eine Art 'Thron' von Ihm. Insbesondere sind der Mensch –der aufgrund der Umfassendheit seines Wesens wie ein verkleinertes Abbild der Schöpfung ist– und sein Herz jeweils eine wichtige 'Erscheinungsstelle'.

In einem Ehrwürdigen Vers in der Sure „Yunus“ steht, dass Allah die Erde und die Himmel in „sechs Tagen“[1] erschaffen und dann Seine (Allumsorgungs-)Herrschaft über den 'Thron' errichtet hat (. sodass Er Seine Verfügung von dort nach überall in die Schöpfung hin gleichzeitig erteilt).

In diesem Fall ist der 'Gewaltige Thron' die erste „Zentrale“, in der sich Seine Namen in höchstem Ausmaß offenbaren. Seine Verfügung verbreitet sich von dort aus in die gesamte Schöpfung und durchdringt sie – ähnlich der Sonne, Er wird sozusagen als eine 'Überzeitliche Sonne' bezeichnet. Aber weil die Sonne ja geschaffen, leblos, unfähig und in ihrer Existenz abhängig, der Schöpfer jedoch 'Wesensnotwendig', vom Materiellen rein und erhaben, von Beschränkung und Dichtheit frei ist und sämtliche „Lichter“ und alles „Lichtvolle“ ein schwacher Schatten der Lichter Seiner heiligen Namen sind und Seine Eigenschaften allumfassend, alldurchdringend und Er allgegenwärtig ist, geschieht das selbstverständlich auf eine unendlich erhabenere Weise als in diesem Beispiel der Sonne.

---

(1) Mit „sechs Tagen“ sind „Schöpfungs-Tage“ gemeint, die nicht unsere bekannten „Tage“ bedeuten. Eine ausführliche Erklärung dazu steht in dem „Nachtrag von Barla“.

Neben hunderten Beweisen, die in der Risale-i Nur ausführlich erklärt werden, wird insbesondere auch durch dieses Beispiel der Sonne folgendes leicht verständlich:

Wenn man die gesamten Existierenden einem einzigen Schöpfer zuschreibt, wird ihre Erschaffung so einfach wie ein einziges Geschöpf; wenn sie aber vielen verschiedenen Ursachen und der Natur zugeschrieben werden, wird das Zustandekommen z. B. eines einzigen kleinen Lebewesens so schwierig wie das Zustandekommen der gesamten Lebewesen.

Denn, z. B.: Von den Planeten angefangen bis hin zu Wassertropfen, Schneeflöckchen und Glasteilchen hat die Sonne Widerspiegelungen und lichtvolle Erscheinungen. Falls alle diese sichtbaren „winzigen Sonnen" nicht als die Erscheinung der Widerspiegelung der Sonne angenommen werden, müsste man diese unzähligen Abbilder der Sonne als winzige aber echte Sonnen bezeichnen, die scheinbar klein sind, aber die Eigenschaften der Sonne besitzen.

Genau wie dieses Beispiel gilt auch: Wenn man alles Existierende und alle Geschöpfe nicht unmittelbar den Erscheinungen der Namen der „Überzeitlichen Sonne" (d. h. des Schöpfers) zuschreibt, müsste man törichterweise allem Existierenden (insbesondere jedem Lebewesen) und jedem seiner Atome umfassende Eigenschaften zuschreiben wie z. B. Macht, Willen, Wissen und Weisheit. Denn: Obwohl die Ursachen und die Elemente in ihnen leblos, blind, taub, ohne Bewusstsein und Wissen, überschreitend, verschieden und gegensätzlich sind –sodass ihr Zusammenkommen um so mehr ein Durcheinander und ein Auseinanderstreben bewirken müsste–, kommen sie zusammen, unterstützen sich gegenseitig und bringen in kurzer Zeit unter unzähligen ziellosen Wegen, die sie eigentlich einschlagen könnten und müssten, ein gezieltes, einheitliches Werk, eine vollkommene Maschinerie zustande, und zwar auf höchst weisheitsvolle, bedeutungsvolle und nutzbringende, ziel- und zweckverfolgende Weise, mit höchst vollkommener Ordnung, mit empfindlicher Ausgewogenheit und Proportionalität, mit feinen Maßen und Gleichgewichten und mit höchst kunstvollen Ornamenten, Verzierungen und Schönheiten – von der absolut erstaunlichen

Seele, dem Herzen und den geistigen Feinsinnen ganz abgesehen.

Um all diese Kunstwerke in der Schöpfung machen zu können, müssten sie also geniale, ja geradezu göttliche Eigenschaften besitzen –was ja absurd ist–, oder aber logischerweise Bedienstete eines Allgegenwärtigen Allmächtigen sein, der sie lenkt...

Als Resultat sei hier bezüglich des 'Throns' wie folgt ein Auszug aus „Mesnewî-i Nuriye" gebracht:

„Wisse o lieber Bruder! Das Innere jeder Sache nennt man 'Melekût', ihr Äußeres wiederum das Materielle. Hinsichtlich dessen werden der Mensch und das Herz füreinander sowohl zur Hülle als auch zum Inneren. Denn der Mensch wird in der materiellen Hinsicht zur Hülle für das Herz. In der Hinsicht des Melekût wiederum wird er zum Inneren.

Dieser Grundsatz wird auch auf den 'Thron' und die Schöpfung angewandt. Folgenderweise: Der 'Thron' ist eine Mischung und ein Gemisch der Namen (Gottes) 'das Äußere, der Innere, der Anfang, das Ende'. Hinsichtlich des Namens 'das Äußere', der in dieser Mischung enthalten ist, wird der 'Thron' zum Äußeren, die Schöpfung zum Melekût. Hinsichtlich des Namens 'der Innere' wird der 'Thron' zum Melekût, die Schöpfung zum Äußeren. Wenn auf den 'Thron' also mit dem Blick des Namens 'das Äußere' geschaut wird, wird er selber zur Hülle, die Schöpfung wiederum zum Inneren. Wenn mit dem Auge des Namens 'der Innere' geschaut wird, wird er selbst zum Inneren, die Schöpfung zur Hülle. Und desgleichen; hinsichtlich des Namens 'der Anfang' schließt er den Anfang der Schöpfung ein, auf den der Vers وَكَانَ عَرْشُهُ عَلَى الْمَاءِ[1] hinweist. Und hinsichtlich des Na-

---

[1] (Anm. d. Ü.): Kurzbedeutung: „...als Sein 'Thron' auf 'Wasser' war...". Dazu ein kurzer Abschnitt aus den „Hinweisen auf die Unnachahmlichkeit des Kur'âns":

„...Die Materie des Äthers ist im Vergleich zu den Existierenden eine Materie, die wie fließendes Wasser die Zwischenräume der Existierenden durchdrungen hat. Dieser Vers ist ein Hinweis auf diese Materie des Äthers;

→

mens 'das Ende' schließt er das Ende der Schöpfung ein, auf das das segensreiche Hadîs سَقْفُ الْجَنَّةِ عَرْشُ الرَّحْمٰنِ[1] hindeutet.

Also ist der 'Thron' solch eine Mischung, dass er mit den Anteilen, die er von diesen vier Namen bekommt, die rechte, linke, obere und untere Seite der Schöpfung und der Existenz umfasst."

In diesem Zusammenhang seien kurz die genannten Namen (Gottes) 'der Anfang, das Ende, der Innere, das Äußere' angesprochen:

„So wie das Ende und der Schluss irgendeines Dinges ordnungs- und schönheitsmäßig seinem Anfang nicht nachsteht, so sind auch sein Äußeres und seine Gestalt kunst- und weisheitsmäßig nicht noch schöner als sein Inneres. In diesem Fall: Halte die inneren Seiten und die Enden der Dinge nicht für besitzerlos und überlasse sie nicht den Zufällen. Das Kunst- und Weisheitswerk an der Blüte und an der Frucht, die aus der Blüte herauskommt, stehen dem Kunstwerk und Ornament des Kerns und des Sprosses, der aus dem Kern herauskommt, nicht nach. Aufgrund dessen ist der Allgewaltige Künstler sowohl 'der Anfang', als auch 'das Ende', sowohl 'das Äußere', als auch 'der Innere'. وَهُوَ السَّمِيعُ الْعَلِيمُ[2]"

Todesstunde[3]: Der von Allah vorbestimmte Augenblick des Todes, insbesondere der Seelennahme bei Seelenbesitzern, vor allem der Menschen (wenn die gegebene Lebensfrist abgelaufen ist).

---

der 'Thron' des Allerhabenen Hak befand sich auf dieser Materie des Äthers, die wie 'Wasser' ist. Nachdem die Materie des Äthers erschaffen wurde, wurde sie zum Zentrum für die Erscheinung der ersten anfänglichen Schaffungen des Künstlers."

[1] Die Decke des Paradieses ist der 'Thron' des Allbarmherzigen.

[2] Er ist der Allhörende, der Allsehende.

[3] „Ecel".

Überzeitlich[1]**:** Eine Eigenschaft Allahs; d. h. Seine Existenz ist „ohne Beginn, ist immer gewesen; ohne Anfang, zeitlos".

'Überzeitliche Sonne'[2]**:** Vergleichende Bezeichnung für Allah, der absolut und ewig existiert und alles „erhellt, beleuchtet" (siehe 'Thron').

Vorbestimmung: Diese Thematik der 'Vorbestimmung' wird im „26. Wort" ausführlich behandelt und bewiesen; hier sei nur auf folgendes kurz hingewiesen:

Die Vorbestimmung ist eine Art des Wissens Gottes, sie ist überzeitlich, umfasst Vergangenheit und Zukunft gemeinsam, schließt den freien Willen des Menschen nicht aus; d. h. der Mensch wird zu seinen Taten durch die „Vor"-Bestimmung nicht gezwungen; Allah hat ihm die 'kleine Willensfreiheit' gegeben und prüft ihn. Der Mensch ist für seine Taten vollkommen verantwortlich, weil er sie wählt. Aber mit einem Gesetz Gottes, das viele andere Nutzen und Ziele hat, erschafft Allah diese Taten. Neben dieser durch den Menschen verschuldeten geringen Schlechtigkeit gibt es bei der Erschaffung dieser Taten also umfassende zahlreiche Weisheiten und Nutzen. Folglich sind die Bestimmung und Schaffung Gottes hinsichtlich der Verursachung, sowie der Resultate über Schlechtigkeit, Hässlichkeit, Ungerechtigkeit erhaben. (Bitte lesen Sie hierzu das 26. Wort.)

'Waage': Eine Waage der Gerechtigkeit Gottes für das Jüngste Gericht bei der Versammlung nach der Auferstehung, um die guten und schlechten Taten abzuwiegen. Ihre wahre Beschaffenheit wird im Jenseits gekannt werden.

Welt der Bezeugung[3]**:** Unsere diesseitige Welt, in der die Gläubigen die Zeichen Gottes, die Religion und die Wahrheit bezeugen und bestätigen.

Welt des Verborgenen: Verschiedene geistige Welten, die wir mit den äußeren Sinnen nicht wahrnehmen können; z. B. die Welt

---

(1) „Ezelî".

(2) „Şems-i ezelî".

(3) „Âlem-i şehadet".

der Seelen, die Welt der Engel, der Cinnen, aber auch die Vergangenheit und die Zukunft, die für uns „verborgen“ sind.

Wesensnotwendig Existierend(~er)[1]: Der absolut Existierende (der Schöpfer), dessen Nichtexistenz unmöglich ist. „Das heißt: Seine Existenz ist wesenseigen, überzeitlich und ewig, ihr Fehlen und Aufhören sind unmöglich; sie ist die stabilste, wahrhaftigste, stärkste und vollkommenste der Existenzschichten. Die übrigen Existenzschichten (der ‘Möglichkeiten’) sind im Vergleich zu Seiner Existenz wie ein äußerst schwacher Schatten; Sein heiliges Wesen ist nicht von ihrer Art“. (Vgl. a. ‘Möglichkeit(~en)’).

Wunder[2]: Ein erstaunendes, durch Menschen nicht nachahmbares außergewöhnliches Ereignis –viel höher als „Huldwunder“–, welches der Schöpfer als Bestätigung ihres Gesandtentums nur den Propheten zuteil werden lässt. (Vgl. a. „Huldwunder“).

Zwischenreich: Das geistige Leben (und die Lebensdimension) der Verstorbenen zwischen Diesseits und Jenseits.

---

(1) „Wâcib-ül Wücûd“.

(2) „Mu’cize“

INHALT